# ローソク足パターンの傾向分析

## システムトレード大会優勝者がチャートの通説を統計解析

伊本 晃暉【著】
Imoto Kouki

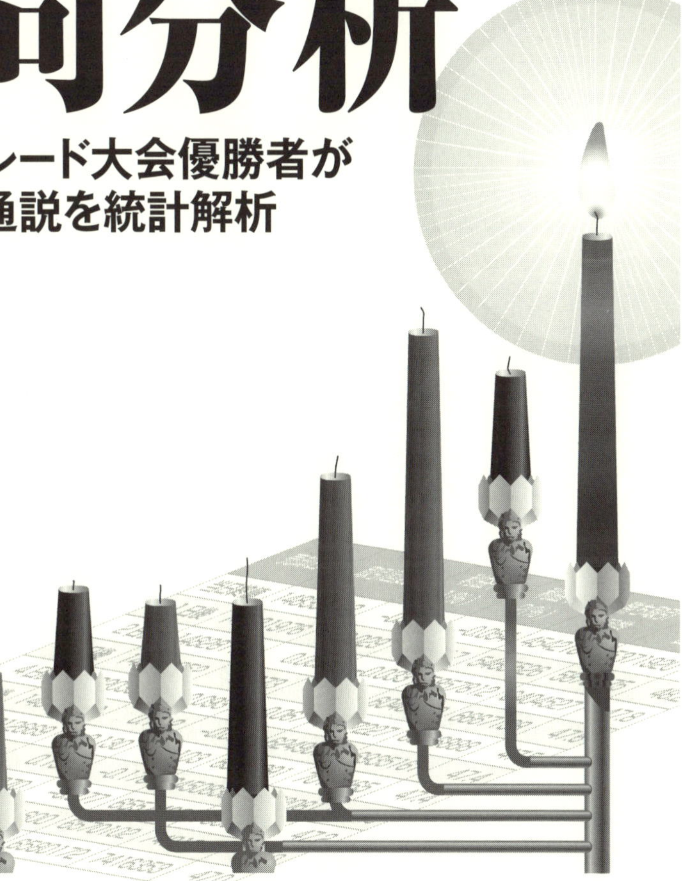

Pan Rolling

【おことわり】
※本書内容に関するご質問は、下記のウエブサイトをご利用ください。

確率理論研究所
**http://www.01senmonten.com/com/home/kakuritsu/**

【免責事項】
※本書およびサンプルプログラムに基づく行為の結果発生した障害、損失などについて著者および出版社は一切の責任を負いません。
※本書に記載されている URLなどは予告なく変更される場合があります。

# はじめに

長きにわたる低金利、将来への金銭的不安、インターネット技術の急速な発展——。こうした環境のなか、近年、預貯金では得られない利益を求め、株式やFX（外国為替証拠金取引）などで、ハイリスクハイリターンの運用に挑戦する個人投資家が増えています。

しかし、そうした投資家の多くは、大きな“試練”に何度も直面しているのではないでしょうか。例えば、2008年の世界金融危機や2010年のギリシャ危機による株式や為替の相場激変は、記憶に新しいところです。

株価が大きく下落した年、株式投資での損失を最小限に抑えることは、非常に難しかったでしょう。

そもそも、日本人はお金の運用方法、相場や投資について、何の教育も受けていません。しかし、何の工夫も、努力も、知識も、経験もなく長期的に儲けられるほど、相場での投資は生易しいものではないのです。

よく「相場では、２割の“賢明な投資家”が勝ち、残り８割の投資家が負ける」といわれます。それどころか「勝ち組と負け組の比率は１対９」と主張する人もいるほどです。

では、何をもって「勝ち組」「負け組」というのでしょうか。日本株を運用対象としている筆者の場合、得られた自分の利益率を日経平均株価の上昇率と比較することで判断しています。

例えば、2008年の日経平均の上昇率は「マイナス42％」です。これよりも損失を抑えることができれば、たとえマイナス成績であっても「勝ち組」となります。しかし、それ以上の損失を出した人は「負け組」です。

2009年なら、日経平均の上昇率「プラス19％以上」の利益を上げることができれば「勝ち組」となります。たとえプラス成績でも、それ以下なら「負け組」となるわけです。

毎年、日経平均を上回る成績を残せているでしょうか。下回り続けているようであれば、これまでの投資戦略を見直す必要があります。自分がどうして平均を上回ることができなかったか考えるべきなのです。

そこで「運が悪いから」とかたづけてしまうようであれば、株式投資は止めたほうがよいでしょう。向いていません。

勝ち組の人たちは優れた投資戦略を持っています。けっして「運」だけに頼った投資をしているわけではないのです。

どの分野でも勝利を望むのであれば、自分の腕を磨く必要があります。野球、サッカー、テニス、将棋、囲碁、チェス……何であれ自分の「得意技」と、その効果を最大限に発揮させるための戦略、スタイルを身につけなければなりません。

もちろん、トレードも同じです。

毎年勝ち組に入るためには、利益を上げることのできる売買ルール、その効果を最大限に発揮させるための投資戦略、運用スタイルを身につける必要があるのです。

## 歴史は繰り返す

売買ルールを立案するためにまず学ぶべきは「ローソク足」のチャートでしょう。日本で最も有名なチャート描法であり、これを見ずに株式を売買している人は、ほとんどいないからです。

財務諸表などファンダメンタルズを分析して投資銘柄を選択している人でさえ、多くは、購入するときにチャートを見て、そのタイミングを計っています。大多数の投資家は「このパターンで株価が動いたから買い」「大きく下げたから損切り」のように、チャートを見ながら行動しているのです。

それはつまり、チャートが投資家の心理状態に影響を及ぼし、投資家の心理状態がその行動パターンを決定し、その投資家の行動によって新たなチャートが作成されていることを意味します。

そこで、ローソク足チャートで昔から伝えられている「パターン」と「通説」、そして投資家の実際の行動パターンの関係を調べたのが、本書『ローソク足パターンの傾向分析』です。本書では、1983年から2009年までの27年にわたる証券取引所上場3862銘柄の日足データ、計1483万5838取引を統計分析しています。

この27年間の統計分析から分かったのは「投資家の行動は今も昔もほとんど変わっていない」ということです。

一例を挙げましょう。陰線が並んで形成されるパターンを「並び黒」と呼びます。

この「並び黒が３日連続で表れた」パターンを統計分析したところ「翌営業日も下げて陰線となる可能性が高い。ただし、その翌営

並び黒パターン

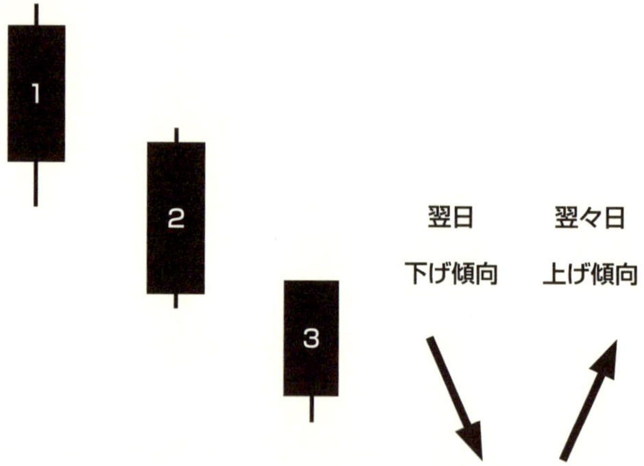


業日には、反発して上昇する可能性が高い」という結果が得られました。

このような株価の動きは、20年以上前の1983～1989年のデータでも、直近の2007～2009年のデータでも、同様にみられます。つまり「３日間連続陰線（並び黒）が表れたら、翌営業日も下げて陰線となり、その翌日からは反発する」という株価の動きが、20年以上も前から繰り返されているわけです。

これは「暴落による恐怖や暴騰による歓喜といった本能的な人間心理からくる投資家の行動は、今も昔も変わっていない」「投資家は今も昔も、チャートを見て、売り買いのタイミングを見極めている」ことを示唆しています。ローソク足には人間心理が映し出されており、ローソク足チャートを極めれば、売り買いのタイミングを自分で判断できるのです。

本書には、ローソク足パターンごとの利益率やパターン出現回数、手仕舞い売りのタイミング別に勝率のデータを掲載しました。あるパターンが出た後に株価は上げやすいとか、下げやすいといった「傾向」を数学的に統計処理しています。

したがって、システムトレードへの応用も可能です。20年以上繰り返されたパターンであれば、今後も引き続き同じパターンを繰り返す可能性があります。

本書では、次のような疑問を明らかにしようと試みました。

●過去27年間で下ヒゲパターンは何回出現するのか？
●下ヒゲが出現してからX日後の期待利益率は？
●３日連続陽線の翌営業日は買うべきか売るべきか？
●５%上昇した翌営業日はデイトレードをすべきか？　など

多くの成功者は、こうした疑問への回答を何十年もトレード経験を積み重ねることで感覚的に発見しています。「この“投資感覚”を正確なデータから明確につかもう」というのが本書の意図です。

実際、筆者はこのデータを応用して、2006年に開催された投資アルゴリズムのコンテストで優勝しました（参加者6264人中）。

このコンテストは、いわゆる「システムトレード」「メカニカルトレード」と呼ばれる売買手法でのコンテストです。前もって主催者に株式の投資アルゴリズム（定式）を提出し、あとはそのアルゴリズムに従ってコンピュータが自動的に売買します。

自動売買ですから発注に迷いはありません。人間心理の影響を受けることがありませんから、数をこなしていくことで、ほとんどの条件下で「期待値」どおりのリターンを得られるというメリットがあります。

このコンテストで優勝できたのは、過去に起こったことが再び繰り返されていたからです。

歴史は繰り返されます。そのためにも、過去を学ぶ必要があるのです。

あるローソク足パターンが出現したら買い有利か売り有利か、さらに自分で研究してみたいテーマが、本書から見えてくるでしょう。本書の詳細なデータが、自分なりの売買システムを設計するうえで、お役に立てば幸いです。

なお、本書出版にあたっては、脇田敦さんに大変お世話になりました。この場をお借りしてお礼申し上げます。

2010年８月

確率理論研究所所長

伊本 晃暉

# 目次

# CONTENTS

## 1．株価予想について

「過去データの分析は相場予測の役に立たない。将来を予想することに使えない」という意見があります。

筆者は、その意見に反対です。なぜなら「歴史は繰り返される」からです。

相場の主体は人間です。人間には感情があります。そして喜怒哀楽といった本能的な感情は、今も昔も変わりません。

株価が上昇すると人間は歓喜してさらに買おうとします。「買いが買いを呼ぶ」展開です。しかし、上昇が止まり、下げ始めると人間は恐怖して我先に売ろうとします。「売りが売りを呼ぶ」展開です。

こうした“バブル”は大なり小なり、必然的に誕生します。そして必然的に崩壊していくのです。

過去のデータを分析し、そこから「人々の行動傾向」を理解します。そうすれば、売買すべきときに自信を持って実行できるようになり、株式市場で利益を上げることが可能です。事実、筆者はその方針で2005年以降、本書執筆中の2010年７月に至るまで、株式投資で日経平均を上回る成績を残しています。

ローソク足パターンに注目したのは、チャート描法として多くの日本人に愛用されているためです。ローソク足には投資家たちの心理状態が現れています。この心理状態は、人間が人間である以上、急には変わらないものです。

とはいえ、長い年月の間に“性格”が変化している可能性はあります。例えば、80年代後半のバブルに浮かれている時期と、90年代前半のバブル崩壊に驚いている時期とでは、相場の雰囲気が異なって当然です。

そこで今回の統計分析では、27年間の統計分析とは別に、この27年を相場局面に応じて６つの期間に分割し、それぞれの期間でも分析しました。分析の結果、異なる相場局面でも株価の動きが似ていることを証明できれば、将来も総じて同様の動きが期待できるというわけです。

データのバラつきが小さければ、将来も株価が同様の動きをする可能性は高まります（統計学でいうところの「標準偏差」です）。過去のデータを読み解くことは、現在の相場予測に役立つのです。

もし、相場がランダムに動いているのであれば、そこから利益を出すのは“運”でしかありません。しかし、相場はある程度の「傾向」をもって動いています。事実、ローソク足チャートを検証すると、同じパターンが何度も登場するのです。

これらの現象は、人が相場に関与していることで起こっています。人間は感情を持ち、結局のところ、感情のままに行動する投資家が相場の大多数を占めているのです。

感情のままに行動すると、株価下落時に損切りが遅れたり、株価上昇時の利益確定が早すぎたりしてしまいます。相場というものは、感情に任せて行動すると、振り回され、損をする仕組みになっているのです。

しかし、過去のローソク足パターンとパターン出現後の株価の動きを把握しておけば、感情ではなく、「戦術」として、株式の売買を実行できます。

ローソク足の統計分析をきちんと理解して、投資戦略に取り入れることができれば、投資スキルは上昇するでしょう。この統計分析のデータは、将来の株価の動きを予想するうえで非常に有効な武器となるはずです。

## 注意点

ただし、本書の統計分析には欠点があることも明示しておかなければなりません。それは、上場廃止となった銘柄のデータが含まれていないことです。本書では、2009年12月時点で証券取引所に上場していた3862銘柄のデータを利用しました。

上場廃止となった銘柄がデータに含まれていないことで、何が起こり得るでしょうか。

上場廃止となった銘柄は、それだけの理由があるわけですから、株価は異常な続落をみせているでしょう。そのデータが今回の分析には入っていないわけです。したがって、株価が急落している銘柄については、常に上場廃止の可能性を念頭におく必要があります。

例えば、先ほどの「並び黒」のように続落しているローソク足のパターンの場合、統計分析の結果から「買いサイン」であったとしても、上場廃止の可能性があるならば、買いは控えるべきです。特に、大きなバブルが崩壊したときは、日本全体の景気が悪化し、倒産などによる上場廃止の確率が高まります。

将来の株価を「常に正確に」予測するのは本当に困難です。５年後、10年後の株価を予想することは、非常に難しいといえます。

しかし、数日先の株価が上昇するか、下落するかの「傾向」を予測するのであれば、比較的簡単です。なぜなら、こうした時間枠で株価が動くのは、感情を持った人間が売買するからであり、知らず知らずのうちに、過去と同じ行動パターンで本能的に行動しているからです。

ローソク足チャートは視覚的に分かりやすく、暴騰時には白いローソク足が並び、暴落時には黒いローソク足が並びます。そのため、チャートを見る人もローソク足のパターンを認識しやすく、出現したパターンに影響を受けて行動してしまいます。

その結果、あるローソク足パターンが出れば、その後に株価が上昇（あるいは下落）する確率が高くなることが起こるのです。本書では、その「期待利益率」を統計分析から求めました。

## ローソク足とは

ローソク足は四本値（始値、高値、安値、終値）の位置を図示するチャート描法です。

始値よりも終値のほうが高いローソク足を「陽線」と呼び、始値と終値の間を「実体」と呼ばれる四角形で白色（古くは赤色）に描きます。一方、始値よりも終値のほうが安いローソク足を「陰線」

図 1.1　ローソク足

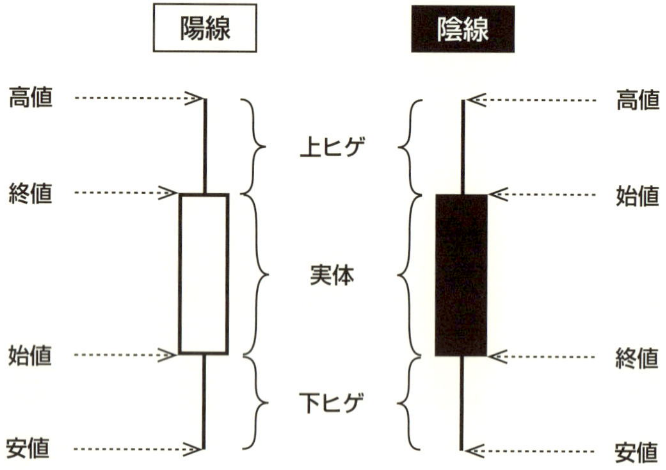


と呼び、実体を黒色で描きます（**図1.1**）。

高値と安値は、実体から上下に突き出した「ヒゲ」と呼ばれる直線で表します。上に伸びるヒゲが「上ヒゲ」で、下に伸びるヒゲが「下ヒゲ」です。

多くの投資家がローソク足を好みます。相場の動きが一目瞭然で、強気弱気を判別しやすいためです。

白色のローソク足が多いチャートは、買い圧力が比較的強く、上昇していると分かります。また、黒色のローソク足が数多いチャートは、売り圧力が比較的強く、下落していると分かります。

このように買いと売りの圧力を視覚的に訴えるので、パターンを認識しやすいのもローソク足のメリットです。事実、江戸時代に本間宗久が開発したと伝えられる「酒田五法」に代表されるように昔からパターン化されており、多くのパターン紹介本が出版されています。このパターン出現を頼りに、売り買いタイミングを決める投資家も数多くいるのです。

例えば、上ヒゲや下ヒゲが出現する意味は何でしょうか。

上ヒゲが現れるということは、株価が高値まで上げた後、売り圧力が比較的強くなり、その日の相場が終わるときには株価が下げたことを意味します。つまり「長い上ヒゲは売り圧力が強かった」ことを表しているのです。

反対に下ヒゲは、株価が安値まで下げた後、買い圧力が比較的強くなって上昇してきたことを示しています。「長い下ヒゲは安値からの買いが強かった」ことを表しているのです。

そこで、多くのローソク足紹介書では「下ヒゲ陽線が出現したら上昇転換」と記載されています。しかし、疑問があります。

①実際に下ヒゲ陽線が出現した後は、株価が下落するよりも上昇する確率のほうが高いのか？
②「下ヒゲ陽線パターンが出現したら買い」は実際に正しいのか？
③購入したときの勝率は何%か？

こうした疑問に、これまでのパターン紹介書は明確に答えていません。それどころか、実際の相場にそぐわない“誤った情報”をそのまま載せていることもあったのです。

統計分析では「通説と逆」の結果が出ました。

①下ヒゲ陽線パターン出現後、株価は下落する可能性が高い。
②売りが正解。
③パターン出現の翌営業日の寄り付きで買い、２日後の寄り付きで売った場合の勝率は45.2%。

本書は「通説を統計分析で確認」します。パターンごとの利益率や勝率が記載されており、それらを頭に入れたうえでチャートを眺めれば、きっとさまざまなアイデアが浮かんでくるはずです。

## 本書のページ構成

本書のページ構成について説明しましょう。

まず、該当するローソク足パターンの定義、今回の統計分析に用いたパターンの抽出条件を記載しています。

抽出条件については「陽線の長さは始値の0.5%よりも長いこと（例えば、始値が1000円の場合、実体部分が５円幅よりも長いものを抽出）」のように、数字で表記しました。今後、読者の皆さんがご自身で統計分析をされるときや、さらに細かく分析されたいときに応用できるはずです。

なお、今回の具体的な数字については「仮定→分析→検証」で設定しています。

例えば、実体の長さを0.5%超と設定したのは、まず実際にローソク足を描画すると、0.5％の長さがあれば、目視で陽線や陰線を確認できると考えたからです。参加者の心理状態に影響を与え、行動を起こさせるためには、目視できることが重要となります。

そして出てきた結果をみると、パターンの出現回数が、あまりにも少なすぎるとか多すぎるということがありませんでした。そこで妥当なパラメータ設定値であることを確認し、決定しています。

同様に大陽線および大陰線は、大きく上がった、大きく下がったと目で認識できるのは1.5%超であると判断し、設定しました。

もちろん、ローソク足チャートの縮尺によって目で見える大きさは変わります。しかし、出てきた結果に優位さ（エッジ）が見られたことから、設定値として問題ないと判断しました。

さらに本書では、これまで多くの紹介書でこのパターンがどのように説明されてきたのか、投資家の心理状態はどうなっているのかなどを記載しています。これまでのローソク足の通説と統計分析の結果をつき合わせてみて、正しかった通説と間違っていた通説を見極めてみましょう。

**期間**

パターンごとに分析結果を７つの表にまとめました。27年間すべての統計分析結果（1983～2009年）と、27年間を６つの期間に分割した分析結果（1983～1989年、1990～1992年、1993～1999年、2000～2002年、2003～2006年、2007～2009年）です。

27年間、3862銘柄、計1483万5838取引の日足データを基に統計分析をしました。ただし、この27年間には暴騰した年もあれば、暴落

図 1.2　日経平均株価（年足）

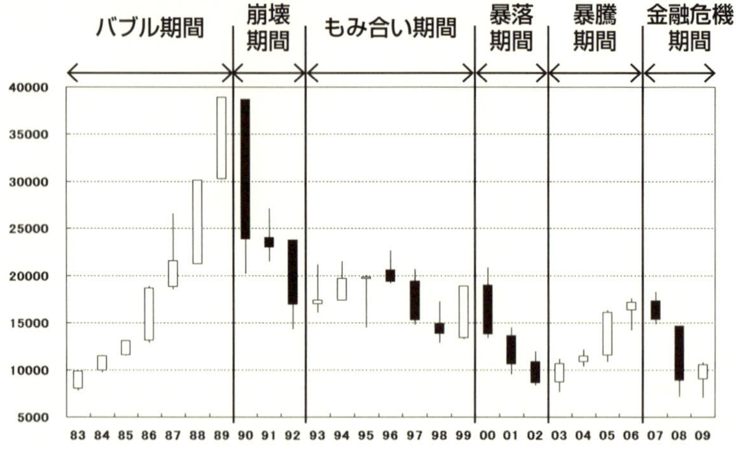


した年もあります。そこで、次の6つの期間に分割して、それぞれの統計分析を行いました（**図1.2**）。

①1983～1989年までの「バブル期間」
②1990～1992年までの「崩壊期間」
③1993～1999年までの「もみ合い期間」
④2000～2002年までの「暴落期間」
⑤2003～2006年までの「暴騰期間」
⑥2007～2009年までの「金融危機期間」

これでパターンと中長期トレンドの関係が明らかになります。

## 分析結果サンプル

| 売却日 | 取引回数 | 利益平均 1(%) | 利益平均 2(%) | 勝ち取引 回数 | 負け取引 回数 | 勝率(%) |
|---|---|---|---|---|---|---|
| 当日終値 | 351069 | −0.009 | −0.050 | 143376 | 167620 | 46.1 |
| 1日後 | 350980 | −0.020 | −0.087 | 148702 | 173890 | 46.1 |
| 2日後 | 350894 | −0.083 | −0.217 | 149901 | 182003 | 45.2 |
| 3日後 | 350808 | −0.106 | −0.303 | 150899 | 184552 | 45.0 |
| 4日後 | 350711 | −0.132 | −0.394 | 151545 | 186324 | 44.9 |
| 5日後 | 350586 | −0.122 | −0.439 | 152444 | 186488 | 45.0 |
| 6日後 | 350509 | −0.111 | −0.481 | 153072 | 186807 | 45.0 |
| 10日後 | 350062 | −0.033 | −0.639 | 155349 | 186638 | 45.4 |
| 20日後 | 348636 | 0.169 | −1.015 | 156757 | 186199 | 45.7 |
| 30日後 | 347365 | 0.177 | −1.618 | 154761 | 188019 | 45.1 |
| 40日後 | 346320 | 0.271 | −2.169 | 154672 | 187810 | 45.2 |

**項目**

上の表は分析結果のサンプルです。

項目には「取引回数」と、その取引の「利益平均」「勝ち取引数」「負け取引数」「勝率」があります。

取引回数は、対象のパターンが出現した回数のことです。パターンが出現した翌営業日の始値で該当銘柄を購入したとします。

「利益平均１」は対象パターンが出現した場合の利益率を「算術平均」したものです。「利益平均２」は対象パターンが出現した場合の利益率を「幾何平均」したものになります。

算術平均とは、通常の平均です。例えば、Ａさんが２回株を取引して、１回目は0.9倍になり、２回目は1.1倍になったとしましょう。その平均値は（0.9＋1.1）÷２＝1.0となります。

算術平均では、投資額が毎回一定です。例えば、先ほどのＡさんが毎回100万円を投資したとすると、１回目は90万円となり10万円の損失、２回目は110万円となり10万円の利益となります。合計利益は０円です。

一方、幾何平均では、得た利益も損失もひっくるめて次の投資にあてます。例えば、先ほどのＡさんの当初資金が100万円だったとして、１回目の取引で0.9倍の90万円になったとしましょう。

算術平均と違うのは、２回目の取引では、この減った後の90万円で投資をする点です。90万円の1.1倍ですから、２回目の取引では99万円となります。100万円の１％減です。

10％を失った翌営業日に10％を得たら、資金が元に戻ったような気がするかもしれません。しかし、実は元金から１％減っているのです（0.9×1.1＝0.99）。

この効果を加味した平均方法を幾何平均といいます。

損失を出しても、利益を上げても、取引に毎回定額で投資をするのであれば、算術平均である利益平均１が参考になるでしょう。しかし、一般的な投資家の場合、100万円の資金が10万円の損失を受けて90万円になれば、次の取引は残りの90万円で行うでしょうから、幾何平均である利益平均２の値を利用すべきです。したがって本書では利益平均２で考察していきます。

**売却日**

各項目の数値は、手仕舞った売却日ごとに11段階（当日終値～40日後）に分かれています。

「当日終値」とは、対象のパターンが出現した翌営業日の始値で購入し、その日の終値で売り手仕舞った場合です。ここからデイトレードの傾向がみえてきます。

「１日後」では、対象のパターンが出現した翌営業日の始値で購入し、購入翌営業日の始値で売り手仕舞ったと仮定します。ここから６日後の手仕舞いの数値をみることで、スイングトレードの傾向がみえてきます。

また「10日後」とは、対象のパターンが出現した翌営業日の始値で購入し、購入日から10営業日後の始値で売り手仕舞ったと仮定します。ここから40日後までの手仕舞いの数値を見ることで中長期トレードの傾向がみえてきます。

## 2．27年間全取引の統計結果

まずは、ローソク足パターンに関係なく買い仕掛けた場合である「全取引」の統計分析データをご覧ください。

**全期間（1983～2009年）**

| 売却日 | 取引回数 | 利益平均1(%) | 利益平均2(%) | 勝ち取引回数 | 負け取引回数 | 勝率(%) |
|---|---|---|---|---|---|---|
| 当日終値 | 14835838 | −0.029 | −0.054 | 4542181 | 5371920 | 45.8 |
| 1日後 | 14831976 | 0.029 | −0.017 | 5465526 | 5873975 | 48.2 |
| 2日後 | 14828114 | 0.052 | −0.033 | 5857812 | 6404527 | 47.8 |
| 3日後 | 14824252 | 0.073 | −0.050 | 6048650 | 6667138 | 47.6 |
| 4日後 | 14820390 | 0.093 | −0.067 | 6167227 | 6826888 | 47.5 |
| 5日後 | 14816529 | 0.112 | −0.085 | 6249073 | 6935161 | 47.4 |
| 6日後 | 14812669 | 0.130 | −0.103 | 6312291 | 7011465 | 47.4 |
| 10日後 | 14797230 | 0.198 | −0.178 | 6450833 | 7183081 | 47.3 |
| 20日後 | 14758656 | 0.370 | −0.377 | 6557493 | 7333878 | 47.2 |
| 30日後 | 14720095 | 0.537 | −0.600 | 6570102 | 7401600 | 47.0 |
| 40日後 | 14681545 | 0.719 | −0.823 | 6580172 | 7416353 | 47.0 |

この27年間の取引回数は1483万5838回です。

データの分散度合いによって異なるものの、データ数は500あれば、統計分析に十分だと考えられます。10%上昇というデータがひとつ入ったとしても、全体の影響は0.02%（＝10%÷500）に過ぎないからです。もちろん、データ数が多いほど、結果の再現性（信頼度）も上がります。

繰り返しますが、売り手仕舞いをした「×日後」のデータは「×営業日後」のデータです。したがって「20日後」とは20営業日後、つまり約１カ月後のデータ、「40日後」とは40営業日後、つまり約２カ月後のデータを示していることになります。

## 判断方法

ローソク足パターンの有効性を判断する方法は２つです。

①絶対的利益で比較する方法
②相対的利益で比較する方法

「絶対的利益比較」では、パターン出現後の利益率がプラスかマイナスかを純粋に比較します。

一方「相対的利益比較」では、全取引の利益平均（以後「全取引平均値」）と比較して、パターンが出現したときの利益率の優劣を評価します。要するに平均と比較するわけです。

絶対的利益比較はパターンの優劣を理解しやすいとはいえ、大暴落の期間中には、ほとんどのパターンで利益率がマイナスになるため、パターンの優劣を判断できません。

一方、相対的利益比較の場合は、全取引平均値と比較するため、大暴落や大暴騰の時期でも買いが有利なパターンと不利なパターン

## バブル期間（1983～1989年）

| 売却日 | 取引回数 | 利益平均1(%) | 利益平均2(%) | 勝ち取引回数 | 負け取引回数 | 勝率(%) |
|---|---|---|---|---|---|---|
| 当日終値 | 2700473 | -0.002 | -0.016 | 708577 | 874427 | 44.8 |
| 1日後 | 2700473 | 0.104 | 0.082 | 884299 | 934140 | 48.6 |
| 2日後 | 2700473 | 0.206 | 0.167 | 964552 | 1019147 | 48.6 |
| 3日後 | 2700473 | 0.306 | 0.252 | 1008883 | 1051887 | 49.0 |
| 4日後 | 2700473 | 0.405 | 0.338 | 1040353 | 1068306 | 49.3 |
| 5日後 | 2700473 | 0.504 | 0.424 | 1064907 | 1076173 | 49.7 |
| 6日後 | 2700473 | 0.602 | 0.510 | 1085935 | 1079641 | 50.1 |
| 10日後 | 2700473 | 0.997 | 0.858 | 1148530 | 1075173 | 51.6 |
| 20日後 | 2700473 | 1.991 | 1.748 | 1249931 | 1031751 | 54.8 |
| 30日後 | 2700473 | 3.008 | 2.672 | 1321166 | 985830 | 57.3 |
| 40日後 | 2700473 | 4.018 | 3.593 | 1375154 | 945627 | 59.3 |

## 崩壊期間（1990～1992年）

| 売却日 | 取引回数 | 利益平均1(%) | 利益平均2(%) | 勝ち取引回数 | 負け取引回数 | 勝率(%) |
|---|---|---|---|---|---|---|
| 当日終値 | 1159288 | -0.060 | -0.079 | 305564 | 374179 | 45.0 |
| 1日後 | 1159288 | -0.077 | -0.121 | 372786 | 439584 | 45.9 |
| 2日後 | 1159288 | -0.152 | -0.242 | 399900 | 495124 | 44.7 |
| 3日後 | 1159288 | -0.231 | -0.366 | 411279 | 523846 | 44.0 |
| 4日後 | 1159288 | -0.309 | -0.490 | 416250 | 543617 | 43.4 |
| 5日後 | 1159288 | -0.388 | -0.615 | 417648 | 560017 | 42.7 |
| 6日後 | 1159288 | -0.466 | -0.741 | 418744 | 572109 | 42.3 |
| 10日後 | 1159288 | -0.783 | -1.248 | 416772 | 605026 | 40.8 |
| 20日後 | 1159288 | -1.611 | -2.618 | 406754 | 643954 | 38.7 |
| 30日後 | 1159288 | -2.512 | -4.028 | 388913 | 673194 | 36.6 |
| 40日後 | 1159288 | -3.399 | -5.444 | 374954 | 693974 | 35.1 |

## もみ合い期間（1993 ～ 1999 年）

| 売却日 | 取引回数 | 利益平均 1(%) | 利益平均 2(%) | 勝ち取引回数 | 負け取引回数 | 勝率 (%) |
|---|---|---|---|---|---|---|
| 当日終値 | 3281533 | −0.071 | −0.094 | 907959 | 1123662 | 44.7 |
| 1 日後 | 3281533 | 0.008 | −0.036 | 1149831 | 1279451 | 47.3 |
| 2 日後 | 3281533 | 0.011 | −0.071 | 1247848 | 1432476 | 46.6 |
| 3 日後 | 3281533 | 0.013 | −0.106 | 1295326 | 1512170 | 46.1 |
| 4 日後 | 3281533 | 0.013 | −0.142 | 1322613 | 1562217 | 45.8 |
| 5 日後 | 3281533 | 0.012 | −0.177 | 1340231 | 1598793 | 45.6 |
| 6 日後 | 3281533 | 0.011 | −0.212 | 1354695 | 1624401 | 45.5 |
| 10 日後 | 3281533 | 0.008 | −0.348 | 1380848 | 1688849 | 45.0 |
| 20 日後 | 3281533 | 0.037 | −0.683 | 1400538 | 1752690 | 44.4 |
| 30 日後 | 3281533 | 0.071 | −1.052 | 1405319 | 1780364 | 44.1 |
| 40 日後 | 3281533 | 0.093 | −1.449 | 1399861 | 1802921 | 43.7 |

## 暴落期間（2000 ～ 2002 年）

| 売却日 | 取引回数 | 利益平均 1(%) | 利益平均 2(%) | 勝ち取引回数 | 負け取引回数 | 勝率 (%) |
|---|---|---|---|---|---|---|
| 当日終値 | 1873170 | −0.042 | −0.074 | 545686 | 643019 | 45.9 |
| 1 日後 | 1873170 | −0.005 | −0.067 | 664483 | 731352 | 47.6 |
| 2 日後 | 1873170 | −0.018 | −0.130 | 717819 | 814612 | 46.8 |
| 3 日後 | 1873170 | −0.037 | −0.196 | 743585 | 860142 | 46.4 |
| 4 日後 | 1873170 | −0.062 | −0.266 | 757937 | 890703 | 46.0 |
| 5 日後 | 1873170 | −0.088 | −0.335 | 766743 | 912779 | 45.7 |
| 6 日後 | 1873170 | −0.115 | −0.404 | 773477 | 928978 | 45.4 |
| 10 日後 | 1873170 | −0.231 | −0.691 | 785281 | 968172 | 44.8 |
| 20 日後 | 1873170 | −0.543 | −1.414 | 773733 | 1021810 | 43.1 |
| 30 日後 | 1873170 | −0.817 | −2.136 | 762188 | 1051152 | 42.0 |
| 40 日後 | 1873170 | −1.080 | −2.884 | 760893 | 1060748 | 41.8 |

### 暴騰期間（2003～2006年）

| 売却日 | 取引回数 | 利益平均1(%) | 利益平均2(%) | 勝ち取引回数 | 負け取引回数 | 勝率(%) |
|---|---|---|---|---|---|---|
| 当日終値 | 3076380 | -0.002 | -0.025 | 1104866 | 1256649 | 46.8 |
| 1日後 | 3076380 | 0.104 | 0.064 | 1294652 | 1293176 | 50.0 |
| 2日後 | 3076380 | 0.205 | 0.132 | 1385047 | 1355684 | 50.5 |
| 3日後 | 3076380 | 0.304 | 0.201 | 1433077 | 1381124 | 50.9 |
| 4日後 | 3076380 | 0.403 | 0.270 | 1466183 | 1392931 | 51.3 |
| 5日後 | 3076380 | 0.499 | 0.339 | 1489974 | 1398330 | 51.6 |
| 6日後 | 3076380 | 0.595 | 0.405 | 1511562 | 1398540 | 51.9 |
| 10日後 | 3076380 | 0.972 | 0.681 | 1566551 | 1391320 | 53.0 |
| 20日後 | 3076380 | 1.952 | 1.427 | 1637043 | 1364027 | 54.5 |
| 30日後 | 3076380 | 2.911 | 2.177 | 1671804 | 1346032 | 55.4 |
| 40日後 | 3076380 | 3.875 | 2.954 | 1700786 | 1325896 | 56.2 |

### 金融危機期間（2007～2009年）

| 売却日 | 取引回数 | 利益平均1(%) | 利益平均2(%) | 勝ち取引回数 | 負け取引回数 | 勝率(%) |
|---|---|---|---|---|---|---|
| 当日終値 | 2733308 | -0.016 | -0.051 | 965974 | 1096519 | 46.8 |
| 1日後 | 2729446 | -0.038 | -0.106 | 1094618 | 1192420 | 47.9 |
| 2日後 | 2725584 | -0.085 | -0.214 | 1138680 | 1281845 | 47.0 |
| 3日後 | 2721722 | -0.137 | -0.327 | 1152554 | 1331906 | 46.4 |
| 4日後 | 2717860 | -0.188 | -0.442 | 1159785 | 1363017 | 46.0 |
| 5日後 | 2713999 | -0.240 | -0.558 | 1165374 | 1382856 | 45.7 |
| 6日後 | 2710139 | -0.298 | -0.677 | 1162955 | 1402176 | 45.3 |
| 10日後 | 2694700 | -0.543 | -1.180 | 1146743 | 1449733 | 44.2 |
| 20日後 | 2656126 | -1.203 | -2.551 | 1082960 | 1515056 | 41.7 |
| 30日後 | 2617565 | -1.914 | -4.070 | 1014278 | 1560248 | 39.4 |
| 40日後 | 2579015 | -2.554 | -5.594 | 962868 | 1581586 | 37.8 |

を判断することが可能です。

これはローソク足パターンに関係なく、すべての取引が統計分析の対象となります。これらの表の利益平均２を全取引平均値として、相対的利益比較をするわけです。

全期間（1983～2009年）と各６期間の表を比較してみます。

まず、パターンに関係なく買いを仕掛けて、１カ月後（つまり表では20日後）に売り手仕舞ったときの利益率を各期間で比較してみましょう。

| | |
|---|---|
| 全期間 | −0.377% |
| バブル期間 | ＋1.748% |
| 崩壊期間 | −2.618% |
| もみ合い期間 | −0.683% |
| 暴落期間 | −1.414% |
| 暴騰期間 | ＋1.427% |
| 金融危機期間 | −2.551% |

これらの値から次のことが分かります。

- ●2003～2006年の暴騰期間よりも、1983～1989年のバブル期間のほうが利益率は高かった。
- ●1990～1992年の急激なバブル崩壊期間と、2007～2009年の金融危機期間の下落率は、ほとんど等しかった。
- ●株価の上昇時よりも下落時のほうが、傾きが大きい。

次に「当日終値」の行に注目してください。この行には「翌営業日始値で購入し、その日の終値で売り手仕舞った場合」つまり「デイトレードの利益率」が掲載されています。

各期間の利益平均は次のとおりです。

| | |
|---|---|
| 全期間 | −0.054% |
| バブル期間 | −0.016% |
| 崩壊期間 | −0.079% |
| もみ合い期間 | −0.094% |
| 暴落期間 | −0.074% |
| 暴騰期間 | −0.025% |
| 金融危機期間 | −0.051% |

全期間の利益平均が−0.054%で、しかもどの期間もマイナスです。株価が全体的に大きく上昇したバブル期間や暴騰期間でさえ、日中の値動きはマイナス傾向となっています。

したがって、今後も「日中の値動きはマイナスになる」という傾向が続くでしょう。つまり「日本の株式市場が開いている時間は、株価が上昇する可能性は低い」という傾向が、今後も続いていくと考えられるわけです。

多くのデイトレーダーは「買い」を好むように思われます。しかし、日本株のデイトレーダーを目指すのであれば、空売りも視野に入れて戦略を構築する必要があるでしょう。

## 判断基準

統計分析の結果から「売り」「買い」「様子見」を判断する基準は次のとおりです。傾向が「ほとんどゼロ」というのを「－0.05% ＜ 利益率 ＜ ＋0.05%」としました。

①１日後の利益率が＋0.05%以上かつ、
　２日後の利益率が＋0.05%以上のとき →「買い」

②１日後の利益率が－0.05%以下かつ、
　２日後の利益率が－0.05%以下のとき →「売り」

③－0.05%＜１日後の利益率＜＋0.05%かつ、
　２日後の利益率が0.05%以上のとき →「買い」

④１日後の利益率が＋0.05%以上かつ、
　－0.05%＜２日後の利益率＜＋0.05%のとき →「買い」

⑤－0.05%＜１日後の利益率＜＋0.05%かつ、
　２日後の利益率が－0.05%以下のとき →「売り」

⑥１日後の利益率が－0.05%以下かつ、
　－0.05%＜２日後の利益率＜＋0.05%のとき →「売り」

⑦１日後の利益率が＋0.05％以上かつ、
２日後の利益率が－0.05％以下のとき →「様子見」

⑧１日後の利益率が－0.05％以下かつ、
２日後の利益率が＋0.05％以上のとき →「様子見」

⑨－0.05％＜１日後の利益率＜＋0.05％かつ、
－0.05％＜２日後の利益率＜＋0.05％のとき → 「様子見」

| 利益率 | － | 0 | ＋ |
|---|---|---|---|
| － | 売り | 売り | 様子見 |
| 0 | 売り | 様子見 | 買い |
| ＋ | 様子見 | 買い | 買い |

次章からは各パターンの統計分析結果について解説します。

## 3．並び黒

3日間連続で陰線が現れたときを「並び黒」とします。酒田五法でいう「黒三兵《くろさんぺい》」「三羽烏《がらす》」のパターンです。

「陰線」は実体部分が始値の0.5％よりも長い場合と定義します。

**並び黒パターン**

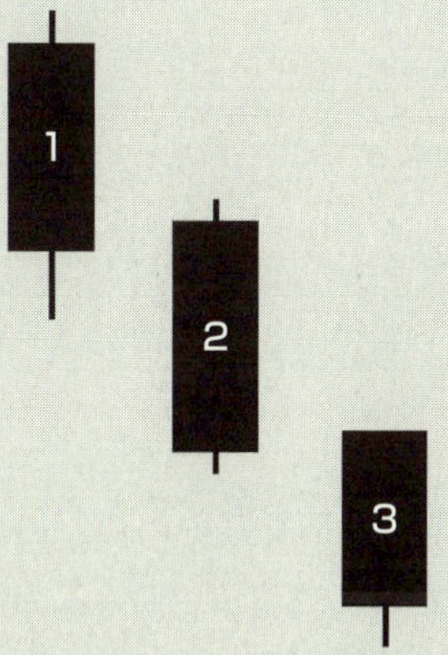


【抽出条件】

①陰線の長さは３本のとも始値の0.5%よりも長い
（例えば、始値が1000円の場合、実体部分が５円幅よりも長いものを抽出）

②３日間連続で陰線が続くこと

3日間連続で陰線が続いた翌営業日、投資家たちはどちらの行動をとることが多いでしょうか。

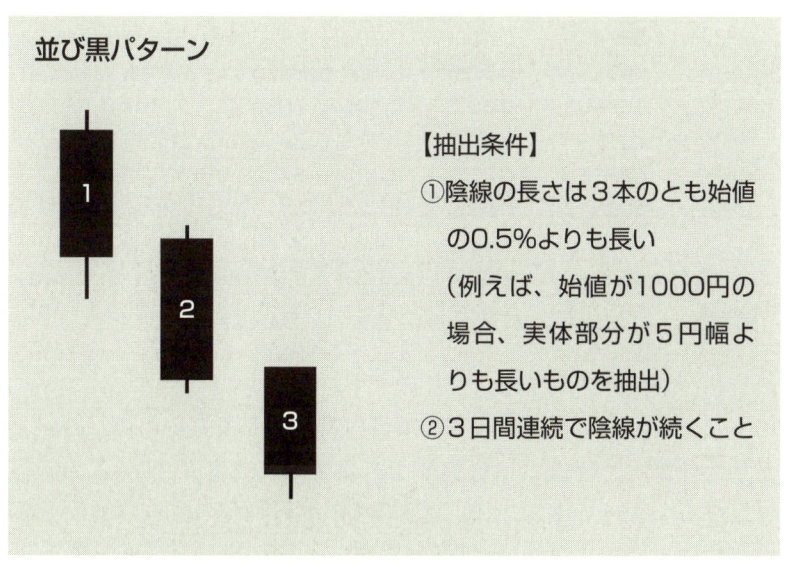

A．損切りのため売ってしまう。

B．安く買えるので押し目買いをする。

皆さんはこれまでどちらのパターンだったでしょうか。

**全期間（1983～2009年）**

| 売却日 | 取引回数 | 利益平均1(%) | 利益平均2(%) | 勝ち取引回数 | 負け取引回数 | 勝率(%) |
|---|---|---|---|---|---|---|
| 当日終値 | 689647 | -0.062 | -0.103 | 270237 | 329332 | 45.1 |
| 1日後 | 689517 | 0.205 | 0.144 | 315975 | 309565 | 50.5 |
| 2日後 | 689402 | 0.400 | 0.294 | 332397 | 314423 | 51.4 |
| 3日後 | 689250 | 0.506 | 0.351 | 337811 | 316986 | 51.6 |
| 4日後 | 689089 | 0.607 | 0.405 | 339933 | 319441 | 51.6 |
| 5日後 | 688961 | 0.667 | 0.419 | 340275 | 322363 | 51.4 |
| 6日後 | 688804 | 0.715 | 0.423 | 340838 | 323782 | 51.3 |
| 10日後 | 688317 | 0.888 | 0.431 | 341307 | 328604 | 50.9 |
| 20日後 | 686899 | 1.105 | 0.187 | 334969 | 339337 | 49.7 |
| 30日後 | 684012 | 1.338 | -0.051 | 329759 | 344316 | 48.9 |
| 40日後 | 681117 | 1.413 | -0.523 | 327246 | 345569 | 48.6 |

このパターンがみられた翌営業日の寄り付きで買い、当日終値で売り手仕舞った場合（当日終値の行を参照)、1983～2009年の利益平均は－0.103％（利益平均２）となりました。これは全取引平均値の－0.054％よりも大きなマイナスです。

したがって、並び黒パターンがみられた翌営業日にデイトレードをするなら「売り」と考えられます。

一方、１日後～30日後に売り手仕舞った場合、全取引平均値よりも高い利益となりました。例えば、２日後の売却で比較すると、全取引平均値の－0.033％に対して、並び黒は＋0.294％となっており、0.327％有利です。

したがって、並び黒パターンがみられた翌営業日に購入して、建玉（ポジション）を翌日以降に持ち越すなら「買い」となります。

２日で0.327％の優位さは、年間240日で48.0％の優位さに相当します（1.00327の120乗＝1.480）。２日間での優位さが0.327％にすぎなくても、年間を通して利益を積み重ねることで、大きな優位さとなるのです。

全期間（1983～2009年）の当日終値、１日後、２日後の全取引平均値はそれぞれ－0.054％、－0.017％、－0.033％です。一方、このパターンが出現した場合、当日終値、１日後、２日後の利益率は、それぞれ－0.103％、＋0.144％、＋0.294％となります。

●パターンが出現した翌営業日の日中に下落する
●１日後にプラスとなっている

このことから、並び黒パターンが出た場合、翌営業日の終値付近で買いとするのがよいと考えられます。

６分割した期間でも同様に解析してみましょう。

### バブル期間（1983～1989年）

| 売却日 | 取引回数 | 利益平均1(%) | 利益平均2(%) | 勝ち取引回数 | 負け取引回数 | 勝率(%) |
|---|---|---|---|---|---|---|
| 当日終値 | 108177 | -0.038 | -0.060 | 38657 | 50096 | 43.6 |
| 1日後 | 108177 | 0.330 | 0.306 | 48982 | 44791 | 52.2 |
| 2日後 | 108177 | 0.584 | 0.544 | 52508 | 46073 | 53.3 |
| 3日後 | 108177 | 0.754 | 0.699 | 53897 | 46437 | 53.7 |
| 4日後 | 108177 | 0.876 | 0.808 | 54257 | 47063 | 53.6 |
| 5日後 | 108177 | 1.015 | 0.933 | 54776 | 47204 | 53.7 |
| 6日後 | 108177 | 1.155 | 1.061 | 55389 | 47293 | 53.9 |
| 10日後 | 108177 | 1.628 | 1.486 | 57012 | 46946 | 54.8 |
| 20日後 | 108177 | 2.685 | 2.418 | 59163 | 46062 | 56.2 |
| 30日後 | 108177 | 3.760 | 3.372 | 61199 | 44715 | 57.8 |
| 40日後 | 108177 | 4.750 | 4.228 | 62896 | 43349 | 59.2 |

この期間の当日終値、1日後、2日後の全取引平均値は、それぞれ－0.016％、＋0.082％、＋0.167％です。

一方、並び黒パターン出現の場合、当日終値、1日後、2日後の利益率は、それぞれ－0.060％、＋0.306％、＋0.544％となりました。

当日終値の利益率はマイナス、1日後と2日後の利益率はプラスです。全取引平均値と比較すると、当日終値は低い利益率、1日後と2日後は高い利益率でした。

したがって、1日後以降に売り手仕舞うのであれば、この上昇期に出現した並び黒パターンは「買いサイン」だったといえます。

### 崩壊期間（1990～1992年）

| 売却日 | 取引回数 | 利益平均1(%) | 利益平均2(%) | 勝ち取引回数 | 負け取引回数 | 勝率(%) |
|---|---|---|---|---|---|---|
| 当日終値 | 55549 | -0.256 | -0.297 | 19693 | 26500 | 42.6 |
| 1日後 | 55549 | 0.130 | 0.070 | 24897 | 24648 | 50.3 |
| 2日後 | 55549 | 0.338 | 0.226 | 26435 | 25331 | 51.1 |
| 3日後 | 55549 | 0.331 | 0.171 | 26442 | 26125 | 50.3 |
| 4日後 | 55549 | 0.329 | 0.121 | 26264 | 26680 | 49.6 |
| 5日後 | 55549 | 0.323 | 0.069 | 26098 | 27177 | 49.0 |
| 6日後 | 55549 | 0.310 | 0.012 | 25944 | 27496 | 48.5 |
| 10日後 | 55549 | -0.033 | -0.553 | 24764 | 29285 | 45.8 |
| 20日後 | 55549 | -0.397 | -1.430 | 23377 | 31138 | 42.9 |
| 30日後 | 55549 | -0.944 | -2.455 | 22600 | 32186 | 41.3 |
| 40日後 | 55549 | -2.209 | -4.369 | 21790 | 33134 | 39.7 |

急激な下落局面でも優位性はあるのでしょうか。

この期間の当日終値、1日後、2日後の全取引平均値は、それぞれ－0.079％、－0.121％、－0.242％です。

一方、並び黒パターン出現の場合、当日終値、1日後、2日後の利益率は、それぞれ－0.297％、＋0.070％、＋0.226％となりました。

当日終値での利益率はマイナスで、全取引平均値と比較すると、より大きなマイナスの利益率です。一方、バブル崩壊期間のような下降トレンド中でも1日後と2日後の利益率はプラスとなっており、全取引平均値と比較すると、より大きなプラスの利益率となっています。

したがって、この下落期に出現した並び黒パターンも「買いサイン」だったといえます。

**もみ合い期間（1993～1999年）**

| 売却日 | 取引回数 | 利益平均 1(%) | 利益平均 2(%) | 勝ち取引回数 | 負け取引回数 | 勝率(%) |
|---|---|---|---|---|---|---|
| 当日終値 | 144356 | −0.178 | −0.219 | 52187 | 69570 | 42.9 |
| 1日後 | 144356 | 0.166 | 0.115 | 63886 | 65066 | 49.5 |
| 2日後 | 144356 | 0.375 | 0.285 | 67694 | 66792 | 50.3 |
| 3日後 | 144356 | 0.508 | 0.380 | 68979 | 67516 | 50.5 |
| 4日後 | 144356 | 0.616 | 0.451 | 69721 | 67824 | 50.7 |
| 5日後 | 144356 | 0.684 | 0.484 | 70010 | 68259 | 50.6 |
| 6日後 | 144356 | 0.740 | 0.509 | 70403 | 68437 | 50.7 |
| 10日後 | 144356 | 0.624 | 0.236 | 68213 | 71969 | 48.7 |
| 20日後 | 144356 | 0.838 | 0.089 | 66927 | 74542 | 47.3 |
| 30日後 | 144356 | 0.957 | −0.202 | 65239 | 76838 | 45.9 |
| 40日後 | 144356 | 0.820 | −0.821 | 64252 | 78285 | 45.1 |

この期間の当日終値、１日後、２日後の全取引平均値は、それぞれ−0.094％、−0.036％、−0.071％です。

一方、並び黒パターン出現の場合、当日終値、１日後、２日後の利益率は、それぞれ−0.219％、＋0.115％、＋0.285％となります。

当日終値の利益率はマイナス、１日後と２日後の利益率はプラスです。全取引平均値と比較すると、当日終値はより大きなマイナスの利益率、１日後と２日後はより大きなプラスの利益率となっています。

したがって、一定範囲内を株価が上下する、もみ合い期間に出現した並び黒パターンも、これまで同様「買いサイン」だったといえます。

### 暴落期間（2000～2002年）

| 売却日 | 取引回数 | 利益平均1(%) | 利益平均2(%) | 勝ち取引回数 | 負け取引回数 | 勝率(%) |
|---|---|---|---|---|---|---|
| 当日終値 | 90481 | -0.101 | -0.151 | 34935 | 43926 | 44.3 |
| 1日後 | 90481 | 0.180 | 0.110 | 40338 | 41546 | 49.3 |
| 2日後 | 90481 | 0.359 | 0.235 | 42105 | 42649 | 49.7 |
| 3日後 | 90481 | 0.490 | 0.319 | 43023 | 42897 | 50.1 |
| 4日後 | 90481 | 0.543 | 0.326 | 43259 | 43232 | 50.0 |
| 5日後 | 90481 | 0.549 | 0.279 | 43066 | 43873 | 49.5 |
| 6日後 | 90481 | 0.553 | 0.233 | 42837 | 44326 | 49.1 |
| 10日後 | 90481 | 0.556 | 0.033 | 42986 | 44935 | 48.9 |
| 20日後 | 90481 | 0.395 | -0.641 | 41695 | 46994 | 47.0 |
| 30日後 | 90481 | -0.113 | -1.770 | 39576 | 49400 | 44.5 |
| 40日後 | 90481 | -0.266 | -2.596 | 39846 | 49373 | 44.7 |

この期間の当日終値、１日後、２日後の全取引平均値は、それぞれ－0.074％、－0.067％、－0.130％です。

一方、並び黒パターン出現の場合、当日終値、１日後、２日後の利益率は、それぞれ－0.151％、＋0.110％、＋0.235％となります。

当日終値の利益率はマイナス、１日後と２日後の利益率はプラスです。全取引平均値と比較すると、当日終値はより大きなマイナスの利益率、１日後と２日後にはより大きなプラスの利益率でした。

この急激な下降トレンド期でさえ､出現した並び黒パターンは｢買いサイン」だったといえます。

**暴騰期間（2003 ～ 2006 年）**

| 売却日 | 取引回数 | 利益平均 1(%) | 利益平均 2(%) | 勝ち取引回数 | 負け取引回数 | 勝率 (%) |
|---|---|---|---|---|---|---|
| 当日終値 | 149072 | 0.060 | 0.022 | 63342 | 71382 | 47.0 |
| 1 日後 | 149072 | 0.286 | 0.230 | 71549 | 66963 | 51.7 |
| 2 日後 | 149072 | 0.543 | 0.445 | 75601 | 66044 | 53.4 |
| 3 日後 | 149072 | 0.686 | 0.543 | 77070 | 65899 | 53.9 |
| 4 日後 | 149072 | 0.835 | 0.642 | 77982 | 65980 | 54.2 |
| 5 日後 | 149072 | 0.949 | 0.706 | 78296 | 66327 | 54.1 |
| 6 日後 | 149072 | 1.113 | 0.834 | 79243 | 65576 | 54.7 |
| 10 日後 | 149072 | 1.703 | 1.325 | 81341 | 64479 | 55.8 |
| 20 日後 | 149072 | 2.547 | 1.845 | 81262 | 65621 | 55.3 |
| 30 日後 | 149072 | 3.415 | 2.378 | 81797 | 65549 | 55.5 |
| 40 日後 | 149072 | 4.363 | 3.066 | 83006 | 64498 | 56.3 |

この期間の当日終値、１日後、２日後の全取引平均値は、それぞれ－0.025％、＋0.064％、＋0.132％です。

一方、並び黒パターン出現の場合、当日終値、１日後、２日後の利益率は、それぞれ＋0.022％、＋0.230％、＋0.445％となります。

当日終値、１日後、２日後の利益率がすべてプラスで、これまでの４期間と若干異なる傾向です。全取引平均値と比較すると、どれも高めの利益率となっています。

したがって、当日終値での利益率がこれまでの４つの期間と傾向が異なるものの、この上昇期に出現した並び黒パターンは「買いサイン」だったといえます。

### 金融危機期間（2007～2009年）

| 売却日 | 取引回数 | 利益平均1(%) | 利益平均2(%) | 勝ち取引回数 | 負け取引回数 | 勝率(%) |
|---|---|---|---|---|---|---|
| 当日終値 | 141313 | 0.008 | -0.044 | 61131 | 67520 | 47.5 |
| 1日後 | 141183 | 0.104 | 0.008 | 65976 | 66270 | 49.9 |
| 2日後 | 141068 | 0.183 | 0.014 | 67700 | 67237 | 50.2 |
| 3日後 | 140916 | 0.199 | -0.060 | 68038 | 67824 | 50.1 |
| 4日後 | 140755 | 0.295 | -0.046 | 68071 | 68376 | 49.9 |
| 5日後 | 140627 | 0.286 | -0.127 | 67649 | 69223 | 49.4 |
| 6日後 | 140470 | 0.179 | -0.324 | 66609 | 70387 | 48.6 |
| 10日後 | 139983 | 0.281 | -0.511 | 66561 | 70734 | 48.5 |
| 20日後 | 138565 | -0.357 | -2.067 | 62121 | 74718 | 45.4 |
| 30日後 | 135678 | -0.576 | -3.166 | 59016 | 75273 | 43.9 |
| 40日後 | 132783 | -1.308 | -5.072 | 55152 | 76542 | 41.9 |

この期間の当日終値、１日後、２日後の全取引平均値は、それぞれ－0.051％、－0.106％、－0.214％です。

一方、並び黒パターン出現の場合、当日終値、１日後、２日後の利益率は、それぞれ－0.044％、＋0.008％、＋0.014％となります。

当日終値の利益率はマイナス、１日後と２日後の利益率はプラスです。ただし、全取引平均値と比較すると、どれも高めの利益率となっています。

１日後と２日後はプラスであることから、金融危機による大暴落のなかでも並び黒パターンの有効性は証明されています。ただし、この時期は利益率が低いため、買いサインとも売りサインともいえません。「様子見」とするのがよいでしょう。

**まとめ**

６期間中５期間で買いサイン、１期間で様子見となりました。金融危機期間（2007～2009年）は、相場全体が大きく下げた期間です。利益率の低さから唯一、様子見としましたが、並び黒パターンが出現した１日後と２日後はプラスであることから、このパターンの有効性は証明されています。

これらの結果から、株価の上昇期、もみあい期、下落期にかかわらず、並び黒パターンが出現した翌営業日の日中は株価が下がり、１日後の始値まで、２日後の始値までに株価が上昇する可能性が高いといえます。

したがって、統計分析からは「並び黒が出現すれば、押し目買いのチャンス」と考えるのが正解となります。

## 4．並び赤

3日間連続で陽線が現れるパターンを「並び赤」として、その統計分析結果をみてみましょう。酒田五法でいう「赤三兵」です。

「陽線」を実体部分が始値の0.5%よりも長い場合と定義します。

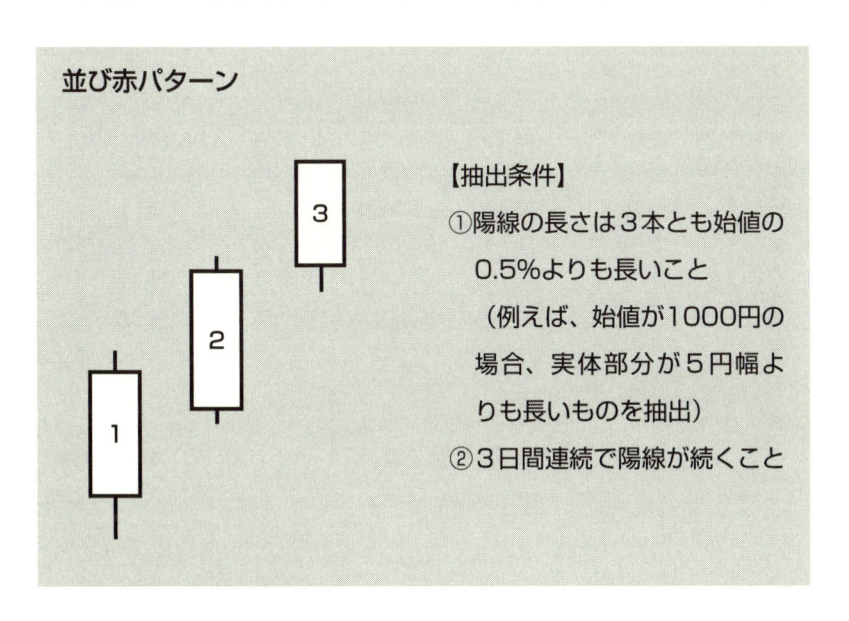

**並び赤パターン**

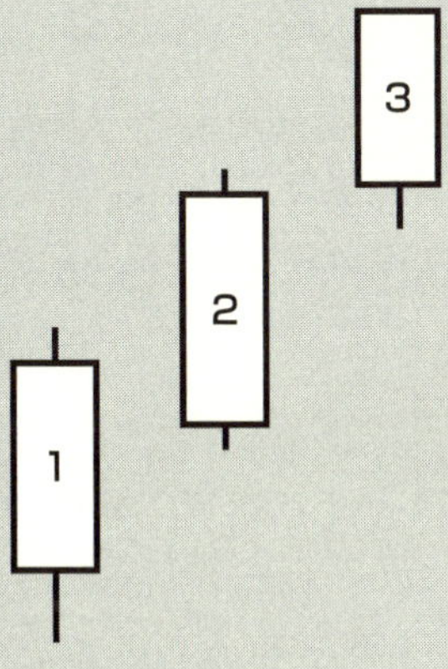


【抽出条件】

①陽線の長さは3本とも始値の0.5%よりも長いこと
（例えば、始値が1000円の場合、実体部分が5円幅よりも長いものを抽出）

②3日間連続で陽線が続くこと

チャートに3本の陽線が並んでいると、かなり目を引きます。3日間連続で陽線が続いた場合、投資家たちは買いと売りのどちらの行動をとることが多いのでしょうか。また、その後の株価は上昇するのでしょうか。

通説では“この並び赤が上値圏で出現すれば、手仕舞いを考えたほうがよい”といわれています。実際はどうでしょうか。統計分析の結果を確かめてみましょう。

**全期間（1983～2009年）**

| 売却日 | 取引回数 | 利益平均1(%) | 利益平均2(%) | 勝ち取引回数 | 負け取引回数 | 勝率(%) |
|---|---|---|---|---|---|---|
| 当日終値 | 427172 | 0.060 | 0.015 | 179637 | 195315 | 47.9 |
| 1日後 | 427068 | -0.017 | -0.090 | 180948 | 209567 | 46.3 |
| 2日後 | 426936 | -0.097 | -0.233 | 181700 | 220826 | 45.1 |
| 3日後 | 426826 | -0.133 | -0.323 | 181609 | 225409 | 44.6 |
| 4日後 | 426672 | -0.135 | -0.375 | 181588 | 228096 | 44.3 |
| 5日後 | 426519 | -0.136 | -0.429 | 182270 | 228989 | 44.3 |
| 6日後 | 426395 | -0.144 | -0.488 | 182893 | 229695 | 44.3 |
| 10日後 | 425866 | -0.014 | -0.558 | 186732 | 228444 | 45.0 |
| 20日後 | 423512 | 0.279 | -0.807 | 190932 | 225290 | 45.9 |
| 30日後 | 422646 | 0.317 | -1.314 | 189706 | 227093 | 45.5 |
| 40日後 | 421817 | 0.533 | -1.643 | 190206 | 226579 | 45.6 |

このパターンがみられた翌営業日の寄り付きで買い、当日終値で売り手仕舞った場合（当日終値の行を参照）、1983～2009年の利益平均は＋0.015％（利益平均２）となりました。これは全取引平均値の－0.054％よりも高い利益率です。

しかし、利益幅が低いため、並び赤パターンがみられた翌営業日にデイトレードをするなら「様子見」としたほうがよいでしょう。

先ほどの並び黒の結果と合わせると、３日連続で下げた翌営業日の日中はその流れで下げる可能性が高く、３日連続で上げた翌営業日の日中はその流れで上げる可能性が高いと分かります。

１日後～40日後に売り手仕舞った場合、全取引平均値よりも低い利益率となっています。例えば、２日後で比較すると、全取引平均値の－0.033％に対し、並び赤パターンは－0.233％となっており、0.200％不利です。

これは逆をいえば「空売り」をすることで0.233％の利益率を得られることを意味します。つまり、並び赤が出現したら、統計的に株価の下落が予想されるので、空売りが有効というわけです。

1983～2009年の全期間でみた場合、当日終値、１日後、２日後の全取引平均値はそれぞれ－0.054％、－0.017％、－0.033％でした。一方、並び赤パターン出現の場合、当日終値、１日後、２日後の利益率は、それぞれ＋0.015％、－0.090％、－0.233％となります。

●パターンが出現した翌営業日の日中に上昇する。
●１日後にはマイナスとなっている。

このことから、並び赤パターンが出た場合、翌営業日の終値付近で空売りをするのが有利といえます。先ほどの並び黒とちょうど反対の動きをしていることに注目してください。

６分割した期間でも同様に解析してみましょう。

### バブル期間（1983～1989年）

| 売却日 | 取引回数 | 利益平均1(%) | 利益平均2(%) | 勝ち取引回数 | 負け取引回数 | 勝率(%) |
|---|---|---|---|---|---|---|
| 当日終値 | 62970 | 0.066 | 0.036 | 24506 | 28842 | 45.9 |
| 1日後 | 62970 | -0.008 | -0.054 | 24496 | 31459 | 43.8 |
| 2日後 | 62970 | 0.004 | -0.084 | 25159 | 33048 | 43.2 |
| 3日後 | 62970 | 0.056 | -0.067 | 25753 | 33451 | 43.5 |
| 4日後 | 62970 | 0.155 | 0.006 | 26241 | 33397 | 44.0 |
| 5日後 | 62970 | 0.234 | 0.058 | 26574 | 33407 | 44.3 |
| 6日後 | 62970 | 0.304 | 0.098 | 26949 | 33385 | 44.7 |
| 10日後 | 62970 | 0.688 | 0.389 | 28015 | 32869 | 46.0 |
| 20日後 | 62970 | 1.684 | 1.184 | 30458 | 30991 | 49.6 |
| 30日後 | 62970 | 2.816 | 2.146 | 32468 | 29273 | 52.6 |
| 40日後 | 62970 | 3.875 | 3.059 | 33607 | 28323 | 54.3 |

この期間の当日終値、１日後、２日後の全取引平均値は、それぞれ－0.016％、＋0.082％、＋0.167％です。

一方、並び赤パターン出現の場合、当日終値、１日後、２日後の利益率は、それぞれ＋0.036％、－0.054％、－0.084％となりました。

当日終値の利益率はプラスですが、１日後と２日後の利益率はマイナスです。全取引平均値と比較すると、当日終値ではより高い利益率、１日後と２日後ではより低い利益率となりました。

したがって、株価上昇の続いたバブル期間でも、１日後以降に手仕舞うのであれば、並び赤パターンは「売りサイン」だったといえます。

## 崩壊期間（1990～1992年）

| 売却日 | 取引回数 | 利益平均1(%) | 利益平均2(%) | 勝ち取引回数 | 負け取引回数 | 勝率(%) |
|---|---|---|---|---|---|---|
| 当日終値 | 31913 | 0.086 | 0.059 | 12918 | 13797 | 48.4 |
| 1日後 | 31913 | -0.099 | -0.146 | 12604 | 15837 | 44.3 |
| 2日後 | 31913 | -0.241 | -0.342 | 12837 | 16835 | 43.3 |
| 3日後 | 31913 | -0.210 | -0.352 | 13170 | 16965 | 43.7 |
| 4日後 | 31913 | -0.198 | -0.393 | 13298 | 17139 | 43.7 |
| 5日後 | 31913 | -0.187 | -0.430 | 13380 | 17180 | 43.8 |
| 6日後 | 31913 | -0.312 | -0.598 | 13222 | 17414 | 43.2 |
| 10日後 | 31913 | -0.372 | -0.813 | 13424 | 17566 | 43.3 |
| 20日後 | 31913 | -1.373 | -2.464 | 13103 | 18208 | 41.8 |
| 30日後 | 31913 | -2.892 | -4.631 | 11917 | 19540 | 37.9 |
| 40日後 | 31913 | -3.161 | -5.346 | 12015 | 19480 | 38.1 |

この期間の当日終値、1日後、2日後の全取引平均値は、それぞれ－0.079％、－0.121％、－0.242％です。

一方、並び赤パターン出現の場合、当日終値、1日後、2日後の利益率は、それぞれ＋0.059％、－0.146％、－0.342％となりました。

バブル期同様、当日終値の利益率はプラス、1日後と2日後の利益率はマイナスです。全取引平均値と比較すると、当日終値はより高い利益率、1日後と2日後はより低い利益率です。

したがって、この下落期に出現した並び赤パターンも「売りサイン」だったといえます。

### もみ合い期間（1993～1999年）

| 売却日 | 取引回数 | 利益平均1(%) | 利益平均2(%) | 勝ち取引回数 | 負け取引回数 | 勝率(%) |
|---|---|---|---|---|---|---|
| 当日終値 | 81512 | 0.011 | -0.031 | 32886 | 36840 | 47.2 |
| 1日後 | 81512 | -0.049 | -0.114 | 33581 | 39968 | 45.7 |
| 2日後 | 81512 | -0.131 | -0.252 | 33745 | 42420 | 44.3 |
| 3日後 | 81512 | -0.155 | -0.321 | 33888 | 43408 | 43.8 |
| 4日後 | 81512 | -0.144 | -0.350 | 33653 | 44136 | 43.3 |
| 5日後 | 81512 | -0.148 | -0.396 | 33530 | 44717 | 42.9 |
| 6日後 | 81512 | -0.168 | -0.456 | 33502 | 45077 | 42.6 |
| 10日後 | 81512 | 0.077 | -0.337 | 35123 | 44092 | 44.3 |
| 20日後 | 81512 | 0.426 | -0.425 | 36226 | 43724 | 45.3 |
| 30日後 | 81512 | 0.587 | -0.697 | 36515 | 43708 | 45.5 |
| 40日後 | 81512 | 0.811 | -0.959 | 36903 | 43555 | 45.9 |

この期間の当日終値、1日後、2日後の全取引平均値は、それぞれ－0.094％、－0.036％、－0.071％です。

一方、並び赤パターン出現の場合、当日終値、1日後、2日後の利益率は、それぞれ－0.031％、－0.114％、－0.252％となりました。

当日終値、1日後、2日後の利益率は、すべてマイナスです。これまでの2期間と比較すると、パターン出現した翌営業日の値動きが異なります。

全取引平均値と比較すると、当日終値はより高い利益率、1日後と2日後はより低い利益率となっており、これまでの2期間と傾向は変わりません。

したがって、1日後以降に売るのであれば、このもみ合い期に出現した並び赤パターンは「売りサイン」だったといえます。

## 暴落期間（2000～2002年）

| 売却日 | 取引回数 | 利益平均1(%) | 利益平均2(%) | 勝ち取引回数 | 負け取引回数 | 勝率(%) |
|---|---|---|---|---|---|---|
| 当日終値 | 56750 | 0.087 | 0.031 | 24550 | 25476 | 49.1 |
| 1日後 | 56750 | -0.109 | -0.198 | 23835 | 27984 | 46.0 |
| 2日後 | 56750 | -0.336 | -0.504 | 23415 | 29976 | 43.9 |
| 3日後 | 56750 | -0.487 | -0.721 | 23093 | 30815 | 42.8 |
| 4日後 | 56750 | -0.560 | -0.848 | 22962 | 31400 | 42.2 |
| 5日後 | 56750 | -0.613 | -0.960 | 22912 | 31653 | 42.0 |
| 6日後 | 56750 | -0.665 | -1.069 | 23002 | 31781 | 42.0 |
| 10日後 | 56750 | -0.914 | -1.571 | 22737 | 32473 | 41.2 |
| 20日後 | 56750 | -1.288 | -2.580 | 22529 | 33167 | 40.4 |
| 30日後 | 56750 | -1.401 | -3.279 | 22747 | 33134 | 40.7 |
| 40日後 | 56750 | -1.865 | -4.465 | 22396 | 33618 | 40.0 |

この期間の当日終値、1日後、2日後の全取引平均値は、それぞれ－0.074％、－0.067％、－0.130％です。

一方、並び赤パターン出現の場合、当日終値、1日後、2日後の利益率は、それぞれ＋0.031％、－0.198％、－0.504％となりました。

当日終値の利益率はプラス、1日後と2日後の利益率はマイナスです。全取引平均値と比較すると、当日終値はより高い利益率、1日後と2日後はより低い利益率となっています。

したがって、この下落期に出現した並び赤パターンは「売りサイン」だったといえます。

**暴騰期間（2003～2006年）**

| 売却日 | 取引回数 | 利益平均1(%) | 利益平均2(%) | 勝ち取引回数 | 負け取引回数 | 勝率(%) |
|---|---|---|---|---|---|---|
| 当日終値 | 98381 | 0.072 | 0.025 | 42997 | 45810 | 48.4 |
| 1日後 | 98381 | 0.121 | 0.053 | 44329 | 47086 | 48.5 |
| 2日後 | 98381 | 0.121 | -0.011 | 45098 | 48740 | 48.1 |
| 3日後 | 98381 | 0.153 | -0.023 | 45041 | 49511 | 47.6 |
| 4日後 | 98381 | 0.218 | -0.001 | 45334 | 49854 | 47.6 |
| 5日後 | 98381 | 0.305 | 0.047 | 45802 | 49685 | 48.0 |
| 6日後 | 98381 | 0.386 | 0.083 | 46132 | 49602 | 48.2 |
| 10日後 | 98381 | 0.866 | 0.411 | 48022 | 48371 | 49.8 |
| 20日後 | 98381 | 2.189 | 1.380 | 51282 | 45726 | 52.9 |
| 30日後 | 98381 | 2.934 | 1.830 | 51474 | 45815 | 52.9 |
| 40日後 | 98381 | 3.819 | 2.460 | 51794 | 45584 | 53.2 |

この期間の当日終値、１日後、２日後の全取引平均値は、それぞれ－0.025％、＋0.064％、＋0.132％です。

一方、並び赤パターン出現の場合、当日終値、１日後、２日後の利益率は、それぞれ＋0.025％、＋0.053％、－0.011％となります。

当日終値と１日後の利益率はプラス、２日後の利益率はマイナスです。全取引平均値と比較すると、当日終値はより高い利益率、１日後と２日後はより低い利益率となっています。

１日後の利益率が＋0.05％以上で、２日後の利益率が－0.05％～＋0.05％であることから「買いサイン」だったといえます。

### 金融危機期間（2007～2009年）

| 売却日 | 取引回数 | 利益平均 1(%) | 利益平均 2(%) | 勝ち取引 回数 | 負け取引 回数 | 勝率(%) |
|---|---|---|---|---|---|---|
| 当日終値 | 95482 | 0.062 | 0.007 | 41720 | 44461 | 48.4 |
| 1日後 | 95378 | -0.056 | -0.156 | 42038 | 47142 | 47.1 |
| 2日後 | 95246 | -0.168 | -0.348 | 41391 | 49707 | 45.4 |
| 3日後 | 95136 | -0.297 | -0.557 | 40590 | 51176 | 44.2 |
| 4日後 | 94982 | -0.412 | -0.748 | 40032 | 52080 | 43.5 |
| 5日後 | 94829 | -0.527 | -0.957 | 39995 | 52266 | 43.3 |
| 6日後 | 94705 | -0.604 | -1.117 | 40004 | 52360 | 43.3 |
| 10日後 | 94176 | -0.827 | -1.706 | 39318 | 53004 | 42.6 |
| 20日後 | 91822 | -1.326 | -3.192 | 37245 | 53402 | 41.1 |
| 30日後 | 90956 | -2.297 | -5.281 | 34501 | 55544 | 38.3 |
| 40日後 | 90127 | -2.824 | -6.939 | 33422 | 55929 | 37.4 |

この期間の当日終値、１日後、２日後の全取引平均値は、それぞれ－0.051％、－0.106％、－0.214％です。

一方、並び赤パターン出現の場合、当日終値、１日後、２日後の利益率は、それぞれ＋0.007％、－0.156％、－0.348％となります。

当日終値の利益率はプラス、１日後と２日後の利益率はマイナスです。全取引平均値と比較すると、当日終値はより高い利益率、１日後と２日後はより低い利益率となっています。

したがって、この大暴落中に出現した並び赤パターンは「売りサイン」だったといえます。

### まとめ

６期間中５期間で売りサイン、１期間で買いサインとなりました。

買いサインだった暴騰期間（2003～2006年）を絶対的利益で比較（利益率がプラスかマイナスかでの評価）すると、他期間と傾向が変わってきているようにみえます。しかし、相対的利益で比較すれば、傾向に変化はみられません。したがって、今後もこの傾向（当日終値は高め利益率、１日後と２日後は低め利益率）が続く可能性は高いと考えられます。

並び赤パターンが出現した翌営業日の日中に株価を上げ、１日後の始値あるいは２日後の始値までに、株価を下げる可能性は高いといえます。ちょうど先ほどの並び黒パターンと正反対の結果となりました。

３日連続の陽線の出現は下落のサインと考え、「手持ちの銘柄は売り、新規は空売り」とするのがよいでしょう。

## 5．下放れ並び黒

下方向に値を飛ばしながら３日連続で陰線を形成するパターン「下放れ並び黒」について分析してみましょう。

「下放れ」は「前日終値よりも安く始まる」と定義します。

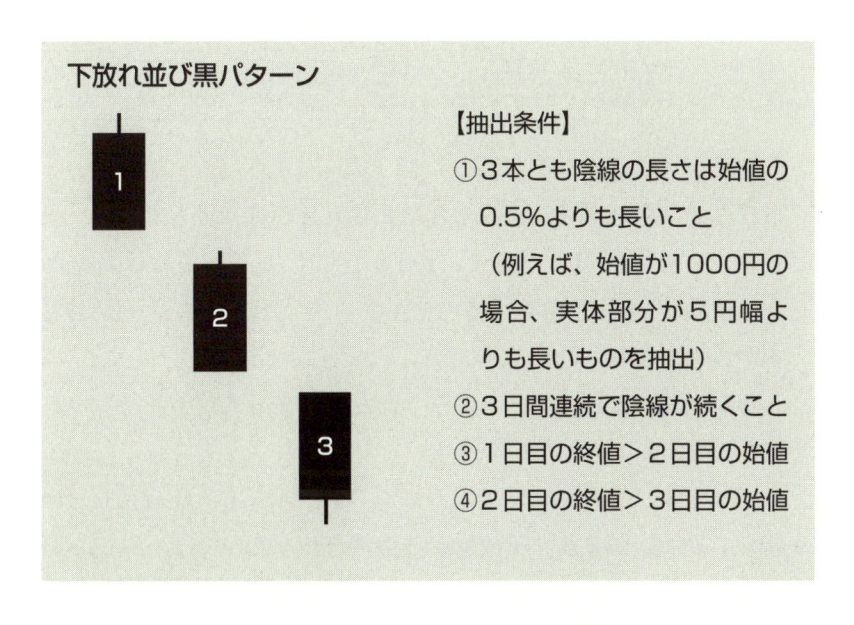

**下放れ並び黒パターン**

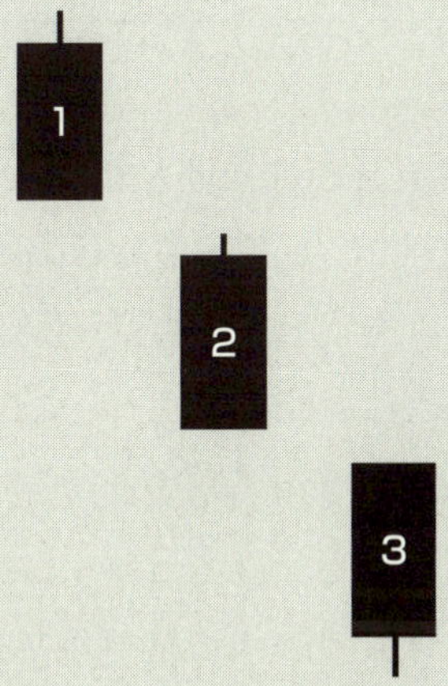


**【抽出条件】**

①３本とも陰線の長さは始値の0.5%よりも長いこと
（例えば、始値が1000円の場合、実体部分が５円幅よりも長いものを抽出）

②３日間連続で陰線が続くこと

③１日目の終値＞２日目の始値

④２日目の終値＞３日目の始値

一般に、株価が下降トレンドにあるときに下放れ並び黒が出現すると、非常に弱い相場を示しているといわれます。では、下放れ並び黒パターンが出現したら、売りサインでしょうか。

## 全期間（1983～2009年）

| 売却日 | 取引回数 | 利益平均1(%) | 利益平均2(%) | 勝ち取引回数 | 負け取引回数 | 勝率(%) |
|---|---|---|---|---|---|---|
| 当日終値 | 182496 | 0.136 | 0.086 | 77764 | 81610 | 48.8 |
| 1日後 | 182478 | 0.398 | 0.320 | 87704 | 79130 | 52.6 |
| 2日後 | 182466 | 0.683 | 0.550 | 92335 | 79723 | 53.7 |
| 3日後 | 182444 | 0.835 | 0.647 | 93899 | 80049 | 54.0 |
| 4日後 | 182425 | 1.035 | 0.795 | 95182 | 79985 | 54.3 |
| 5日後 | 182408 | 1.164 | 0.881 | 95564 | 80385 | 54.3 |
| 6日後 | 182369 | 1.227 | 0.896 | 95650 | 80750 | 54.2 |
| 10日後 | 182291 | 1.385 | 0.877 | 94665 | 82968 | 53.3 |
| 20日後 | 181995 | 1.557 | 0.533 | 91162 | 87605 | 51.0 |
| 30日後 | 181029 | 1.703 | 0.146 | 88889 | 89699 | 49.8 |
| 40日後 | 180427 | 1.679 | -0.542 | 87797 | 90559 | 49.2 |

下放れ並び黒パターンがみられた翌営業日の寄り付きで買い、当日終値で売り手仕舞った場合、1983～2009年の利益平均は0.086％（利益平均２）の「プラス」となりました。全取引平均値は－0.054％ですから、かなり高い利益率です。

したがって、このパターンがみられた翌営業日に「デイトレードをするなら買い」を示しています。

先ほどの並び黒パターンでは、デイトレードをするなら売りという結果でした。つまり「下放れ」の条件がつくだけで、パターン出現した翌営業日の株価の動きは逆になるわけです。

１日後～30日後に売る場合は、全取引平均値よりも高い利益となっています。例えば、２日後で比較すれば、全取引平均値は0.033％のマイナスに対して、下放れ並び黒は0.550％のプラスとなっており、0.583％有利です。

したがって、下放れ並び黒が出現した翌営業日に建玉し、持ち越すのであれば「買いサイン」といえます。並び黒よりもさらに高い収益性です。

２日で＋0.583％の優位さは、年間240日では＋100.9％の優位さに相当します（1.00583の120乗＝2.009）。１年でほぼ倍となる大きな利益率が期待できるわけです。２日間での利益は＋0.583％と小さくても、年間を通して利益を積み重ねることで、大きな利益になります。

全期間（1983～2009年）の当日終値、１日後、２日後の全取引平均値は、それぞれ－0.054％、－0.017％、－0.033％です。一方、下放れ並び黒パターン出現の場合、当日終値、１日後、２日後の利益率は、それぞれ＋0.086％、＋0.320％、＋0.550％となります。

●パターンが出現した翌営業日の日中は上昇
●２日後以降もさらに利益率プラス

このことから、下放れ並び黒パターンが出た場合、翌営業日の始値付近で買いとするのがよいと考えられます。統計分析が示唆するのは、パターン出現後の大きな反発です。

６分割した期間でも同様に解析してみましょう。

### バブル期間（1983～1989年）

| 売却日 | 取引回数 | 利益平均1(%) | 利益平均2(%) | 勝ち取引回数 | 負け取引回数 | 勝率(%) |
|---|---|---|---|---|---|---|
| 当日終値 | 22697 | 0.232 | 0.211 | 9359 | 9110 | 50.7 |
| 1日後 | 22697 | 0.601 | 0.574 | 11313 | 8592 | 56.8 |
| 2日後 | 22697 | 1.031 | 0.990 | 12293 | 8514 | 59.1 |
| 3日後 | 22697 | 1.248 | 1.194 | 12535 | 8646 | 59.2 |
| 4日後 | 22697 | 1.345 | 1.274 | 12471 | 8841 | 58.5 |
| 5日後 | 22697 | 1.486 | 1.402 | 12480 | 8992 | 58.1 |
| 6日後 | 22697 | 1.625 | 1.529 | 12559 | 9052 | 58.1 |
| 10日後 | 22697 | 2.038 | 1.891 | 12651 | 9159 | 58.0 |
| 20日後 | 22697 | 2.852 | 2.573 | 12621 | 9440 | 57.2 |
| 30日後 | 22697 | 3.809 | 3.392 | 12841 | 9407 | 57.7 |
| 40日後 | 22697 | 4.794 | 4.247 | 13211 | 9072 | 59.3 |

この期間の当日終値、１日後、２日後の全取引平均値は、それぞれ−0.016％、＋0.082％、＋0.167％です。

一方、下放れ並び黒パターン出現の場合、当日終値、１日後、２日後の利益率は、それぞれ＋0.211％、＋0.574％、＋0.990％となりました。

当日終値、１日後、２日後の利益率はすべてプラスです。また、全取引平均値と比較して、どの利益率もより高くなっています。

したがって、この上昇期に出現した下放れ並び黒パターンは「買いサイン」だったといえます。

## 崩壊期間（1990～1992年）

| 売却日 | 取引回数 | 利益平均1(%) | 利益平均2(%) | 勝ち取引回数 | 負け取引回数 | 勝率(%) |
|---|---|---|---|---|---|---|
| 当日終値 | 17357 | -0.152 | -0.198 | 6665 | 7775 | 46.2 |
| 1日後 | 17357 | 0.279 | 0.202 | 8271 | 7331 | 53.0 |
| 2日後 | 17357 | 0.577 | 0.436 | 8703 | 7591 | 53.4 |
| 3日後 | 17357 | 0.559 | 0.363 | 8548 | 7922 | 51.9 |
| 4日後 | 17357 | 0.568 | 0.320 | 8513 | 8086 | 51.3 |
| 5日後 | 17357 | 0.750 | 0.461 | 8584 | 8085 | 51.5 |
| 6日後 | 17357 | 0.888 | 0.564 | 8655 | 8081 | 51.7 |
| 10日後 | 17357 | 0.639 | 0.093 | 8339 | 8560 | 49.3 |
| 20日後 | 17357 | 1.019 | 0.041 | 8046 | 9005 | 47.2 |
| 30日後 | 17357 | 0.724 | -0.683 | 7826 | 9315 | 45.7 |
| 40日後 | 17357 | -0.507 | -2.545 | 7615 | 9555 | 44.4 |

この期間の当日終値、１日後、２日後の全取引平均値は、それぞれ－0.079％、－0.121％、－0.242％です。

一方、下放れ並び黒パターン出現の場合、当日終値、１日後、２日後の利益率は、それぞれ－0.198％、＋0.202％、＋0.436％となりました。

当日終値の利益率はマイナス、１日後と２日後の利益率はプラスです。全取引平均値と比較した場合、当日終値はより低い利益率、１日後と２日後はより高い利益率となっています。

当日終値の利益率のみ、バブル期間（1983～1989年）と傾向が異なります。しかし、１日後と２日後の利益率はプラスです。したがって、この下落期に出現した下放れ並び黒パターンも「買いサイン」といえます。

**もみ合い期間（1993～1999年）**

| 売却日 | 取引回数 | 利益平均1(%) | 利益平均2(%) | 勝ち取引回数 | 負け取引回数 | 勝率(%) |
|---|---|---|---|---|---|---|
| 当日終値 | 40172 | -0.046 | -0.093 | 15419 | 18448 | 45.5 |
| 1日後 | 40172 | 0.308 | 0.247 | 18274 | 17661 | 50.9 |
| 2日後 | 40172 | 0.657 | 0.552 | 19714 | 17806 | 52.5 |
| 3日後 | 40172 | 0.843 | 0.693 | 20231 | 17810 | 53.2 |
| 4日後 | 40172 | 1.074 | 0.887 | 20666 | 17739 | 53.8 |
| 5日後 | 40172 | 1.242 | 1.023 | 20956 | 17652 | 54.3 |
| 6日後 | 40172 | 1.314 | 1.059 | 21150 | 17595 | 54.6 |
| 10日後 | 40172 | 1.037 | 0.622 | 19951 | 19084 | 51.1 |
| 20日後 | 40172 | 1.438 | 0.635 | 19392 | 19988 | 49.2 |
| 30日後 | 40172 | 1.556 | 0.297 | 18871 | 20703 | 47.7 |
| 40日後 | 40172 | 1.322 | -0.515 | 18387 | 21277 | 46.4 |

この期間の当日終値、１日後、２日後の全取引平均値は、それぞれ－0.094％、－0.036％、－0.071％です。

一方、下放れ並び黒パターン出現の場合、当日終値、１日後、２日後の利益率は、それぞれ－0.093％、＋0.247％、＋0.552％となりました。

当日終値の利益率はマイナス、１日後と２日後の利益率はプラスです。また、全取引平均値と比較すると、どの利益率もより高くなっています。

したがって、このもみ合い期間に出現した下放れ並び黒パターンも「買いサイン」だったといえます。

### 暴落期間（2000～2002年）

| 売却日 | 取引回数 | 利益平均1(%) | 利益平均2(%) | 勝ち取引回数 | 負け取引回数 | 勝率(%) |
|---|---|---|---|---|---|---|
| 当日終値 | 24679 | 0.078 | 0.014 | 10187 | 11509 | 47.0 |
| 1日後 | 24679 | 0.389 | 0.295 | 11550 | 11049 | 51.1 |
| 2日後 | 24679 | 0.684 | 0.522 | 12073 | 11129 | 52.0 |
| 3日後 | 24679 | 0.848 | 0.629 | 12338 | 11177 | 52.5 |
| 4日後 | 24679 | 0.984 | 0.726 | 12462 | 11204 | 52.7 |
| 5日後 | 24679 | 0.971 | 0.652 | 12321 | 11435 | 51.9 |
| 6日後 | 24679 | 0.969 | 0.577 | 12188 | 11655 | 51.1 |
| 10日後 | 24679 | 0.869 | 0.240 | 11976 | 12078 | 49.8 |
| 20日後 | 24679 | 0.636 | -0.596 | 11571 | 12674 | 47.7 |
| 30日後 | 24679 | 0.001 | -1.994 | 11008 | 13299 | 45.3 |
| 40日後 | 24679 | -0.227 | -3.060 | 11008 | 13359 | 45.2 |

この期間の当日終値、1日後、2日後の全取引平均値は、それぞれ－0.074％、－0.067％、－0.130％です。

一方、下放れ並び黒のパターン出現の場合、当日終値、1日後、2日後の利益率は、それぞれ＋0.014％、＋0.295％、＋0.522％となりました。

当日終値、1日後、2日後の利益率は、すべてプラスです。また全取引平均値と比較すると、どの利益率も高くなっています。下降トレンドである暴落期間でさえ、2日後の利益率が0.522％と高いのが下放れ並び黒パターン出現後の特徴です。

したがって、この下落期に出現した下放れ並び黒パターンも「買いサイン」だったといえます。

### 暴騰期間（2003～2006年）

| 売却日 | 取引回数 | 利益平均1(%) | 利益平均2(%) | 勝ち取引回数 | 負け取引回数 | 勝率(%) |
|---|---|---|---|---|---|---|
| 当日終値 | 40094 | 0.444 | 0.399 | 19283 | 17318 | 52.7 |
| 1日後 | 40094 | 0.750 | 0.686 | 20901 | 16649 | 55.7 |
| 2日後 | 40094 | 1.118 | 1.013 | 21951 | 16365 | 57.3 |
| 3日後 | 40094 | 1.330 | 1.173 | 22346 | 16226 | 57.9 |
| 4日後 | 40094 | 1.532 | 1.301 | 22643 | 16189 | 58.3 |
| 5日後 | 40094 | 1.691 | 1.412 | 22651 | 16331 | 58.1 |
| 6日後 | 40094 | 1.903 | 1.605 | 22850 | 16171 | 58.6 |
| 10日後 | 40094 | 2.459 | 2.042 | 23155 | 16086 | 59.0 |
| 20日後 | 40094 | 3.209 | 2.406 | 22423 | 17076 | 56.8 |
| 30日後 | 40094 | 4.122 | 2.944 | 22474 | 17197 | 56.7 |
| 40日後 | 40094 | 5.166 | 3.710 | 22875 | 16824 | 57.6 |

この期間の当日終値、1日後、2日後の全取引平均値は、それぞれ−0.025％、＋0.064％、＋0.132％です。

一方、下放れ並び黒パターン出現の場合、当日終値、1日後、2日後の利益率は、それぞれ＋0.399％、＋0.686％、＋1.013％となりました。

当日終値、1日後、2日後の利益率はすべてプラスです。また、全取引平均値と比較すると、そのすべてで、より高い利益率となっています。

したがって、もちろんこの上昇期に出現した下放れ並び黒パターンも「買いサイン」だったといえます。

**金融危機期間（2007～2009年）**

| 売却日 | 取引回数 | 利益平均1(%) | 利益平均2(%) | 勝ち取引回数 | 負け取引回数 | 勝率(%) |
|---|---|---|---|---|---|---|
| 当日終値 | 37360 | 0.115 | 0.047 | 16796 | 17381 | 49.1 |
| 1日後 | 37342 | 0.050 | -0.083 | 17327 | 17791 | 49.3 |
| 2日後 | 37330 | 0.077 | -0.148 | 17532 | 18257 | 49.0 |
| 3日後 | 37308 | 0.161 | -0.160 | 17827 | 18212 | 49.5 |
| 4日後 | 37289 | 0.516 | 0.123 | 18352 | 17870 | 50.7 |
| 5日後 | 37272 | 0.631 | 0.182 | 18492 | 17837 | 50.9 |
| 6日後 | 37233 | 0.478 | -0.078 | 18161 | 18152 | 50.0 |
| 10日後 | 37155 | 0.874 | 0.046 | 18498 | 17960 | 50.7 |
| 20日後 | 36859 | -0.055 | -1.905 | 17020 | 19376 | 46.8 |
| 30日後 | 35893 | -0.536 | -3.337 | 15791 | 19721 | 44.5 |
| 40日後 | 35291 | -1.479 | -5.736 | 14633 | 20405 | 41.8 |

この期間の当日終値、1日後、2日後の全取引平均値は、それぞれ－0.051％、－0.106％、－0.214％です。

一方、下放れ並び黒のパターン出現の場合、当日終値、1日後、2日後の利益率は、それぞれ＋0.047％、－0.083％、－0.148％となりました。

当日終値の利益率はプラス、1日後と2日後の利益率はマイナスです。全取引平均値と比較すると、そのすべてで、より高い利益率となっています。

1日後と2日後の利益率はマイナスとなっているため、この大暴落中に出現した下放れ並び黒パターンは「売りサイン」だったといえます。

## まとめ

これらの結果をまとめると、6つの期間のうち5つの期間で買いサイン、ひとつの期間で売りサインでした。しかし、唯一売りサインとなった金融危機期間（2007～2009年）も、全取引平均値と利益率を比較すると、他期間と同じ傾向を示しているため、再現性が期待されます。今後も下放れ並び黒パターン出現後に株価を上げる可能性が期待できます。

下放れ並び黒パターンは、前出の並び黒パターンと結果が似ています。しかし、細かい違いもありますので、両者の表を比較検討してみてください。

株価の下降トレンド中に出現する下放れ並び黒は、非常に弱い相場を示しているといわれており、このタイミングで建玉を手放したくなる人が多いと思われます。しかし、統計分析結果は買いのタイミングであると示唆しているのです。

## ６．上放れ並び赤

上方向に値を飛ばしながら３日連続で陽線を形成するパターン「上放れ並び赤」について分析してみましょう。

「上放れ」は「前日終値よりも高く始まる」と定義します。

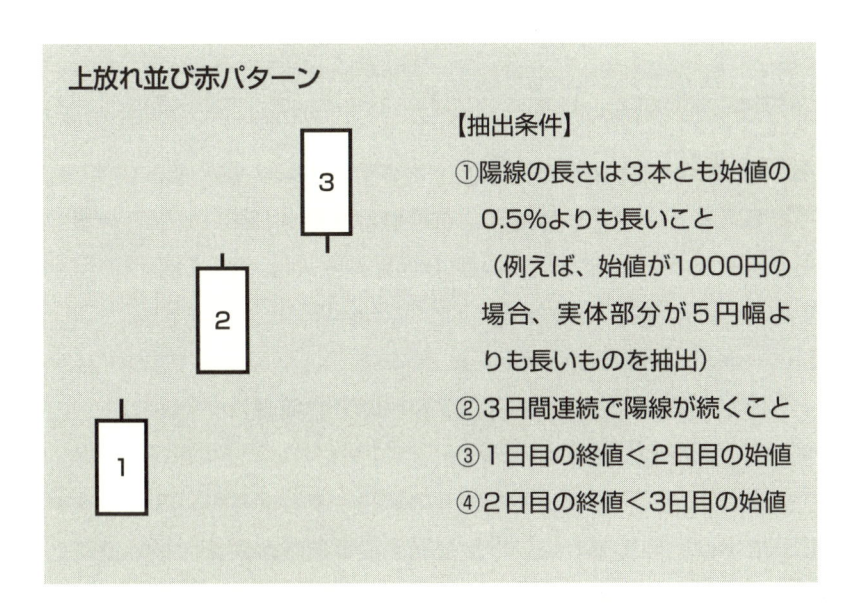

**上放れ並び赤パターン**

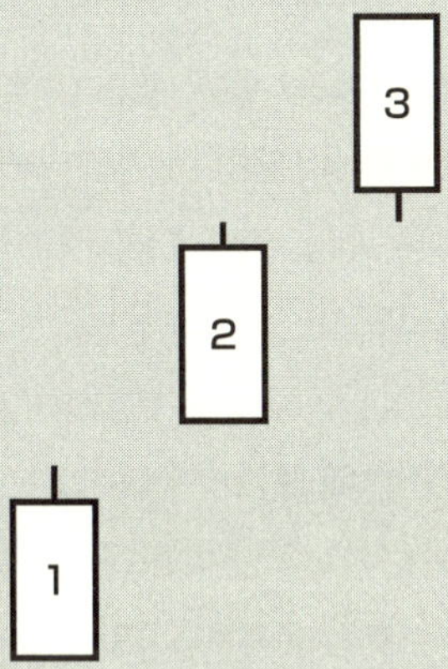


【抽出条件】

①陽線の長さは３本とも始値の0.5%よりも長いこと（例えば、始値が1000円の場合、実体部分が５円幅よりも長いものを抽出）

②３日間連続で陽線が続くこと

③１日目の終値＜２日目の始値

④2日目の終値＜3日目の始値

保有銘柄のチャート上に上放れ並び赤が出現すれば、大きな利益が期待できます。しかし、どのタイミングで手仕舞えばよいでしょうか。分析結果を見れば、統計的に最適なタイミングが分かります。

## 全期間（1983～2009年）

| 売却日 | 取引回数 | 利益平均1(%) | 利益平均2(%) | 勝ち取引回数 | 負け取引回数 | 勝率(%) |
|---|---|---|---|---|---|---|
| 当日終値 | 151900 | -0.132 | -0.194 | 59891 | 75674 | 44.2 |
| 1日後 | 151868 | -0.096 | -0.189 | 62971 | 77462 | 44.8 |
| 2日後 | 151819 | -0.244 | -0.417 | 62686 | 81566 | 43.5 |
| 3日後 | 151779 | -0.275 | -0.506 | 62610 | 83057 | 43.0 |
| 4日後 | 151705 | -0.285 | -0.573 | 62735 | 83932 | 42.8 |
| 5日後 | 151642 | -0.266 | -0.609 | 62802 | 84194 | 42.7 |
| 6日後 | 151609 | -0.263 | -0.656 | 63124 | 84254 | 42.8 |
| 10日後 | 151464 | -0.023 | -0.595 | 65230 | 82851 | 44.1 |
| 20日後 | 150731 | 0.405 | -0.694 | 67844 | 80618 | 45.7 |
| 30日後 | 150610 | 0.461 | -1.184 | 67491 | 81186 | 45.4 |
| 40日後 | 150525 | 0.874 | -1.253 | 68424 | 80467 | 46.0 |

このパターンがみられた翌営業日の寄り付きで買い、当日終値で売り手仕舞った場合（当日終値の行を参照）、1983～2009年の利益平均は0.194％（利益平均２）の「マイナス」となっています。これは全取引平均値の－0.054％よりもかなり低い利益率です。

したがって、このパターンがみられた翌営業日にデイトレードをするなら「売り」と考えられます。

先ほどの下放れ並び黒パターンの結果と合わせると、３日連続下放れで下げた翌営業日の日中は反発する可能性が高く、３日連続上放れで上げた翌営業日の日中は反落する可能性が高い、ということが分かります。

１日後～40日後に売る場合、全取引平均値よりも低い利益となっています。例えば、２日後で比較すれば、全取引平均値の－0.033％

に対して、上放れ並び赤は－0.417％となっており、0.384％不利といえます。

言い換えれば、上放れ並び赤が出現したら株価の下落が統計的に予想されるため、空売りが考えられます。１日後～40日後のどの利益率もマイナスであるという特徴を持っており、買い戻しのタイミングも難しくありません。

全期間（1983～2009年）の当日終値、１日後、２日後の全取引平均値は、それぞれ－0.054％、－0.017％、－0.033％です。一方、上放れ並び赤パターン出現の場合、当日終値、１日後、２日後の利益率は、それぞれ－0.194％、－0.189％、－0.417％となりました。

当日終値、１日後、２日後の利益率は、すべてマイナスです。さらに、全取引平均値と比較すると、そのすべてで利益率はより低くなっています。

●パターンが出現した翌営業日の日中は下落
●２日後以降もさらに利益率マイナス

このことから、上放れ並び赤パターンが出た場合、パターンが出現した翌営業日の始値付近で空売りするのがよいと考えられます。先ほどの下放れ並び黒パターンとちょうど反対の動きです。

６分割した期間でも同様に解析してみましょう。

## バブル期間（1983～1989年）

| 売却日 | 取引回数 | 利益平均1(%) | 利益平均2(%) | 勝ち取引回数 | 負け取引回数 | 勝率(%) |
|---|---|---|---|---|---|---|
| 当日終値 | 24180 | -0.148 | -0.191 | 8588 | 12550 | 40.6 |
| 1日後 | 24180 | -0.094 | -0.154 | 9136 | 12914 | 41.4 |
| 2日後 | 24180 | -0.189 | -0.307 | 9191 | 13569 | 40.4 |
| 3日後 | 24180 | -0.164 | -0.330 | 9383 | 13686 | 40.7 |
| 4日後 | 24180 | -0.087 | -0.286 | 9575 | 13639 | 41.2 |
| 5日後 | 24180 | -0.044 | -0.277 | 9640 | 13655 | 41.4 |
| 6日後 | 24180 | 0.005 | -0.265 | 9817 | 13557 | 42.0 |
| 10日後 | 24180 | 0.394 | 0.018 | 10197 | 13322 | 43.4 |
| 20日後 | 24180 | 1.314 | 0.723 | 11154 | 12532 | 47.1 |
| 30日後 | 24180 | 2.299 | 1.507 | 11900 | 11857 | 50.1 |
| 40日後 | 24180 | 3.315 | 2.361 | 12380 | 11437 | 52.0 |

この期間の当日終値、１日後、２日後の全取引平均値は、それぞれ－0.016％、＋0.082％、＋0.167％です。

一方、上放れ並び赤パターン出現の場合、当日終値、１日後、２日後の利益率は、それぞれ－0.191％、－0.154％、－0.307％となります。

株価が全体的に上昇したバブル期間でさえ、当日終値、１日後、２日後のすべてで利益率がマイナスです。また全取引平均値と比較すると、そのすべてで利益率がより低くなっています。

したがって、この上昇期に出現した上放れ並び赤パターンは「売りサイン」だったといえます。

### 崩壊期間（1990～1992年）

| 売却日 | 取引回数 | 利益平均1(%) | 利益平均2(%) | 勝ち取引回数 | 負け取引回数 | 勝率(%) |
|---|---|---|---|---|---|---|
| 当日終値 | 12247 | -0.007 | -0.039 | 4710 | 5716 | 45.2 |
| 1日後 | 12247 | -0.015 | -0.065 | 4909 | 6131 | 44.5 |
| 2日後 | 12247 | -0.037 | -0.142 | 5137 | 6318 | 44.8 |
| 3日後 | 12247 | 0.112 | -0.029 | 5296 | 6348 | 45.5 |
| 4日後 | 12247 | 0.237 | 0.049 | 5344 | 6398 | 45.5 |
| 5日後 | 12247 | 0.312 | 0.080 | 5376 | 6382 | 45.7 |
| 6日後 | 12247 | 0.190 | -0.092 | 5335 | 6486 | 45.1 |
| 10日後 | 12247 | 0.152 | -0.267 | 5394 | 6537 | 45.2 |
| 20日後 | 12247 | -1.164 | -2.295 | 5230 | 6805 | 43.5 |
| 30日後 | 12247 | -3.039 | -4.881 | 4642 | 7435 | 38.4 |
| 40日後 | 12247 | -3.135 | -5.419 | 4687 | 7419 | 38.7 |

この期間の当日終値、１日後、２日後の全取引平均値は、それぞれ－0.079％、－0.121％、－0.242％です。

一方、上放れ並び赤パターン出現の場合、当日終値、１日後、２日後の利益率は、それぞれ－0.039％、－0.065％、－0.142％となりました。

当日終値、１日後、２日後のすべてで利益率がマイナスです。全取引平均値と比較すると、そのすべてで利益率が高くなっているものの、マイナスであることに変わりありません。

したがって、この下落期に出現した上放れ並び赤パターンも「売りサイン」だったといえます。興味深いことに、この期間のみ、全取引平均値と比較して利益率のマイナスが小さくなっています。

## もみ合い期間（1993 ～ 1999 年）

| 売却日 | 取引回数 | 利益平均1(%) | 利益平均2(%) | 勝ち取引回数 | 負け取引回数 | 勝率 (%) |
|---|---|---|---|---|---|---|
| 当日終値 | 31922 | −0.112 | −0.168 | 12307 | 15472 | 44.3 |
| 1日後 | 31922 | −0.090 | −0.173 | 12972 | 16099 | 44.6 |
| 2日後 | 31922 | −0.275 | −0.430 | 12821 | 17201 | 42.7 |
| 3日後 | 31922 | −0.326 | −0.534 | 12763 | 17656 | 42.0 |
| 4日後 | 31922 | −0.287 | −0.541 | 12741 | 17916 | 41.6 |
| 5日後 | 31922 | −0.250 | −0.550 | 12685 | 18118 | 41.2 |
| 6日後 | 31922 | −0.232 | −0.573 | 12823 | 18091 | 41.5 |
| 10日後 | 31922 | 0.222 | −0.235 | 13749 | 17327 | 44.2 |
| 20日後 | 31922 | 0.934 | 0.062 | 14550 | 16822 | 46.4 |
| 30日後 | 31922 | 1.253 | −0.019 | 14628 | 16822 | 46.5 |
| 40日後 | 31922 | 1.528 | −0.224 | 14848 | 16681 | 47.1 |

この期間の当日終値、１日後、２日後の全取引平均値は、それぞれ−0.094％、−0.036％、−0.071％です。

一方、上放れ並び赤パターン出現の場合、当日終値、１日後、２日後の利益率は、それぞれ−0.168％、−0.173％、−0.430％となりました。

当日終値、１日後、２日後のすべてで利益率がマイナスです。全取引平均値と比較すると、そのすべてで利益率がより低くなっています。

したがって、このもみ合い期に出現した上放れ並び赤パターンも「売りサイン」だったといえます。

**暴落期間（2000～2002年）**

| 売却日 | 取引回数 | 利益平均 1(%) | 利益平均 2(%) | 勝ち取引 回数 | 負け取引 回数 | 勝率(%) |
|---|---|---|---|---|---|---|
| 当日終値 | 17866 | -0.186 | -0.273 | 7145 | 8882 | 44.6 |
| 1日後 | 17866 | -0.283 | -0.416 | 7217 | 9333 | 43.6 |
| 2日後 | 17866 | -0.669 | -0.912 | 6966 | 10045 | 40.9 |
| 3日後 | 17866 | -0.883 | -1.215 | 6903 | 10243 | 40.3 |
| 4日後 | 17866 | -1.017 | -1.417 | 6783 | 10490 | 39.3 |
| 5日後 | 17866 | -1.085 | -1.547 | 6761 | 10550 | 39.1 |
| 6日後 | 17866 | -1.183 | -1.708 | 6736 | 10642 | 38.8 |
| 10日後 | 17866 | -1.467 | -2.301 | 6749 | 10706 | 38.7 |
| 20日後 | 17866 | -2.151 | -3.817 | 6668 | 10925 | 37.9 |
| 30日後 | 17866 | -2.408 | -4.828 | 6672 | 10949 | 37.9 |
| 40日後 | 17866 | -2.541 | -5.658 | 6722 | 10951 | 38.0 |

この期間の当日終値、１日後、２日後の全取引平均値は、それぞれ－0.074％、－0.067％、－0.130％です。

一方、上放れ並び赤パターン出現の場合、当日終値、１日後、２日後の利益率は、それぞれ－0.273％、－0.416％、－0.912％となりました。

当日終値、１日後、２日後のすべてで利益率がマイナスです。また、全取引平均値と比較すると、そのすべてで利益率が、かなり低くなっています。

したがって、この暴落期に出現した上放れ並び赤パターンも「売りサイン」だったといえます。

### 暴騰期間（2003～2006年）

| 売却日 | 取引回数 | 利益平均1(%) | 利益平均2(%) | 勝ち取引回数 | 負け取引回数 | 勝率(%) |
|---|---|---|---|---|---|---|
| 当日終値 | 37932 | -0.153 | -0.221 | 15509 | 19263 | 44.6 |
| 1日後 | 37932 | -0.030 | -0.124 | 16461 | 19052 | 46.4 |
| 2日後 | 37932 | -0.136 | -0.315 | 16525 | 19822 | 45.5 |
| 3日後 | 37932 | -0.117 | -0.346 | 16456 | 20142 | 45.0 |
| 4日後 | 37932 | -0.069 | -0.357 | 16670 | 20192 | 45.2 |
| 5日後 | 37932 | -0.026 | -0.361 | 16711 | 20196 | 45.3 |
| 6日後 | 37932 | 0.016 | -0.372 | 16813 | 20214 | 45.4 |
| 10日後 | 37932 | 0.616 | 0.102 | 17802 | 19447 | 47.8 |
| 20日後 | 37932 | 1.944 | 1.010 | 19249 | 18231 | 51.4 |
| 30日後 | 37932 | 2.762 | 1.481 | 19586 | 17955 | 52.2 |
| 40日後 | 37932 | 3.690 | 2.085 | 19647 | 17921 | 52.3 |

この期間の当日終値、1日後、2日後の全取引平均値は、それぞれ－0.025％、＋0.064％、＋0.132％です。

一方、上放れ並び赤パターン出現の場合、当日終値、1日後、2日後の利益率は、それぞれ－0.221％、－0.124％、－0.315％となりました。

暴騰期間中にもかかわらず、当日終値、1日後、2日後のすべてで利益率がマイナスです。しかも全取引平均値と比較すると、そのすべてで利益率がより低くなっています。

したがって、この上昇期に出現した上放れ並び赤パターンも「売りサイン」だったといえます。

### 金融危機期間（2007～2009年）

| 売却日 | 取引回数 | 利益平均1(%) | 利益平均2(%) | 勝ち取引回数 | 負け取引回数 | 勝率(%) |
|---|---|---|---|---|---|---|
| 当日終値 | 27676 | −0.132 | −0.208 | 11607 | 13746 | 45.8 |
| 1日後 | 27644 | −0.112 | −0.236 | 12249 | 13886 | 46.9 |
| 2日後 | 27595 | −0.219 | −0.434 | 12027 | 14554 | 45.2 |
| 3日後 | 27555 | −0.307 | −0.597 | 11779 | 14936 | 44.1 |
| 4日後 | 27481 | −0.507 | −0.890 | 11596 | 15247 | 43.2 |
| 5日後 | 27418 | −0.538 | −1.007 | 11599 | 15248 | 43.2 |
| 6日後 | 27385 | −0.526 | −1.061 | 11565 | 15224 | 43.2 |
| 10日後 | 27240 | −0.714 | −1.572 | 11297 | 15478 | 42.2 |
| 20日後 | 26507 | −0.825 | −2.504 | 10956 | 15265 | 41.8 |
| 30日後 | 26386 | −1.927 | −4.711 | 10030 | 16125 | 38.3 |
| 40日後 | 26301 | −2.027 | −5.692 | 10113 | 16008 | 38.7 |

この期間の当日終値、1日後、2日後の全取引平均値は、それぞれ−0.051％、−0.106％、−0.214％です。

一方、上放れ並び赤パターン出現の場合、当日終値、1日後、2日後の利益率は、それぞれ−0.208％、−0.236％、−0.434％となりました。

当日終値、1日後、2日後のすべてで利益率がマイナスです。また全取引平均値と比較すると、そのすべてで利益率がより低くなっています。

したがって、この下落期に出現した上放れ並び赤パターンも「売りサイン」だったといえます。

## まとめ

全期間で同じ結果です。株価の上昇期、もみ合い期、下落期にかかわらず、上放れ並び赤パターンが出現すると、当日終値、１日後、２日後に株価下落の可能性は高いといえます。もし、保有銘柄のチャート上に上放れ並び赤が出現したのであれば、すぐに利益確定をしたいところです。

気になるのは、崩壊期間（1990～1992年）のみ全取引平均値と比較して、当日終値、１日後、２日後の利益率のマイナスが小さい点です。しかし、大きな乖離はなく、1993年以降は元に戻って同じ傾向が続いていることから、相場局面にかかわらず「上放れ並び赤は売りサイン」の可能性は高いと考えられます。

## 7．三川明けの明星

「大陰線の翌日、下放れで小陽線が出現し、さらに翌日には上放れで陽線が出現する」――このパターンを「三川明けの明星」といいます。酒田五法の「三川」の一種です。

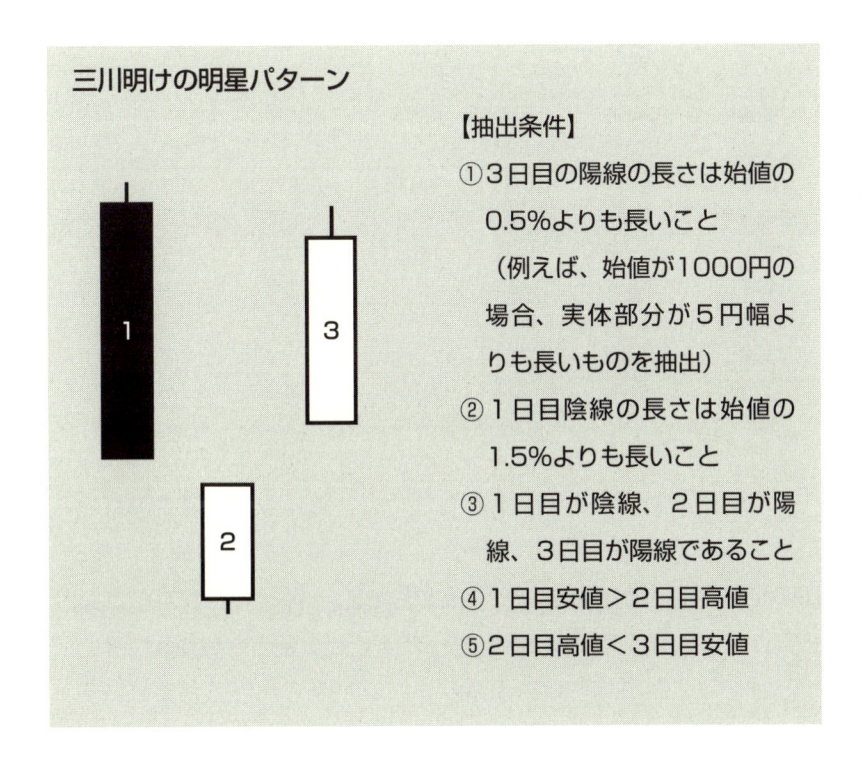

**三川明けの明星パターン**

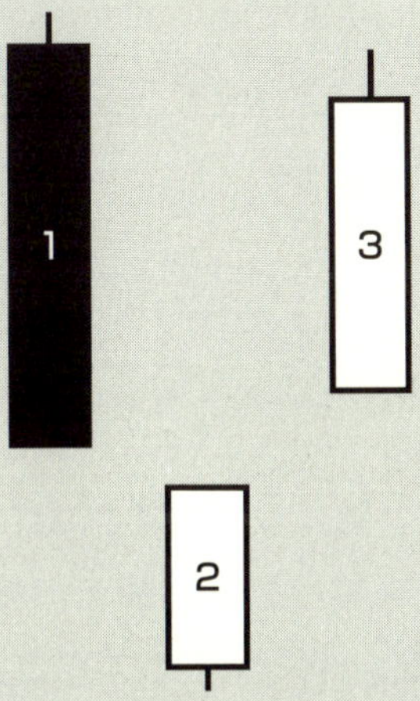


**【抽出条件】**

①3日目の陽線の長さは始値の0.5%よりも長いこと
（例えば、始値が1000円の場合、実体部分が５円幅よりも長いものを抽出）

②１日目陰線の長さは始値の1.5%よりも長いこと

③１日目が陰線、２日目が陽線、３日目が陽線であること

④１日目安値＞２日目高値

⑤2日目高値＜３日目安値

三川明けの明星は、通説で“底入れ反転のシグナル”といわれています。明星とは金星のことで、明け方か夕方にしか見ることができません。これから太陽（株価）が昇るという意味で「明けの明星」と呼ばれています。

この通説が実際に通用するのか確認してみましょう。

**全期間（1983～2009年）**

| 売却日 | 取引回数 | 利益平均1(%) | 利益平均2(%) | 勝ち取引回数 | 負け取引回数 | 勝率(%) |
|---|---|---|---|---|---|---|
| 当日終値 | 5661 | -0.111 | -0.157 | 1944 | 2470 | 44.0 |
| 1日後 | 5661 | -0.048 | -0.122 | 2311 | 2705 | 46.1 |
| 2日後 | 5660 | -0.099 | -0.232 | 2356 | 2876 | 45.0 |
| 3日後 | 5660 | -0.187 | -0.416 | 2368 | 3007 | 44.1 |
| 4日後 | 5657 | -0.366 | -0.676 | 2350 | 3057 | 43.5 |
| 5日後 | 5657 | -0.387 | -0.745 | 2366 | 3063 | 43.6 |
| 6日後 | 5656 | -0.591 | -1.023 | 2290 | 3153 | 42.1 |
| 10日後 | 5654 | -0.330 | -0.950 | 2380 | 3118 | 43.3 |
| 20日後 | 5644 | -0.623 | -2.200 | 2439 | 3096 | 44.1 |
| 30日後 | 5629 | -0.474 | -2.573 | 2449 | 3099 | 44.1 |
| 40日後 | 5605 | -0.453 | -3.169 | 2406 | 3123 | 43.5 |

三川明けの明星パターンがみられた翌営業日の寄り付きで買い、当日終値で売り手仕舞った場合（当日終値の行を参照）、1983～2009年の利益平均は0.157％（利益平均２）の「マイナス」となりました。これは全取引平均値の－0.054％よりも低い利益率です。

したがって、三川明けの明星パターンがみられた翌営業日にデイトレードをするなら「売り」と考えられます。

1日後～40日後に売り手仕舞った場合は、さらに全取引平均値よりも低い利益率となっています。例えば、2日後で比較すれば、全取引平均値の－0.033％に対して、三川明けの明星は－0.232％となっており、0.199％不利です。

したがって、空売りが有利だと考えられます。1日後～40日後のタイミングで買い戻しても収益性があるので、買い戻しのタイミングは難しくありません。

全期間（1983～2009年）の当日終値、1日後、2日後の全取引平均値は、それぞれ－0.054％、－0.017％、－0.033％です。一方、三川明けの明星パターン出現の場合、当日終値、1日後、2日後の利益率は、それぞれ－0.157％、－0.122％、－0.232％となりました。

当日終値、1日後、2日後のすべてでパターン出現後の利益率がマイナスです。しかも、全取引平均値と比較すると、そのすべてで利益率がより低くなっています。

**●パターンが出現した翌営業日の日中に下落する**

**●2日後は利益率がさらにマイナスとなっている**

このことから、三川明けの明星パターンが出た場合、翌営業日の始値付近で空売りするのがよいといえます。下降局面から上昇局面に反転するパターンといわれることの多かった三川明けの明星でしたが、統計分析では「売り」有利だったわけです。

6分割した期間でも同様に解析してみましょう。特に大きな下降トレンドを描いた期間に注目です。

### バブル期間（1983～1989年）

| 売却日 | 取引回数 | 利益平均1(%) | 利益平均2(%) | 勝ち取引回数 | 負け取引回数 | 勝率(%) |
|---|---|---|---|---|---|---|
| 当日終値 | 798 | −0.167 | −0.206 | 259 | 353 | 42.3 |
| 1日後 | 798 | −0.075 | −0.134 | 323 | 380 | 45.9 |
| 2日後 | 798 | −0.042 | −0.133 | 332 | 399 | 45.4 |
| 3日後 | 798 | −0.034 | −0.147 | 329 | 420 | 43.9 |
| 4日後 | 798 | −0.415 | −0.615 | 326 | 420 | 43.7 |
| 5日後 | 798 | 0.035 | −0.143 | 353 | 407 | 46.4 |
| 6日後 | 798 | 0.028 | −0.200 | 344 | 421 | 45.0 |
| 10日後 | 798 | 0.383 | 0.107 | 347 | 423 | 45.1 |
| 20日後 | 798 | 0.609 | 0.088 | 360 | 415 | 46.5 |
| 30日後 | 798 | 2.117 | 1.381 | 375 | 407 | 48.0 |
| 40日後 | 798 | 3.923 | 3.087 | 409 | 374 | 52.2 |

この期間の当日終値、１日後、２日後の全取引平均値は、それぞれ−0.016％、＋0.082％、＋0.167％です。

一方、三川明けの明星パターン出現の場合、当日終値、１日後、２日後の利益率は、それぞれ−0.206％、−0.134％、−0.133％となりました。

当日終値、１日後、２日後のすべてで、利益率はマイナスです。また、全取引平均値と比較すると、そのすべてで利益率がより低くなっています。

したがって、この上昇期に出現した三川明けの明星パターンは「売りサイン」だったといえます。

### 崩壊期間（1990～1992年）

| 売却日 | 取引回数 | 利益平均1(%) | 利益平均2(%) | 勝ち取引回数 | 負け取引回数 | 勝率(%) |
|---|---|---|---|---|---|---|
| 当日終値 | 629 | 0.252 | 0.227 | 231 | 225 | 50.7 |
| 1日後 | 629 | 0.363 | 0.319 | 272 | 274 | 49.8 |
| 2日後 | 629 | 0.149 | 0.046 | 267 | 309 | 46.4 |
| 3日後 | 629 | 0.003 | −0.166 | 270 | 326 | 45.3 |
| 4日後 | 629 | −0.048 | −0.259 | 260 | 334 | 43.8 |
| 5日後 | 629 | −0.418 | −0.691 | 239 | 367 | 39.4 |
| 6日後 | 629 | −1.088 | −1.497 | 218 | 386 | 36.1 |
| 10日後 | 629 | −1.317 | −1.955 | 238 | 376 | 38.8 |
| 20日後 | 629 | −0.609 | −1.616 | 289 | 336 | 46.2 |
| 30日後 | 629 | −1.289 | −3.017 | 267 | 352 | 43.1 |
| 40日後 | 629 | −2.653 | −5.126 | 249 | 374 | 40.0 |

この期間の当日終値、1日後、2日後の全取引平均値は、それぞれ−0.079%、−0.121%、−0.242%です。

一方、三川明けの明星のパターン出現の場合、当日終値、1日後、2日後の利益率は、それぞれ+0.227%、+0.319%、+0.046%となりました。

当日終値、1日後、2日後のすべてで、利益率はプラスです。さらに、全取引平均値と比較すると、そのすべてで利益率がより高くなっています。下降トレンド中でも、このパターンが出現すると、1～2日後には反転していることを示しています。

ただし、3日後～40日後の利益率がマイナスであることから、その後は下落していることも分かります。つまり、この下落期に出現した三川明けの明星パターンは「買いサイン」だったといえ、しかも2日後には売り手仕舞っておくのがよいと考えられます。

## もみ合い期間（1993～1999年）

| 売却日 | 取引回数 | 利益平均 1(%) | 利益平均 2(%) | 勝ち取引回数 | 負け取引回数 | 勝率(%) |
|---|---|---|---|---|---|---|
| 当日終値 | 1500 | 0.038 | -0.002 | 529 | 616 | 46.2 |
| 1日後 | 1500 | 0.304 | 0.249 | 654 | 658 | 49.8 |
| 2日後 | 1500 | 0.333 | 0.238 | 641 | 736 | 46.6 |
| 3日後 | 1500 | 0.353 | 0.197 | 646 | 763 | 45.8 |
| 4日後 | 1500 | 0.287 | 0.088 | 664 | 776 | 46.1 |
| 5日後 | 1500 | 0.129 | -0.114 | 633 | 797 | 44.3 |
| 6日後 | 1500 | 0.116 | -0.165 | 645 | 791 | 44.9 |
| 10日後 | 1500 | -0.100 | -0.529 | 632 | 826 | 43.3 |
| 20日後 | 1500 | 0.830 | -0.157 | 685 | 785 | 46.6 |
| 30日後 | 1500 | 1.125 | -0.486 | 703 | 778 | 47.5 |
| 40日後 | 1500 | 0.915 | -1.329 | 663 | 810 | 45.0 |

この期間の当日終値、１日後、２日後の全取引平均値は、それぞれ－0.094％、－0.036％、－0.071％です。

一方、三川明けの明星のパターン出現の場合、当日終値、１日後、２日後の利益率は、それぞれ－0.002％、＋0.249％、＋0.238％となりました。

当日終値での利益率はマイナス、１日後と２日後の利益率はプラスです。ただし、全取引平均値と比較すると、そのすべてで利益率がより高くなっています。

したがって、このもみ合い期に出現した三川明けの明星パターンは「買いサイン」だったといえます。

### 暴落期間（2000～2002年）

| 売却日 | 取引回数 | 利益平均 1(%) | 利益平均 2(%) | 勝ち取引回数 | 負け取引回数 | 勝率(%) |
|---|---|---|---|---|---|---|
| 当日終値 | 776 | -0.208 | -0.253 | 246 | 359 | 40.7 |
| 1日後 | 776 | 0.109 | 0.038 | 312 | 372 | 45.6 |
| 2日後 | 776 | -0.037 | -0.173 | 329 | 385 | 46.1 |
| 3日後 | 776 | 0.022 | -0.202 | 326 | 412 | 44.2 |
| 4日後 | 776 | 0.046 | -0.304 | 326 | 405 | 44.6 |
| 5日後 | 776 | -0.125 | -0.486 | 316 | 423 | 42.8 |
| 6日後 | 776 | -0.120 | -0.570 | 318 | 421 | 43.0 |
| 10日後 | 776 | 0.434 | -0.252 | 335 | 413 | 44.8 |
| 20日後 | 776 | -0.675 | -1.822 | 312 | 447 | 41.1 |
| 30日後 | 776 | -1.189 | -2.881 | 310 | 453 | 40.6 |
| 40日後 | 776 | -1.529 | -4.039 | 309 | 460 | 40.2 |

この期間の当日終値、1日後、2日後の全取引平均値は、それぞれ－0.074％、－0.067％、－0.130％です。

一方、三川明けの明星パターン出現の場合、当日終値、1日後、2日後の利益率は、それぞれ－0.253％、＋0.038％、－0.173％となりました。

当日終値の利益率はマイナス、1日後はプラス、2日後はマイナスです。全取引平均値と比較すると、当日終値は利益率がより低く、1日後は利益率がより高く、2日後は利益率がより低くなっています。

この暴落期に出現した三川明けの明星パターンは1日後の利益率がほぼゼロ、2日後の利益率がマイナスであることから「売りサイン」だったといえます。

### 暴騰期間（2003～2006年）

| 売却日 | 取引回数 | 利益平均1(%) | 利益平均2(%) | 勝ち取引回数 | 負け取引回数 | 勝率(%) |
|---|---|---|---|---|---|---|
| 当日終値 | 803 | -0.167 | -0.215 | 274 | 361 | 43.1 |
| 1日後 | 803 | -0.058 | -0.122 | 329 | 381 | 46.3 |
| 2日後 | 803 | -0.093 | -0.215 | 342 | 403 | 45.9 |
| 3日後 | 803 | -0.527 | -0.770 | 327 | 445 | 42.4 |
| 4日後 | 803 | -0.403 | -0.642 | 337 | 435 | 43.7 |
| 5日後 | 803 | -0.152 | -0.400 | 363 | 411 | 46.9 |
| 6日後 | 803 | -0.194 | -0.476 | 346 | 429 | 44.6 |
| 10日後 | 803 | 0.816 | 0.458 | 383 | 404 | 48.7 |
| 20日後 | 803 | 1.610 | 0.787 | 387 | 399 | 49.2 |
| 30日後 | 803 | 2.506 | 1.331 | 409 | 387 | 51.4 |
| 40日後 | 803 | 3.370 | 2.092 | 410 | 381 | 51.8 |

この期間の当日終値、１日後、２日後の全取引平均値は、それぞれ−0.025％、＋0.064％、＋0.132％です。

一方、三川明けの明星パターン出現の場合、当日終値、１日後、２日後の利益率は、それぞれ−0.215％、−0.122％、−0.215％となりました。

当日終値、１日後、２日後のすべての利益率がマイナスです。また、全取引平均値と比較しても、そのすべてで利益率がより低くなっています。

したがって、この上昇期に出現した三川明けの明星パターンも「売りサイン」だったといえます。

### 金融危機期間（2007 ～ 2009 年）

| 売却日 | 取引回数 | 利益平均1(%) | 利益平均2(%) | 勝ち取引回数 | 負け取引回数 | 勝率(%) |
|---|---|---|---|---|---|---|
| 当日終値 | 1152 | -0.360 | -0.426 | 404 | 554 | 42.2 |
| 1日後 | 1152 | -0.810 | -0.945 | 420 | 638 | 39.7 |
| 2日後 | 1151 | -0.881 | -1.114 | 444 | 643 | 40.8 |
| 3日後 | 1151 | -1.001 | -1.430 | 469 | 640 | 42.3 |
| 4日後 | 1148 | -1.625 | -2.231 | 435 | 686 | 38.8 |
| 5日後 | 1148 | -1.696 | -2.453 | 459 | 658 | 41.1 |
| 6日後 | 1147 | -2.293 | -3.169 | 416 | 705 | 37.1 |
| 10日後 | 1145 | -1.932 | -3.171 | 443 | 675 | 39.6 |
| 20日後 | 1135 | -4.979 | -9.222 | 404 | 714 | 36.1 |
| 30日後 | 1120 | -5.655 | -10.539 | 383 | 721 | 34.7 |
| 40日後 | 1096 | -6.316 | -12.394 | 363 | 724 | 33.4 |

この期間の当日終値、1日後、2日後の全取引平均値は、それぞれ－0.051％、－0.106％、－0.214％です。

一方、三川明けの明星パターン出現の場合、当日終値、1日後、2日後の利益率は、それぞれ－0.426％、－0.945％、－1.114％となりました。

このパターンが出現した当日終値、1日後、2日後は、大幅マイナスです。さらに、全取引平均値と比較しても、そのすべてで利益率がより低くなっています。

したがって、この下落期に出現した三川明けの明星パターンも「売りサイン」だったといえます。

## まとめ

６期間中４期間で売りサイン、２期間で買いサインとなりました。

1980年代、パターン出現後の株価は下げ傾向がありました。しかし1990年代になると、パターン出現は一時的反発の前兆だったといえます。このころの名残で“三川明けの明星は反転上昇のサイン”といわれていたのかもしれません。

ところが、2000年以降は、パターン出現後にそのまま株価が下落するパターンとなりました。時間とともに傾向が変わってきています。

相場局面には関連性が見られません。大きな下降トレンドのあった崩壊期間（1990～1992年）は買いサイン、暴落期間（2000～2002年）と金融危機期間（2007～2009年）は売りサインです。

したがって、三川明けの明星は下降トレンドに出現したとしても反転上昇のサインといえません。むしろ2000年以降の結果から「売りサイン」としておくのがよいでしょう。

# 8．三川宵の明星

「大陽線の翌日、上放れで小陰線が出現し、さらに翌日には下放れで陰線が出現する」――このパターンを「三川宵の明星」といいます。

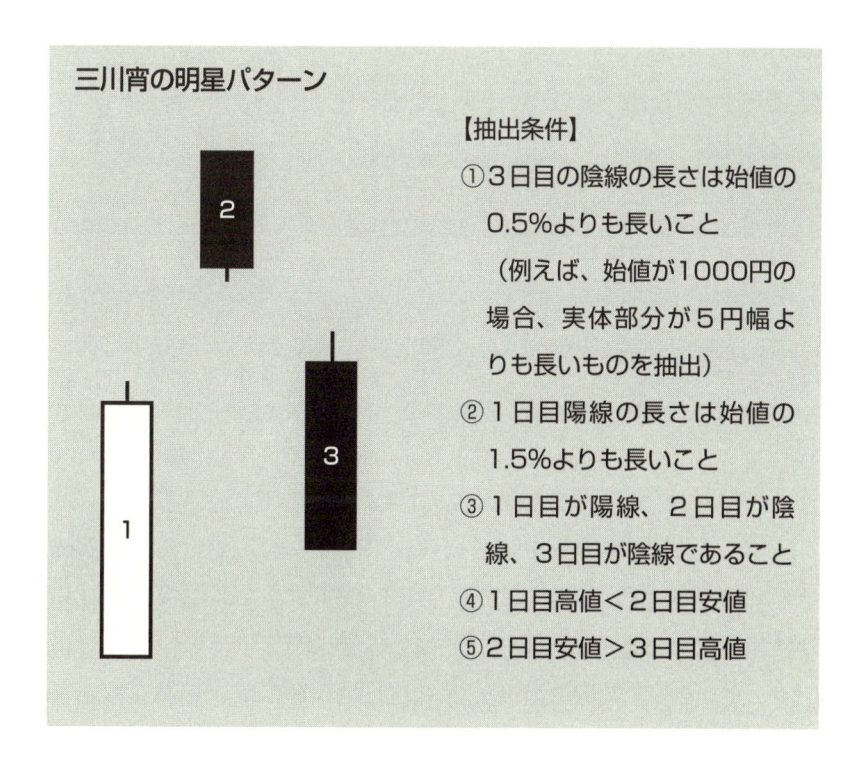

**三川宵の明星パターン**

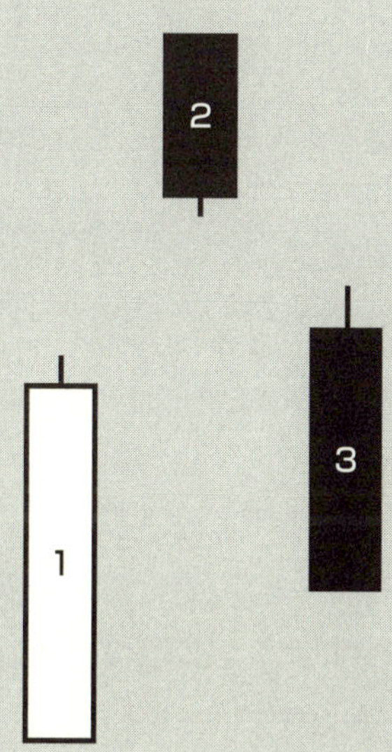


【抽出条件】

①3日目の陰線の長さは始値の0.5%よりも長いこと
（例えば、始値が1000円の場合、実体部分が５円幅よりも長いものを抽出）

②１日目陽線の長さは始値の1.5%よりも長いこと

③１日目が陽線、２日目が陰線、3日目が陰線であること

④１日目高値＜２日目安値

⑤2日目安値＞3日目高値

通説では、三川明けの明星と反対で“下降転換のシグナル”といわれています。「宵の明星」とは夕方に見られる金星のことで、これから夜（相場の下落）が訪れるというわけです。

では、このパターンの出現で、本当に上昇局面から下降転換するのでしょうか。統計分析で確認してみましょう。

**全期間（1983～2009年）**

| 売却日 | 取引回数 | 利益平均1(%) | 利益平均2(%) | 勝ち取引回数 | 負け取引回数 | 勝率(%) |
|---|---|---|---|---|---|---|
| 当日終値 | 5717 | -0.111 | -0.154 | 1930 | 2380 | 44.8 |
| 1日後 | 5714 | 0.002 | -0.070 | 2391 | 2594 | 48.0 |
| 2日後 | 5711 | -0.101 | -0.239 | 2493 | 2765 | 47.4 |
| 3日後 | 5710 | 0.040 | -0.161 | 2527 | 2817 | 47.3 |
| 4日後 | 5710 | 0.211 | -0.021 | 2634 | 2815 | 48.3 |
| 5日後 | 5707 | 0.192 | -0.079 | 2577 | 2898 | 47.1 |
| 6日後 | 5706 | 0.334 | 0.027 | 2602 | 2899 | 47.3 |
| 10日後 | 5702 | 0.395 | -0.151 | 2668 | 2876 | 48.1 |
| 20日後 | 5687 | 0.443 | -0.587 | 2567 | 3011 | 46.0 |
| 30日後 | 5673 | 1.013 | -0.619 | 2616 | 2974 | 46.8 |
| 40日後 | 5656 | 1.550 | -0.408 | 2693 | 2891 | 48.2 |

三川宵の明星パターンがみられた翌営業日の寄り付きで買い、当日終値で売り手仕舞った場合（当日終値の行を参照）、1983～2009年の利益平均は0.154％（利益平均２）の「マイナス」でした。これは全取引平均値の－0.054％よりも低い利益率です。

したがって、三川宵の明星パターンがみられた翌営業日にデイトレードをするなら「売り」と考えられます。

１日後〜40日後に売る場合、全取引平均値と比較すると、１日後〜３日後と20日後〜40日後は利益率がより低く、４日後〜10日後は利益率がより高くなっています。ただし、６日後を除いてすべて利益率がマイナスです。

例えば、２日後で比較すると、全取引平均値の－0.033％に対して、三川宵の明星は－0.239％となり、0.206％不利です。したがって、三川宵の明星が出現したら「空売り」有利と考えられます。

全期間（1983〜2009年）の当日終値、１日後、２日後の全取引平均値は、それぞれ－0.054％、－0.017％、－0.033％です。一方、三川宵の明星パターン出現の場合、当日終値、１日後、２日後の利益率は、それぞれ－0.154％、－0.070％、－0.239％となりました。

当日終値、１日後、２日後のすべてでパターン出現後の利益率がマイナスです。しかも、全取引平均値と比較すると、そのすべてでより低い利益率となっています。

●パターンが出現した翌営業日の日中に下落する
●２日後は利益率がさらにマイナスとなっている

したがって、このパターンが出た場合、翌営業日の始値付近で空売りをするのがよいと思われます。つまり、統計分析からも、三川宵の明星は売りサインを示していることが証明されたわけです。

６分割した期間でも同様に解析してみましょう。特に、このパターンが出現すれば反落サインを表すといわれる上昇トレンドの期間に注目です。

### バブル期間（1983～1989年）

| 売却日 | 取引回数 | 利益平均1(%) | 利益平均2(%) | 勝ち取引回数 | 負け取引回数 | 勝率(%) |
|---|---|---|---|---|---|---|
| 当日終値 | 786 | -0.023 | -0.049 | 248 | 312 | 44.3 |
| 1日後 | 786 | 0.052 | 0.008 | 317 | 347 | 47.7 |
| 2日後 | 786 | -0.213 | -0.309 | 323 | 386 | 45.6 |
| 3日後 | 786 | 0.089 | -0.029 | 334 | 384 | 46.5 |
| 4日後 | 786 | -0.003 | -0.139 | 348 | 398 | 46.6 |
| 5日後 | 786 | -0.019 | -0.175 | 327 | 418 | 43.9 |
| 6日後 | 786 | 0.148 | -0.027 | 328 | 419 | 43.9 |
| 10日後 | 786 | 0.531 | 0.222 | 361 | 402 | 47.3 |
| 20日後 | 786 | 1.706 | 1.215 | 374 | 395 | 48.6 |
| 30日後 | 786 | 2.645 | 2.070 | 409 | 366 | 52.8 |
| 40日後 | 786 | 4.216 | 3.439 | 437 | 337 | 56.5 |

この期間の当日終値、1日後、2日後の全取引平均値は、それぞれ－0.016％、＋0.082％、＋0.167％です。

一方、三川宵の明星パターン出現の場合、当日終値、1日後、2日後の利益率は、それぞれ－0.049％、＋0.008％、－0.309％となりました。

当日終値の利益率はマイナス、1日後の利益率はプラス、2日後の利益率はマイナスです。また、全取引平均値と比較すると、そのすべてで利益率が低くなっています。

したがって、この上昇期に出現した三川宵の明星パターンは「売りサイン」だったといえます。バブル期間でも、1日後の利益率はほとんどゼロ、2日後の利益率は大きくマイナスであり、反落のサインとなっているのです。

## 崩壊期間（1990～1992年）

| 売却日 | 取引回数 | 利益平均1(%) | 利益平均2(%) | 勝ち取引回数 | 負け取引回数 | 勝率(%) |
|---|---|---|---|---|---|---|
| 当日終値 | 580 | -0.251 | -0.284 | 175 | 252 | 41.0 |
| 1日後 | 580 | -0.019 | -0.064 | 234 | 265 | 46.9 |
| 2日後 | 580 | 0.341 | 0.245 | 255 | 284 | 47.3 |
| 3日後 | 580 | 0.891 | 0.746 | 261 | 288 | 47.5 |
| 4日後 | 580 | 0.668 | 0.438 | 260 | 298 | 46.6 |
| 5日後 | 580 | 0.850 | 0.565 | 259 | 301 | 46.3 |
| 6日後 | 580 | 1.475 | 1.188 | 282 | 278 | 50.4 |
| 10日後 | 580 | 1.403 | 0.940 | 274 | 286 | 48.9 |
| 20日後 | 580 | 0.274 | -0.734 | 256 | 316 | 44.8 |
| 30日後 | 580 | -0.173 | -1.742 | 252 | 319 | 44.1 |
| 40日後 | 580 | 0.465 | -1.398 | 271 | 300 | 47.5 |

この期間の当日終値、１日後、２日後の全取引平均値は、それぞれ－0.079％、－0.121％、－0.242％です。

一方、三川宵の明星パターン出現の場合、当日終値、１日後、２日後の利益率は、それぞれ－0.284％、－0.064％、＋0.245％となりました。

当日終値と１日後の利益率がマイナス、２日後の利益率がプラスです。全取引平均値と比較すると、当日終値は利益率がより低く、１日後と２日後は利益率がより高くなっています。

バブル期間（1983～1989年）と異なる傾向となりました。パターン出現後の利益率がプラスとマイナスとぶれているため「様子見」だったといえます。

### もみ合い期間（1993～1999年）

| 売却日 | 取引回数 | 利益平均1(%) | 利益平均2(%) | 勝ち取引回数 | 負け取引回数 | 勝率(%) |
|---|---|---|---|---|---|---|
| 当日終値 | 1365 | −0.282 | −0.330 | 398 | 573 | 41.0 |
| 1日後 | 1365 | 0.006 | −0.052 | 553 | 610 | 47.5 |
| 2日後 | 1365 | −0.051 | −0.153 | 555 | 678 | 45.0 |
| 3日後 | 1365 | 0.096 | −0.041 | 579 | 683 | 45.9 |
| 4日後 | 1365 | 0.004 | −0.195 | 592 | 699 | 45.9 |
| 5日後 | 1365 | 0.004 | −0.221 | 573 | 724 | 44.2 |
| 6日後 | 1365 | −0.051 | −0.361 | 583 | 723 | 44.6 |
| 10日後 | 1365 | 0.208 | −0.244 | 610 | 708 | 46.3 |
| 20日後 | 1365 | 0.385 | −0.473 | 615 | 723 | 46.0 |
| 30日後 | 1365 | 1.380 | −0.015 | 611 | 740 | 45.2 |
| 40日後 | 1365 | 1.641 | 0.046 | 618 | 735 | 45.7 |

この期間の当日終値、1日後、2日後の全取引平均値は、それぞれ−0.094%、−0.036%、−0.071%です。

一方、三川宵の明星パターン出現の場合、当日終値、1日後、2日後の利益率は、それぞれ−0.330%、−0.052%、−0.153%となりました。

当日終値、1日後、2日後すべてで、利益率はマイナスです。また、全取引平均値と比較すると、そのすべてで利益率がより低くなっています。

したがって、このもみ合い期に出現した三川宵の明星パターンは「売りサイン」だったといえます。

### 暴落期間（2000～2002年）

| 売却日 | 取引回数 | 利益平均1(%) | 利益平均2(%) | 勝ち取引回数 | 負け取引回数 | 勝率(%) |
|---|---|---|---|---|---|---|
| 当日終値 | 692 | 0.116 | 0.078 | 245 | 273 | 47.3 |
| 1日後 | 692 | 0.174 | 0.099 | 291 | 294 | 49.7 |
| 2日後 | 692 | 0.378 | 0.249 | 329 | 296 | 52.6 |
| 3日後 | 692 | 0.441 | 0.284 | 329 | 302 | 52.1 |
| 4日後 | 692 | 0.620 | 0.395 | 342 | 310 | 52.5 |
| 5日後 | 692 | 0.328 | 0.054 | 322 | 338 | 48.8 |
| 6日後 | 692 | 0.013 | -0.303 | 305 | 362 | 45.7 |
| 10日後 | 692 | -0.085 | -0.612 | 318 | 358 | 47.0 |
| 20日後 | 692 | -0.357 | -1.332 | 298 | 378 | 44.1 |
| 30日後 | 692 | -0.508 | -1.998 | 298 | 383 | 43.8 |
| 40日後 | 692 | -1.205 | -3.262 | 291 | 391 | 42.7 |

この期間の当日終値、１日後、２日後の全取引平均値は、それぞれ－0.074％、－0.067％、－0.130％です。

一方、三川宵の明星パターン出現の場合、当日終値、１日後、２日後の利益率は、それぞれ＋0.078％、＋0.099％、＋0.249％となりました。

当日終値、１日後、２日後のすべてで、利益率はプラスです。また、全取引平均値と比較しても、そのすべてで利益率がより高くなっています。

したがって、この下落期に出現した三川宵の明星パターンは「買いサイン」だったといえます。

**暴騰期間（2003～2006年）**

| 売却日 | 取引回数 | 利益平均1(%) | 利益平均2(%) | 勝ち取引回数 | 負け取引回数 | 勝率(%) |
|---|---|---|---|---|---|---|
| 当日終値 | 877 | 0.074 | 0.038 | 349 | 337 | 50.9 |
| 1日後 | 877 | 0.291 | 0.243 | 405 | 379 | 51.7 |
| 2日後 | 877 | 0.473 | 0.392 | 446 | 373 | 54.5 |
| 3日後 | 877 | 0.922 | 0.815 | 444 | 387 | 53.4 |
| 4日後 | 877 | 1.065 | 0.910 | 446 | 389 | 53.4 |
| 5日後 | 877 | 0.832 | 0.628 | 442 | 406 | 52.1 |
| 6日後 | 877 | 0.991 | 0.772 | 445 | 402 | 52.5 |
| 10日後 | 877 | 1.308 | 0.934 | 456 | 398 | 53.4 |
| 20日後 | 877 | 1.928 | 1.240 | 427 | 429 | 49.9 |
| 30日後 | 877 | 3.085 | 2.130 | 451 | 414 | 52.1 |
| 40日後 | 877 | 3.590 | 2.291 | 463 | 401 | 53.6 |

この期間の当日終値、1日後、2日後の全取引平均値は、それぞれ－0.025％、＋0.064％、＋0.132％です。

一方、三川宵の明星パターン出現の場合、当日終値、1日後、2日後の利益率は、それぞれ＋0.038％、＋0.243％、＋0.392％となりました。

当日終値、1日後、2日後のすべてで、利益率はプラスです。また、全取引平均値と比較すると、そのすべてで利益率がより高くなっています。

したがって、この上昇期に出現した三川宵の明星パターンも「買いサイン」だったといえます。

### 金融危機期間（2007～2009年）

| 売却日 | 取引回数 | 利益平均1(%) | 利益平均2(%) | 勝ち取引回数 | 負け取引回数 | 勝率(%) |
|---|---|---|---|---|---|---|
| 当日終値 | 1409 | -0.165 | -0.223 | 511 | 630 | 44.8 |
| 1日後 | 1406 | -0.284 | -0.412 | 587 | 695 | 45.8 |
| 2日後 | 1403 | -0.870 | -1.122 | 582 | 744 | 43.9 |
| 3日後 | 1402 | -1.157 | -1.570 | 574 | 771 | 42.7 |
| 4日後 | 1402 | -0.396 | -0.768 | 641 | 718 | 47.2 |
| 5日後 | 1399 | -0.260 | -0.674 | 649 | 708 | 47.8 |
| 6日後 | 1398 | 0.076 | -0.362 | 654 | 712 | 47.9 |
| 10日後 | 1394 | -0.284 | -1.209 | 643 | 722 | 47.1 |
| 20日後 | 1379 | -0.722 | -2.484 | 591 | 768 | 43.5 |
| 30日後 | 1365 | -0.410 | -3.432 | 589 | 750 | 44.0 |
| 40日後 | 1348 | 0.431 | -3.008 | 607 | 725 | 45.6 |

この期間の当日終値、１日後、２日後の全取引平均値は、それぞれ－0.051％、－0.106％、－0.214％です。

一方、三川宵の明星パターン出現の場合、当日終値、１日後、２日後の利益率は、それぞれ－0.223％、－0.412％、－1.122％となりました。

当日終値、１日後、２日後のすべてで、利益率が大きなマイナスです。もちろん、全取引平均値と比較しても、そのすべてで利益率がより低くなっています。

したがって、この下落期に出現した三川宵の明星パターンは「売りサイン」だったといえます。

## まとめ

6期間中3期間で売りサイン、2期間で買いサイン、1期間で様子見となりました。時系列順に並べると「上昇期＝売り」→「下降期＝様子見」→「もみ合い期＝売り」→「下降期＝買い」→「上昇期＝買い」→「下降期＝売り」となります。

1999年までは、パターン出現後に株価下落の確率が高く、売りサインでした。ところが、2000年以降は株価上昇の買いサインに変化しました。

ただし、金融危機期間（2007〜2009年）では、パターン出現後に株価は大幅に下落し、再び売りサインとなっています。上昇トレンドや下降トレンドとの関連性もないようです。

期間によってサインが異なるので、三川宵の明星パターンが出現しても、様子見とするのがよいと思います。“上昇トレンド中に三川宵の明星が出現すれば反落サイン”とはいえないようです。

## 9．明けの明星（十字星）

「大陰線の翌営業日に下放れで陰線を描き、その翌営業日もさらに下放れで寄り付いたが、終値が始値と同値となり、寄引同事線となった」——このパターンを「明けの明星（十字星）」といいます。

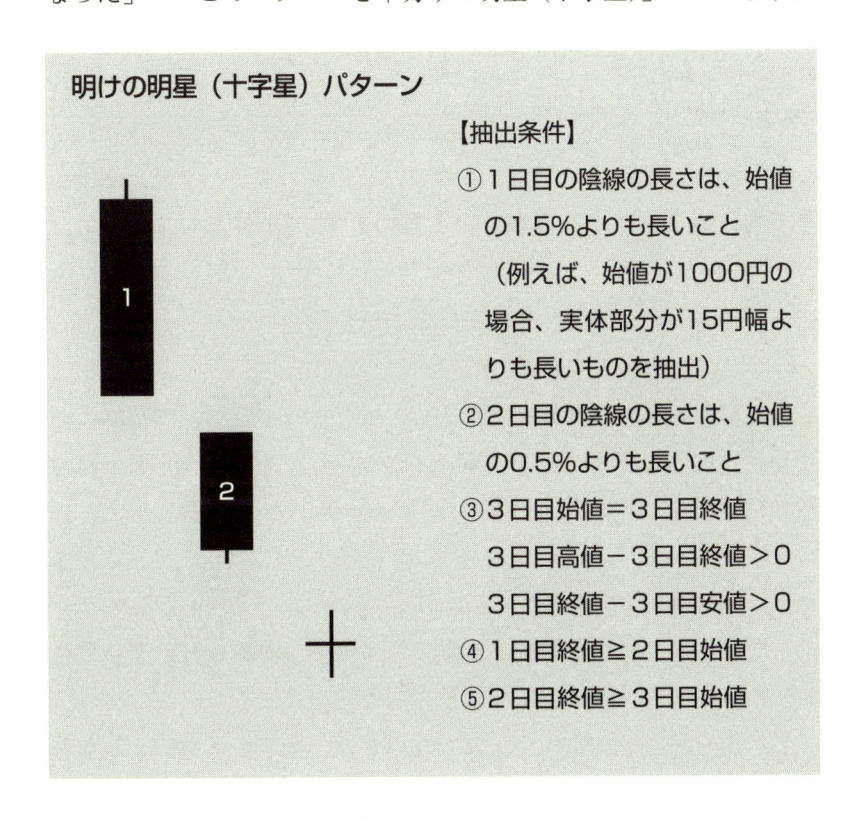

**明けの明星（十字星）パターン**

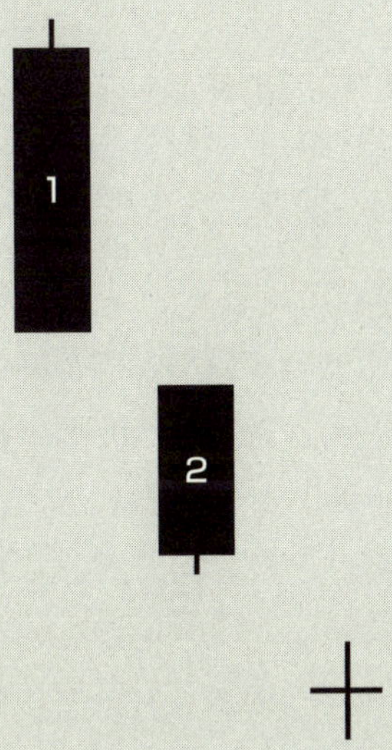


【抽出条件】

①1日目の陰線の長さは、始値の1.5％よりも長いこと
（例えば、始値が1000円の場合、実体部分が15円幅よりも長いものを抽出）

②2日目の陰線の長さは、始値の0.5％よりも長いこと

③3日目始値＝3日目終値
3日目高値－3日目終値＞0
3日目終値－3日目安値＞0

④1日目終値≧2日目始値

⑤2日目終値≧3日目始値

寄引同事で上下にヒゲがあると、ローソク足がちょうど十文字に見えます。これを「十字星」と呼びます。通説では、このパターンの出現で“下降相場が反転して上昇相場へ向かう”といわれます。

**全期間（1983～2009年）**

| 売却日 | 取引回数 | 利益平均1(%) | 利益平均2(%) | 勝ち取引回数 | 負け取引回数 | 勝率(%) |
|---|---|---|---|---|---|---|
| 当日終値 | 11250 | 0.027 | -0.021 | 4563 | 5165 | 46.9 |
| 1日後 | 11245 | 0.185 | 0.113 | 5052 | 4993 | 50.3 |
| 2日後 | 11244 | 0.350 | 0.208 | 5347 | 5091 | 51.2 |
| 3日後 | 11242 | 0.407 | 0.211 | 5304 | 5253 | 50.2 |
| 4日後 | 11241 | 0.487 | 0.229 | 5421 | 5244 | 50.8 |
| 5日後 | 11237 | 0.536 | 0.229 | 5422 | 5311 | 50.5 |
| 6日後 | 11235 | 0.571 | 0.185 | 5413 | 5370 | 50.2 |
| 10日後 | 11225 | 0.636 | 0.048 | 5361 | 5506 | 49.3 |
| 20日後 | 11207 | 0.739 | -0.362 | 5224 | 5702 | 47.8 |
| 30日後 | 11136 | 0.938 | -0.789 | 5192 | 5725 | 47.6 |
| 40日後 | 11106 | 1.143 | -1.234 | 5179 | 5762 | 47.3 |

このパターンがみられた翌営業日の寄り付きで買い、当日終値で売り手仕舞った場合（当日終値の行を参照）、1983～2009年の利益平均は0.021％（利益平均２）の「マイナス」となりました。これは全取引平均値の－0.054％よりも若干高いとはいえ、ほとんど変わらない水準です。

したがって、明けの明星（十字星）パターンがみられた翌営業日にデイトレードをするなら「様子見」と考えます。

１日後～20日後に売り手仕舞った場合は、全取引平均値よりも若干高めの利益率となり、30日後〜40日後はより低い利益率です。

2日後で比較してみると、全取引平均値の－0.033％に対して明けの明星（十字星）は＋0.208％で、0.241％有利です。したがって、明けの明星（十字星）が出現したら買いサインといえます。

ただし、3日後は＋0.211％、4日後は＋0.229％、5日後は＋0.229％、6日後は＋0.185％というように、3日後以降はほとんど利益率の上昇がみられません。したがって、2日後に手仕舞うのがよいと考えられます。2日で＋0.208％の利益は、年間240日では28.3％の利益に相当します（計算：1.00208の120乗＝1.283）。

全期間（1983〜2009年）の当日終値、1日後、2日後の全取引平均値は、それぞれ－0.054％、－0.017％、－0.033％です。一方、明けの明星（十字星）パターン出現の場合、当日終値、1日後、2日後の利益率は、それぞれ－0.021％、＋0.113％、＋0.208％となりました。パターン出現後の利益率は当日終値でマイナス、1日後と2日後でプラスです。全取引平均値と比較すると、そのすべてで利益率がより高くなっています。

●パターンが出現した翌営業日の日中に下落する
●1日後にはプラスとなっている

このことから、明けの明星（十字星）パターンが出た場合、翌営業日の終値付近で買うのがよいといえます。

6期間でも同様に解析してみましょう。特に、相場全体が下降トレンドだった期間に注目です。

## バブル期間（1983～1989年）

| 売却日 | 取引回数 | 利益平均1(%) | 利益平均2(%) | 勝ち取引回数 | 負け取引回数 | 勝率(%) |
|---|---|---|---|---|---|---|
| 当日終値 | 1582 | 0.101 | 0.078 | 624 | 698 | 47.2 |
| 1日後 | 1582 | 0.276 | 0.239 | 705 | 682 | 50.8 |
| 2日後 | 1582 | 0.688 | 0.640 | 795 | 644 | 55.2 |
| 3日後 | 1582 | 0.890 | 0.826 | 791 | 685 | 53.6 |
| 4日後 | 1582 | 1.001 | 0.919 | 795 | 686 | 53.7 |
| 5日後 | 1582 | 1.148 | 1.057 | 801 | 703 | 53.3 |
| 6日後 | 1582 | 1.297 | 1.192 | 829 | 693 | 54.5 |
| 10日後 | 1582 | 1.467 | 1.306 | 800 | 713 | 52.9 |
| 20日後 | 1582 | 2.322 | 1.994 | 813 | 721 | 53.0 |
| 30日後 | 1582 | 3.211 | 2.719 | 849 | 694 | 55.0 |
| 40日後 | 1582 | 4.220 | 3.623 | 903 | 650 | 58.1 |

この期間の当日終値、１日後、２日後の全取引平均値は、それぞれ－0.016％、＋0.082％、＋0.167％です。一方、明けの明星（十字星）パターン出現の場合、当日終値、１日後、２日後の利益率は、それぞれ＋0.078％、＋0.239％、＋0.640％となりました。

当日終値、１日後、２日後のすべてで、利益率はプラスです。また、全取引平均値と比較すると、そのすべてで利益率がより高くなっています。この時期の明けの明星（十字星）の出現は「買いサイン」といえます。

### 崩壊期間（1990～1992年）

| 売却日 | 取引回数 | 利益平均1(%) | 利益平均2(%) | 勝ち取引回数 | 負け取引回数 | 勝率(%) |
|---|---|---|---|---|---|---|
| 当日終値 | 1000 | 0.083 | 0.048 | 413 | 439 | 48.5 |
| 1日後 | 1000 | 0.340 | 0.282 | 475 | 428 | 52.6 |
| 2日後 | 1000 | 0.429 | 0.318 | 497 | 451 | 52.4 |
| 3日後 | 1000 | 0.363 | 0.206 | 483 | 464 | 51.0 |
| 4日後 | 1000 | 0.377 | 0.152 | 489 | 470 | 51.0 |
| 5日後 | 1000 | 0.913 | 0.651 | 519 | 439 | 54.2 |
| 6日後 | 1000 | 0.870 | 0.519 | 509 | 449 | 53.1 |
| 10日後 | 1000 | 0.303 | -0.228 | 452 | 511 | 46.9 |
| 20日後 | 1000 | -0.033 | -0.978 | 450 | 528 | 46.0 |
| 30日後 | 1000 | -0.463 | -1.869 | 425 | 559 | 43.2 |
| 40日後 | 1000 | -1.701 | -3.840 | 409 | 569 | 41.8 |

この期間の当日終値、1日後、2日後の全取引平均値は、それぞれ－0.079％、－0.121％、－0.242％です。一方、明けの明星（十字星）パターン出現の場合、当日終値、1日後、2日後の利益率は、それぞれ＋0.048％、＋0.282％、＋0.318％となりました。

当日終値、1日後、2日後のすべてで、利益率がプラスです。また、全取引平均値と比較すると、そのすべてで利益率がより高くなっています。

この期間中に利益率がプラスということは、下降トレンド中に明けの明星（十字星）が出現すると、1日後、2日後には反転していることを示しています。したがって、この下落期に出現した明けの明星（十字星）パターンも「買いサイン」です。

**もみ合い期間（1993 ～ 1999 年）**

| 売却日 | 取引回数 | 利益平均 1(%) | 利益平均 2(%) | 勝ち取引回数 | 負け取引回数 | 勝率 (%) |
|---|---|---|---|---|---|---|
| 当日終値 | 2094 | 0.054 | 0.015 | 836 | 943 | 47.0 |
| 1 日後 | 2094 | 0.361 | 0.303 | 967 | 888 | 52.1 |
| 2 日後 | 2094 | 0.597 | 0.493 | 1003 | 938 | 51.7 |
| 3 日後 | 2094 | 0.822 | 0.678 | 1023 | 962 | 51.5 |
| 4 日後 | 2094 | 0.981 | 0.807 | 1048 | 942 | 52.7 |
| 5 日後 | 2094 | 0.947 | 0.716 | 1040 | 962 | 51.9 |
| 6 日後 | 2094 | 1.089 | 0.831 | 1022 | 980 | 51.0 |
| 10 日後 | 2094 | 1.232 | 0.840 | 1027 | 1002 | 50.6 |
| 20 日後 | 2094 | 1.307 | 0.469 | 990 | 1054 | 48.4 |
| 30 日後 | 2094 | 1.634 | 0.324 | 1000 | 1060 | 48.5 |
| 40 日後 | 2094 | 1.478 | -0.523 | 959 | 1102 | 46.5 |

この期間の当日終値、１日後、２日後の全取引平均値は、それぞれ－0.094％、－0.036％、－0.071％です。

一方、明けの明星（十字星）のパターン出現の場合、当日終値、１日後、２日後の利益率は、それぞれ＋0.015％、＋0.303％、＋0.493％となりました。

当日終値、１日後、２日後のすべてで、利益率がプラスです。また、全取引平均値と比較しても、そのすべてで利益率がより高くなっています。

したがって、このもみ合い期に出現した明けの明星（十字星）パターンも「買いサイン」だったといえます。

### 暴落期間（2000～2002年）

| 売却日 | 取引回数 | 利益平均1(%) | 利益平均2(%) | 勝ち取引回数 | 負け取引回数 | 勝率(%) |
|---|---|---|---|---|---|---|
| 当日終値 | 1651 | 0.021 | -0.041 | 655 | 768 | 46.0 |
| 1日後 | 1651 | 0.185 | 0.086 | 727 | 755 | 49.1 |
| 2日後 | 1651 | 0.205 | 0.005 | 745 | 778 | 48.9 |
| 3日後 | 1651 | 0.225 | -0.034 | 757 | 797 | 48.7 |
| 4日後 | 1651 | 0.256 | -0.043 | 760 | 803 | 48.6 |
| 5日後 | 1651 | 0.153 | -0.211 | 736 | 831 | 47.0 |
| 6日後 | 1651 | 0.248 | -0.192 | 750 | 835 | 47.3 |
| 10日後 | 1651 | -0.355 | -1.207 | 717 | 884 | 44.8 |
| 20日後 | 1651 | -0.696 | -2.186 | 690 | 923 | 42.8 |
| 30日後 | 1651 | -1.468 | -3.982 | 667 | 946 | 41.4 |
| 40日後 | 1651 | -1.080 | -4.282 | 682 | 946 | 41.9 |

この期間の当日終値、1日後、2日後の全取引平均値は、それぞれ－0.074％、－0.067％、－0.130％です。

一方、明けの明星（十字星）パターン出現の場合、当日終値、1日後、2日後の利益率は、それぞれ－0.041％、＋0.086％、＋0.005％となりました。

当日終値の利益率はマイナス、1日後と2日後はプラスです。全取引平均値と比較すると、そのすべてで利益率がより高くなっています。

したがって、この下落期に出現した明けの明星（十字星）パターンも「買いサイン」だったといえます。

**暴騰期間（2003〜2006年）**

| 売却日 | 取引回数 | 利益平均1(%) | 利益平均2(%) | 勝ち取引回数 | 負け取引回数 | 勝率(%) |
|---|---|---|---|---|---|---|
| 当日終値 | 2604 | 0.019 | -0.024 | 1094 | 1199 | 47.7 |
| 1日後 | 2604 | 0.185 | 0.121 | 1209 | 1144 | 51.4 |
| 2日後 | 2604 | 0.466 | 0.332 | 1306 | 1136 | 53.5 |
| 3日後 | 2604 | 0.475 | 0.272 | 1297 | 1150 | 53.0 |
| 4日後 | 2604 | 0.575 | 0.296 | 1309 | 1176 | 52.7 |
| 5日後 | 2604 | 0.700 | 0.386 | 1311 | 1190 | 52.4 |
| 6日後 | 2604 | 0.827 | 0.447 | 1323 | 1182 | 52.8 |
| 10日後 | 2604 | 1.161 | 0.638 | 1332 | 1206 | 52.5 |
| 20日後 | 2604 | 1.878 | 0.991 | 1315 | 1227 | 51.7 |
| 30日後 | 2604 | 3.137 | 1.809 | 1357 | 1193 | 53.2 |
| 40日後 | 2604 | 3.903 | 2.106 | 1394 | 1181 | 54.1 |

この期間の当日終値、１日後、２日後の全取引平均値は、それぞれ－0.025％、＋0.064％、＋0.132％です。

一方、明けの明星（十字星）パターン出現の場合、当日終値、１日後、２日後の利益率は、それぞれ－0.024％、＋0.121％、＋0.332％となりました。

当日終値の利益率はマイナス、１日後と２日後はプラスです。また、全取引平均値と比較すると、そのすべてで利益率がより高くなっています。

したがって、この上昇期に出現した明けの明星（十字星）パターンも「買いサイン」だったといえます。

### 金融危機期間（2007～2009年）

| 売却日 | 取引回数 | 利益平均1(%) | 利益平均2(%) | 勝ち取引回数 | 負け取引回数 | 勝率(%) |
|---|---|---|---|---|---|---|
| 当日終値 | 2310 | −0.057 | −0.132 | 938 | 1113 | 45.7 |
| 1日後 | 2305 | −0.105 | −0.213 | 964 | 1093 | 46.9 |
| 2日後 | 2304 | −0.172 | −0.393 | 996 | 1142 | 46.6 |
| 3日後 | 2302 | −0.228 | −0.525 | 947 | 1192 | 44.3 |
| 4日後 | 2301 | −0.209 | −0.624 | 1014 | 1165 | 46.5 |
| 5日後 | 2297 | −0.356 | −0.850 | 1007 | 1185 | 45.9 |
| 6日後 | 2295 | −0.623 | −1.302 | 972 | 1230 | 44.1 |
| 10日後 | 2285 | −0.258 | −1.229 | 1025 | 1189 | 46.3 |
| 20日後 | 2267 | −0.831 | −2.748 | 960 | 1247 | 43.5 |
| 30日後 | 2196 | −1.539 | −4.585 | 889 | 1269 | 41.2 |
| 40日後 | 2166 | −1.766 | −5.993 | 826 | 1311 | 38.7 |

この期間の当日終値、1日後、2日後の全取引平均値は、それぞれ−0.051%、−0.106%、−0.214%です。

一方、明けの明星（十字星）パターン出現の場合、当日終値、1日後、2日後の利益率は、それぞれ−0.132%、−0.213%、−0.393%となりました。

当日終値、1日後、2日後のすべてで、利益率がマイナスです。全取引平均値と比較すると、そのすべてで利益率がより低くなっています。

したがって、この下落期に出現した明けの明星（十字星）パターンは「売りサイン」だったといえます。

### まとめ

６期間中５期間で明けの明星（十字星）は買いサインでした。１期間のみ売りサインです。

明けの明星（十字星）は“下降トレンド中に出現すれば底入れ反転サイン”を表すといわれます。しかし､崩壊期間（1990～1992年）と暴落期間（2000～2002年）は買いサインだったものの、金融危機期間（2007～2009年）は売りサインでした。つまり、1983～2006年まで24年間通用していたものが、2007～2009年には通用しなくなっているわけです。

何十年も通用していた売買ルールが通用しなくなるときもあります。使えなくなったルールにこだわりすぎると損失が膨らむ一方です。

この結果は、常に自分のルールが実際に利益を上げているか、確認し続ける必要があることを示唆しています。

## 10. 宵の明星（十字星）

「大陽線の翌営業日に上放れてまた陽線を描き、その翌営業日もさらに上放れて寄り付いたが、終値が始値と同値となり、寄引同事線を描いた」――このパターンを「宵の明星（十字星）」といいます。

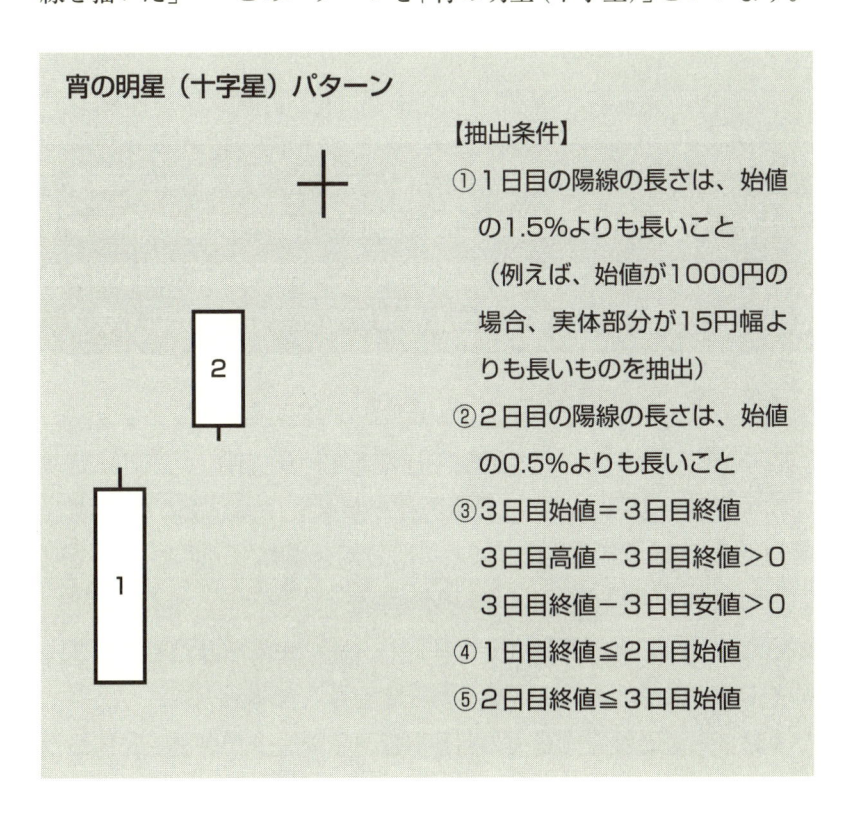

**宵の明星（十字星）パターン**

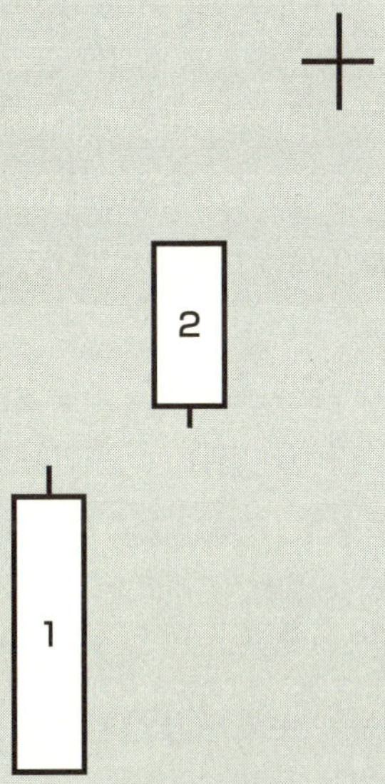


【抽出条件】

①1日目の陽線の長さは、始値の1.5%よりも長いこと
（例えば、始値が1000円の場合、実体部分が15円幅よりも長いものを抽出）

②2日目の陽線の長さは、始値の0.5%よりも長いこと

③3日目始値＝3日目終値
3日目高値－3日目終値＞0
3日目終値－3日目安値＞0

④1日目終値≦2日目始値

⑤2日目終値≦3日目始値

先ほどの明けの明星と同様に、寄引同事線が十文字に見えるため、このパターンを宵の明星（十字星）と呼びます。通説では“上昇相場でこのパターンが出現すれば、反転して下降相場へ向かう”といわれています。

**全期間（1983～2009年）**

| 売却日 | 取引回数 | 利益平均 1(%) | 利益平均 2(%) | 勝ち取引 回数 | 負け取引 回数 | 勝率 (%) |
|---|---|---|---|---|---|---|
| 当日終値 | 10012 | -0.105 | -0.149 | 3821 | 4893 | 43.8 |
| 1日後 | 10011 | -0.093 | -0.164 | 4058 | 4990 | 44.8 |
| 2日後 | 10008 | -0.055 | -0.186 | 4146 | 5199 | 44.4 |
| 3日後 | 10003 | -0.011 | -0.191 | 4205 | 5321 | 44.1 |
| 4日後 | 10002 | 0.042 | -0.180 | 4193 | 5356 | 43.9 |
| 5日後 | 9996 | 0.136 | -0.123 | 4242 | 5360 | 44.2 |
| 6日後 | 9995 | 0.206 | -0.096 | 4307 | 5325 | 44.7 |
| 10日後 | 9987 | 0.475 | 0.013 | 4466 | 5209 | 46.2 |
| 20日後 | 9947 | 1.282 | 0.349 | 4629 | 5115 | 47.5 |
| 30日後 | 9944 | 1.436 | 0.016 | 4606 | 5171 | 47.1 |
| 40日後 | 9934 | 1.793 | -0.039 | 4648 | 5154 | 47.4 |

このパターンがみられた翌営業日の寄り付きで買い、当日終値で売り手仕舞った場合（当日終値の行を参照）、1983～2009年の利益平均は0.149％（利益平均２）の「マイナス」でした。これは全取引平均値の－0.054％よりも低い利益率です。

したがって、宵の明星（十字星）パターンがみられた翌営業日にデイトレードをするなら「売り」と考えられます。

１日後～６日後と40日後の利益率はマイナス、10日後～30日後の利益率はプラスです。全取引平均値と比較すると、１日後～５日後の利益率はより低く、６日後～40日後の利益率はより高くなっています。例えば、２日後をみると、全取引平均値の－0.033％に対して宵の明星（十字星）は－0.186％であり、0.153％不利です。

したがって、逆に空売りを検討できます。宵の明星（十字星）が出現したら売りです。

全期間（1983～2009年）の当日終値、１日後、２日後の全取引平均値は、それぞれ－0.054％、－0.017％、－0.033％です。一方、宵の明星（十字星）パターン出現の場合、当日終値、１日後、２日後の利益率は、それぞれ－0.149％、－0.164％、－0.186％となりました。

当日終値、１日後、２日後のすべてでパターン出現後の利益率がマイナスです。全取引平均値と比較すると、そのすべてで利益率がより低くなっています。

●パターンが出現した翌営業日の日中に下落する
●１日後以降もさらに利益率がマイナスとなっている

このことから、宵の明星（十字星）パターンが出た場合、翌営業日の始値付近で空売りするのがよいと考えられます。

通説にあるように、実際に統計分析を行ったところ、宵の明星（十字星）パターン出現後に相場は下げ傾向にあります。

６分割した期間でも同様に解析してみましょう。特に相場が上昇トレンドだった期間に注目です。

## バブル期間（1983～1989年）

| 売却日 | 取引回数 | 利益平均1(%) | 利益平均2(%) | 勝ち取引回数 | 負け取引回数 | 勝率(%) |
|---|---|---|---|---|---|---|
| 当日終値 | 1923 | -0.207 | -0.243 | 661 | 983 | 40.2 |
| 1日後 | 1923 | -0.167 | -0.222 | 713 | 997 | 41.7 |
| 2日後 | 1923 | -0.171 | -0.271 | 734 | 1056 | 41.0 |
| 3日後 | 1923 | -0.103 | -0.232 | 764 | 1060 | 41.9 |
| 4日後 | 1923 | -0.067 | -0.216 | 759 | 1063 | 41.7 |
| 5日後 | 1923 | 0.033 | -0.133 | 766 | 1080 | 41.5 |
| 6日後 | 1923 | 0.116 | -0.081 | 794 | 1050 | 43.1 |
| 10日後 | 1923 | 0.729 | 0.476 | 844 | 1005 | 45.6 |
| 20日後 | 1923 | 1.989 | 1.582 | 947 | 925 | 50.6 |
| 30日後 | 1923 | 2.854 | 2.250 | 977 | 914 | 51.7 |
| 40日後 | 1923 | 3.838 | 3.078 | 1009 | 889 | 53.2 |

この期間の当日終値、1日後、2日後の全取引平均値は、それぞれ－0.016％、＋0.082％、＋0.167％です。

一方、宵の明星（十字星）パターン出現の場合、当日終値、1日後、2日後の利益率は、それぞれ－0.243％、－0.222％、－0.271％となりました。

当日終値、1日後、2日後のすべてで、利益率がマイナスです。また全取引平均値と比較すると、そのすべてで利益率がより低くなっています。

したがって、この上昇期に出現した宵の明星（十字星）パターンは「売りサイン」といえます。上昇トレンドでも宵の明星（十字星）が反落サインとなっているわけです。

### 崩壊期間（1990～1992年）

| 売却日 | 取引回数 | 利益平均1(%) | 利益平均2(%) | 勝ち取引回数 | 負け取引回数 | 勝率(%) |
|---|---|---|---|---|---|---|
| 当日終値 | 919 | -0.105 | -0.138 | 343 | 418 | 45.1 |
| 1日後 | 919 | -0.045 | -0.093 | 368 | 448 | 45.1 |
| 2日後 | 919 | 0.075 | -0.022 | 381 | 466 | 45.0 |
| 3日後 | 919 | 0.310 | 0.194 | 411 | 463 | 47.0 |
| 4日後 | 919 | 0.211 | 0.052 | 391 | 491 | 44.3 |
| 5日後 | 919 | 0.278 | 0.084 | 382 | 503 | 43.2 |
| 6日後 | 919 | 0.267 | 0.034 | 390 | 484 | 44.6 |
| 10日後 | 919 | 0.186 | -0.260 | 412 | 489 | 45.7 |
| 20日後 | 919 | -1.076 | -2.189 | 390 | 507 | 43.5 |
| 30日後 | 919 | -3.010 | -4.791 | 347 | 555 | 38.5 |
| 40日後 | 919 | -3.006 | -5.129 | 358 | 546 | 39.6 |

この期間の当日終値、１日後、２日後の全取引平均値は、それぞれ－0.079％、－0.121％、－0.242％です。

一方、宵の明星（十字星）パターン出現の場合、当日終値、１日後、２日後の利益率は、それぞれ－0.138％、－0.093％、－0.022％となりました。

当日終値、１日後、２日後のすべてで、利益率がマイナスです。また全取引平均値と比較すると、当日終値の利益率がより低く、１日後と２日後の利益率がより高くなっています。

全取引平均値との比較では、先ほどのバブル期間と異なる傾向です。しかし、利益率はマイナスであるため、この下落期に出現した宵の明星（十字星）パターンも「売りサイン」だったといえます。

**もみ合い期間（1993～1999年）**

| 売却日 | 取引回数 | 利益平均1(%) | 利益平均2(%) | 勝ち取引回数 | 負け取引回数 | 勝率(%) |
|---|---|---|---|---|---|---|
| 当日終値 | 2017 | -0.115 | -0.161 | 778 | 967 | 44.6 |
| 1日後 | 2017 | -0.062 | -0.142 | 834 | 979 | 46.0 |
| 2日後 | 2017 | -0.155 | -0.298 | 837 | 1049 | 44.4 |
| 3日後 | 2017 | -0.226 | -0.412 | 805 | 1105 | 42.1 |
| 4日後 | 2017 | -0.086 | -0.302 | 808 | 1098 | 42.4 |
| 5日後 | 2017 | -0.128 | -0.390 | 802 | 1119 | 41.7 |
| 6日後 | 2017 | -0.132 | -0.451 | 830 | 1121 | 42.5 |
| 10日後 | 2017 | 0.383 | -0.020 | 912 | 1041 | 46.7 |
| 20日後 | 2017 | 1.467 | 0.757 | 945 | 1028 | 47.9 |
| 30日後 | 2017 | 1.655 | 0.603 | 920 | 1061 | 46.4 |
| 40日後 | 2017 | 1.676 | 0.161 | 938 | 1048 | 47.2 |

この期間の当日終値、1日後、2日後の全取引平均値は、それぞれ－0.094％、－0.036％、－0.071％です。

一方、宵の明星（十字星）パターン出現の場合、当日終値、1日後、2日後の利益率は、それぞれ－0.161％、－0.142％、－0.298％となりました。

当日終値、1日後、2日後のすべてで、利益率がマイナスです。また全取引平均値と比較すると、そのすべてで利益率がより低くなっています。

したがって、このもみ合い期に出現した宵の明星（十字星）パターンも「売りサイン」だったといえます。

## 暴落期間（2000～2002年）

| 売却日 | 取引回数 | 利益平均1(%) | 利益平均2(%) | 勝ち取引回数 | 負け取引回数 | 勝率(%) |
|---|---|---|---|---|---|---|
| 当日終値 | 1205 | -0.126 | -0.182 | 478 | 589 | 44.8 |
| 1日後 | 1205 | -0.179 | -0.267 | 471 | 629 | 42.8 |
| 2日後 | 1205 | -0.162 | -0.326 | 465 | 647 | 41.8 |
| 3日後 | 1205 | -0.316 | -0.554 | 487 | 664 | 42.3 |
| 4日後 | 1205 | -0.304 | -0.600 | 499 | 658 | 43.1 |
| 5日後 | 1205 | -0.530 | -0.918 | 504 | 654 | 43.5 |
| 6日後 | 1205 | -0.478 | -0.924 | 500 | 658 | 43.2 |
| 10日後 | 1205 | -0.720 | -1.393 | 489 | 678 | 41.9 |
| 20日後 | 1205 | -1.316 | -2.755 | 467 | 721 | 39.3 |
| 30日後 | 1205 | -0.786 | -2.936 | 504 | 675 | 42.7 |
| 40日後 | 1205 | -1.176 | -4.019 | 493 | 697 | 41.4 |

この期間の当日終値、1日後、2日後の全取引平均値は、それぞれ－0.074％、－0.067％、－0.130％です。

一方、宵の明星（十字星）パターン出現の場合、当日終値、1日後、2日後の利益率は、それぞれ－0.182％、－0.267％、－0.326％となりました。

当日終値、1日後、2日後のすべてで、利益率がマイナスです。また全取引平均値と比較すると、そのすべてで利益率がより低くなっています。

したがって、この下落期に出現した宵の明星（十字星）パターンも「売りサイン」だったといえます。

### 暴騰期間（2003～2006年）

| 売却日 | 取引回数 | 利益平均1(%) | 利益平均2(%) | 勝ち取引回数 | 負け取引回数 | 勝率(%) |
|---|---|---|---|---|---|---|
| 当日終値 | 2357 | -0.090 | -0.134 | 902 | 1198 | 43.0 |
| 1日後 | 2357 | 0.014 | -0.049 | 993 | 1151 | 46.3 |
| 2日後 | 2357 | 0.119 | -0.009 | 1038 | 1175 | 46.9 |
| 3日後 | 2357 | 0.302 | 0.133 | 1071 | 1188 | 47.4 |
| 4日後 | 2357 | 0.479 | 0.295 | 1072 | 1197 | 47.2 |
| 5日後 | 2357 | 0.700 | 0.461 | 1104 | 1177 | 48.4 |
| 6日後 | 2357 | 0.905 | 0.634 | 1117 | 1170 | 48.8 |
| 10日後 | 2357 | 1.485 | 1.087 | 1151 | 1133 | 50.4 |
| 20日後 | 2357 | 3.310 | 2.513 | 1243 | 1079 | 53.5 |
| 30日後 | 2357 | 4.465 | 3.373 | 1285 | 1048 | 55.1 |
| 40日後 | 2357 | 5.668 | 4.306 | 1267 | 1067 | 54.3 |

この期間の当日終値、1日後、2日後の全取引平均値は、それぞれ－0.025％、＋0.064％、＋0.132％です。

一方、宵の明星（十字星）パターン出現の場合、当日終値、1日後、2日後の利益率は、それぞれ－0.134％、－0.049％、－0.009％となりました。

当日終値、1日後、2日後のすべてで、利益率はマイナスです。また全取引平均値と比較すると、そのすべてで利益率がより低くなっています。しかし、1日後、2日後ともマイナス幅は大きくありません。

したがって、この上昇期に出現した宵の明星（十字星）パターンは「様子見」だったといえます。

### 金融危機期間（2007～2009年）

| 売却日 | 取引回数 | 利益平均1(%) | 利益平均2(%) | 勝ち取引回数 | 負け取引回数 | 勝率(%) |
|---|---|---|---|---|---|---|
| 当日終値 | 1587 | 0.031 | -0.017 | 659 | 734 | 47.3 |
| 1日後 | 1586 | -0.157 | -0.245 | 679 | 782 | 46.5 |
| 2日後 | 1583 | -0.034 | -0.183 | 690 | 803 | 46.2 |
| 3日後 | 1578 | -0.039 | -0.283 | 666 | 838 | 44.3 |
| 4日後 | 1577 | -0.147 | -0.499 | 663 | 847 | 43.9 |
| 5日後 | 1571 | 0.185 | -0.159 | 682 | 825 | 45.3 |
| 6日後 | 1570 | 0.190 | -0.193 | 674 | 840 | 44.5 |
| 10日後 | 1562 | -0.158 | -0.893 | 656 | 861 | 43.2 |
| 20日後 | 1522 | 0.486 | -1.110 | 636 | 853 | 42.7 |
| 30日後 | 1519 | -0.883 | -3.534 | 572 | 915 | 38.5 |
| 40日後 | 1509 | -1.390 | -4.766 | 582 | 904 | 39.2 |

この期間の当日終値、１日後、２日後の全取引平均値は、それぞれ－0.051％、－0.106％、－0.214％です。

一方、宵の明星（十字星）パターン出現の場合、当日終値、１日後、２日後の利益率は、それぞれ－0.017％、－0.245％、－0.183％となりました。

当日終値、１日後、２日後のすべてで、利益率はマイナスです。しかし、全取引平均値と比較すると、当日終値の利益率が高めで、１日後と２日後の利益率がより低めとなっています。

全取引平均値との比較では、他期間と異なる傾向です。しかし、利益率はマイナスであるため、この下落期に出現した宵の明星（十字星）パターンは「売りサイン」だったといえます。

## まとめ

結果、6期間のうち5期間で売りサイン、1期間で様子見となりました。

ただし、崩壊期間（1990～1992年）と金融危機期間（2007～2009年）では、利益率がマイナスとはいえ、全取引平均値との比較で平均よりはプラスという他期間と異なる傾向がみられました。

ほかのローソク足パターンには、宵の明星（十字星）よりもマイナス幅の大きなパターンがあります。特にこのパターンにこだわる必要はないでしょう。

相場全体が上昇トレンドだった、バブル期間（1983～1989年）も暴騰期間（2003～2006年）も売りサインでした。したがって“宵の明星（十字星）が上昇トレンド中に出現すれば反落サイン”という格言は正しいと考えられます。

## 11. はらみ線（陰・陰）

「はらみ線（はらみ足）」とは、当日の株価が前日の値幅に収まっているローソク足パターンです。前日のローソク足（母体）が当日のローソク足（お腹の子）をはらんでいるようにみえることから、この名前がつきました。

前日が大陰線で、その値幅内で動いた結果、小陰線で終わったものを「はらみ線（陰・陰）」といいます。

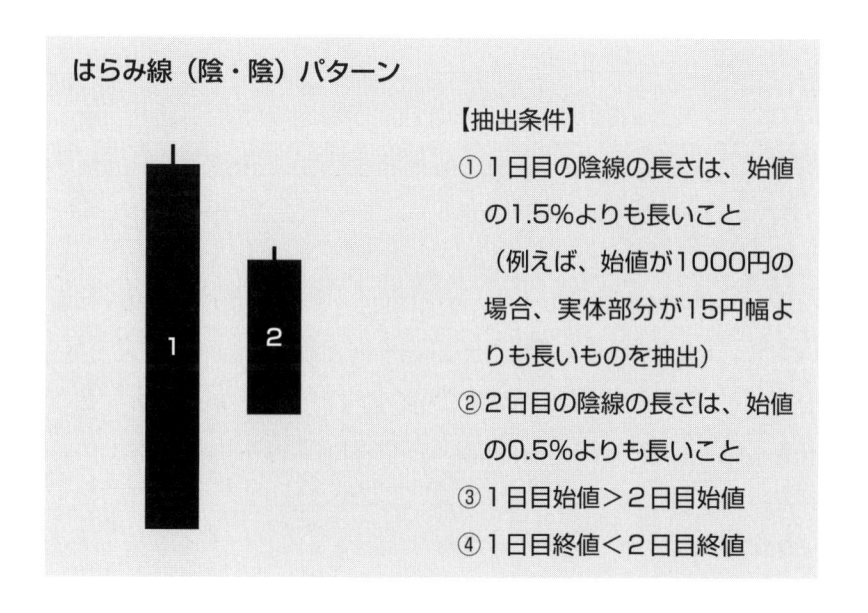

### はらみ線（陰・陰）パターン

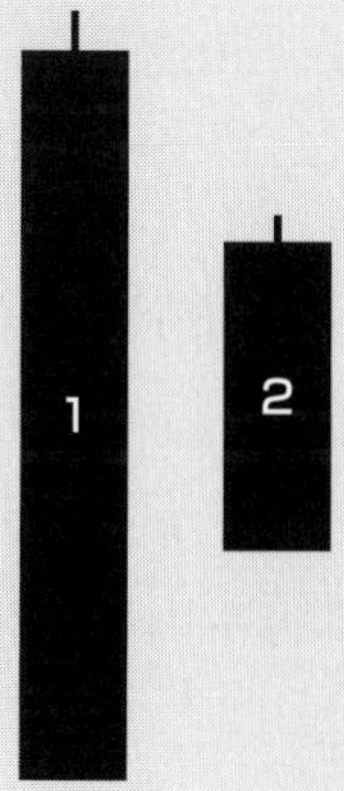


【抽出条件】

①１日目の陰線の長さは、始値の1.5%よりも長いこと（例えば、始値が1000円の場合、実体部分が15円幅よりも長いものを抽出）

②2日目の陰線の長さは、始値の0.5%よりも長いこと

③１日目始値＞２日目始値

④１日目終値＜２日目終値

売り圧力と買い圧力が拮抗しており、両者に何か異変が起こりつつある状態といわれています。

通説では“はらみ線（陰・陰）パターンが下落相場で出現すると、上昇相場に転換する可能性が高い”といわれています。

**全期間（1983～2009年）**

| 売却日 | 取引回数 | 利益平均1(%) | 利益平均2(%) | 勝ち取引回数 | 負け取引回数 | 勝率(%) |
|---|---|---|---|---|---|---|
| 当日終値 | 82094 | −0.158 | −0.193 | 30270 | 40902 | 42.5 |
| 1日後 | 82082 | 0.089 | 0.041 | 36255 | 38412 | 48.6 |
| 2日後 | 82066 | 0.195 | 0.105 | 37720 | 39402 | 48.9 |
| 3日後 | 82054 | 0.317 | 0.190 | 38534 | 39648 | 49.3 |
| 4日後 | 82039 | 0.362 | 0.188 | 38844 | 39888 | 49.3 |
| 5日後 | 82003 | 0.384 | 0.165 | 38661 | 40438 | 48.9 |
| 6日後 | 81985 | 0.378 | 0.112 | 38377 | 40904 | 48.4 |
| 10日後 | 81900 | 0.535 | 0.113 | 38831 | 41078 | 48.6 |
| 20日後 | 81711 | 0.695 | −0.172 | 38660 | 41660 | 48.1 |
| 30日後 | 81484 | 1.075 | −0.225 | 38471 | 41884 | 47.9 |
| 40日後 | 81218 | 1.331 | -0.397 | 38648 | 41671 | 48.1 |

はらみ線（陰・陰）パターンが出現した翌営業日の寄り付きで買い、当日終値で売り手仕舞った場合（当日終値の行を参照）、1983～2009年の利益平均は0.193％（利益平均２）の「マイナス」となりました。これは全取引平均値の－0.054％よりも大きなマイナスです。

したがって、このパターンがみられた翌営業日にデイトレードをするなら「売り」と考えられます。

一方、１日後～30日後に売る場合は、全取引平均値よりも高い利益率となっています。例えば、２日後をみると、全取引平均値の－0.033％に対して、はらみ線（陰・陰）は＋0.105％となっており、0.138％有利です。

つまり、何も考えずに購入するよりも、はらみ線（陰・陰）が表れた翌日に購入すれば、２日の取引で利益率が0.138％高くなるというわけです。２日で0.138％の優位さは、年間240日では18.0％の優位さに相当します（計算：1.00138の120乗＝1.180）。あまり大きな優位さではありませんが、知っておきたい情報です。

したがって、はらみ線（陰・陰）パターンが出現したら「買い」といえます。

全期間（1983～2009年）の当日終値、１日後、２日後の全取引平均値は、それぞれ－0.054％、－0.017％、－0.033％です。一方、はらみ線（陰・陰）パターン出現の場合、当日終値、１日後、２日後の利益率は、それぞれ－0.193％、＋0.041％、＋0.105％となります。

- パターンが出現して翌営業日の日中に下落する
- １日後にはプラスとなっている

このことから、はらみ線（陰・陰）パターンが出現した翌営業日の終値付近で買うのがよいといえます。終値付近で購入すると２日間で0.293％（＝0.105％－(－0.193％)）の利益率が期待できます。

６期間でも同様に解析してみましょう。

## バブル期間（1983～1989年）

| 売却日 | 取引回数 | 利益平均.1(%) | 利益平均2(%) | 勝ち取引回数 | 負け取引回数 | 勝率(%) |
|---|---|---|---|---|---|---|
| 当日終値 | 14846 | −0.147 | −0.170 | 4987 | 7410 | 40.2 |
| 1日後 | 14846 | 0.211 | 0.187 | 6480 | 6543 | 49.8 |
| 2日後 | 14846 | 0.354 | 0.312 | 6741 | 6905 | 49.4 |
| 3日後 | 14846 | 0.459 | 0.398 | 6857 | 7060 | 49.3 |
| 4日後 | 14846 | 0.584 | 0.507 | 7025 | 7023 | 50.0 |
| 5日後 | 14846 | 0.667 | 0.574 | 6983 | 7110 | 49.5 |
| 6日後 | 14846 | 0.790 | 0.681 | 7101 | 7057 | 50.2 |
| 10日後 | 14846 | 1.262 | 1.103 | 7368 | 6995 | 51.3 |
| 20日後 | 14846 | 2.407 | 2.115 | 7934 | 6577 | 54.7 |
| 30日後 | 14846 | 3.619 | 3.208 | 8224 | 6321 | 56.5 |
| 40日後 | 14846 | 4.732 | 4.205 | 8609 | 6017 | 58.9 |

この期間の当日終値、1日後、2日後の全取引平均値は、それぞれ−0.016%、＋0.082%、＋0.167%です。

一方、はらみ線（陰・陰）パターン出現の場合、当日終値、1日後、2日後の利益率は、それぞれ−0.170%、＋0.187%、＋0.312%となりました。

当日終値の利益率はマイナス、1日後と2日後の利益率はプラスです。全取引平均値と比較すると、当日終値の利益率はより低く、1日後と2日後の利益率はより高くなっています。

したがって、1日後以降に売るのであれば、この上昇期に出現したはらみ線（陰・陰）パターンは「買いサイン」だったといえます。

### 崩壊期間（1990～1992年）

| 売却日 | 取引回数 | 利益平均1(%) | 利益平均2(%) | 勝ち取引回数 | 負け取引回数 | 勝率(%) |
|---|---|---|---|---|---|---|
| 当日終値 | 5396 | −0.188 | −0.220 | 1895 | 2611 | 42.1 |
| 1日後 | 5396 | 0.150 | 0.108 | 2388 | 2431 | 49.6 |
| 2日後 | 5396 | 0.246 | 0.169 | 2455 | 2567 | 48.9 |
| 3日後 | 5396 | 0.315 | 0.199 | 2493 | 2599 | 49.0 |
| 4日後 | 5396 | 0.143 | −0.028 | 2428 | 2739 | 47.0 |
| 5日後 | 5396 | 0.080 | −0.141 | 2418 | 2762 | 46.7 |
| 6日後 | 5396 | −0.082 | −0.369 | 2355 | 2852 | 45.2 |
| 10日後 | 5396 | −0.412 | −0.881 | 2309 | 2939 | 44.0 |
| 20日後 | 5396 | −1.792 | −2.847 | 2053 | 3244 | 38.8 |
| 30日後 | 5396 | −2.700 | −4.362 | 1988 | 3332 | 37.4 |
| 40日後 | 5396 | −3.789 | −6.043 | 1907 | 3430 | 35.7 |

この期間の当日終値、1日後、2日後の全取引平均値は、それぞれ−0.079％、−0.121％、−0.242％です。

一方、はらみ線（陰・陰）パターン出現の場合、当日終値、1日後、2日後の利益率は、それぞれ−0.220％、＋0.108％、＋0.169％となりました。

当日終値の利益率はマイナス、1日後と2日後の利益率はプラスです。全取引平均値と比較すると、当日終値の利益率はより低く、1日後と2日後の利益率はより高くなっています。

したがって、この下落期に出現したはらみ線（陰・陰）パターンも「買いサイン」だったといえます。

**もみ合い期間（1993～1999年）**

| 売却日 | 取引回数 | 利益平均 1(%) | 利益平均 2(%) | 勝ち取引回数 | 負け取引回数 | 勝率(%) |
|---|---|---|---|---|---|---|
| 当日終値 | 17023 | -0.161 | -0.197 | 6056 | 8321 | 42.1 |
| 1日後 | 17023 | 0.156 | 0.112 | 7513 | 7788 | 49.1 |
| 2日後 | 17023 | 0.186 | 0.104 | 7694 | 8192 | 48.4 |
| 3日後 | 17023 | 0.278 | 0.165 | 7815 | 8354 | 48.3 |
| 4日後 | 17023 | 0.322 | 0.171 | 7869 | 8427 | 48.3 |
| 5日後 | 17023 | 0.353 | 0.160 | 7831 | 8534 | 47.9 |
| 6日後 | 17023 | 0.371 | 0.150 | 7833 | 8627 | 47.6 |
| 10日後 | 17023 | 0.328 | -0.037 | 7692 | 8914 | 46.3 |
| 20日後 | 17023 | 0.507 | -0.228 | 7638 | 9066 | 45.7 |
| 30日後 | 17023 | 0.821 | -0.343 | 7621 | 9170 | 45.4 |
| 40日後 | 17023 | 0.876 | -0.631 | 7558 | 9281 | 44.9 |

この期間の当日終値、1日後、2日後の全取引平均値は、それぞれ－0.094％、－0.036％、－0.071％です。

一方、はらみ線（陰・陰）パターン出現の場合、当日終値、1日後、2日後の利益率は、それぞれ－0.197％、＋0.112％、＋0.104％となりました。

当日終値の利益率はマイナス、1日後と2日後の利益率はプラスです。全取引平均値と比較すると、当日終値の利益率はより低く、1日後と2日後の利益率はより高くなっています。

したがって、このもみ合い期に出現したはらみ線（陰・陰）パターンも「買いサイン」だったといえます。

### 暴落期間（2000～2002年）

| 売却日 | 取引回数 | 利益平均1(%) | 利益平均2(%) | 勝ち取引回数 | 負け取引回数 | 勝率(%) |
|---|---|---|---|---|---|---|
| 当日終値 | 11316 | −0.260 | −0.302 | 4018 | 5747 | 41.1 |
| 1日後 | 11316 | −0.044 | −0.102 | 4772 | 5485 | 46.5 |
| 2日後 | 11316 | 0.033 | −0.072 | 4998 | 5603 | 47.1 |
| 3日後 | 11316 | 0.084 | −0.055 | 5106 | 5638 | 47.5 |
| 4日後 | 11316 | 0.235 | 0.056 | 5197 | 5625 | 48.0 |
| 5日後 | 11316 | 0.201 | −0.028 | 5108 | 5772 | 46.9 |
| 6日後 | 11316 | 0.272 | −0.001 | 5125 | 5798 | 46.9 |
| 10日後 | 11316 | 0.072 | −0.379 | 5096 | 5903 | 46.3 |
| 20日後 | 11316 | −0.191 | −1.098 | 5026 | 6074 | 45.3 |
| 30日後 | 11316 | −0.422 | −1.796 | 4832 | 6307 | 43.4 |
| 40日後 | 11316 | −0.551 | -2.443 | 4865 | 6286 | 43.6 |

この期間の当日終値、１日後、２日後の全取引平均値は、それぞれ−0.074％、−0.067％、−0.130％です。

一方、はらみ線（陰・陰）パターン出現の場合、当日終値、１日後、２日後の利益率は、それぞれ−0.302％、−0.102％、−0.072％となりました。

当日終値、１日後、２日後の利益率は、すべてマイナスです。全取引平均値と比較すると、当日終値と１日後の利益率はより低く、２日後の利益率はより高くなっています。

ただし、利益率はマイナスであるため、この下落期に出現したはらみ線（陰・陰）パターンは「売りサイン」だったといえます。

この期間になって売りサインに変わりました。ただし、全取引平均値と比較すると、２日後の利益率がより高くなっていることから、この時点で傾向の変化は小さいと判断できます。

**暴騰期間（2003～2006年）**

| 売却日 | 取引回数 | 利益平均1(%) | 利益平均2(%) | 勝ち取引回数 | 負け取引回数 | 勝率(%) |
|---|---|---|---|---|---|---|
| 当日終値 | 16308 | −0.214 | −0.246 | 6073 | 8541 | 41.6 |
| 1日後 | 16308 | −0.029 | −0.078 | 7177 | 7957 | 47.4 |
| 2日後 | 16308 | 0.038 | −0.062 | 7549 | 7957 | 48.7 |
| 3日後 | 16308 | 0.234 | 0.099 | 7805 | 7834 | 49.9 |
| 4日後 | 16308 | 0.330 | 0.148 | 7958 | 7799 | 50.5 |
| 5日後 | 16308 | 0.483 | 0.275 | 8051 | 7804 | 50.8 |
| 6日後 | 16308 | 0.561 | 0.294 | 8100 | 7715 | 51.2 |
| 10日後 | 16308 | 1.233 | 0.875 | 8451 | 7515 | 52.9 |
| 20日後 | 16308 | 1.951 | 1.276 | 8609 | 7468 | 53.5 |
| 30日後 | 16308 | 2.707 | 1.749 | 8612 | 7488 | 53.5 |
| 40日後 | 16308 | 3.666 | 2.479 | 8810 | 7353 | 54.5 |

この期間の当日終値、１日後、２日後の全取引平均値は、それぞれ−0.025％、＋0.064％、＋0.132％です。

一方、はらみ線（陰・陰）パターン出現の場合、当日終値、１日後、２日後の利益率は、それぞれ−0.246％、−0.078％、−0.062％となりました。

当日終値、１日後、２日後の利益率が、すべてマイナスです。先ほどに引き続き２期間連続で傾向が変化しました。全取引平均値と比較すると、そのすべてで利益率がより低くなっています。

したがって、この上昇期に出現したはらみ線（陰・陰）パターンも「売りサイン」だったといえます。全取引平均値と比較した場合でも、すべて利益率がより低くなっており、この時点で傾向が完全に変わったと判断されます。

### 金融危機期間（2007～2009年）

| 売却日 | 取引回数 | 利益平均1(%) | 利益平均2(%) | 勝ち取引回数 | 負け取引回数 | 勝率(%) |
|---|---|---|---|---|---|---|
| 当日終値 | 17145 | -0.035 | -0.076 | 7223 | 8240 | 46.7 |
| 1日後 | 17133 | 0.103 | 0.033 | 7906 | 8174 | 49.2 |
| 2日後 | 17117 | 0.309 | 0.184 | 8262 | 8147 | 50.4 |
| 3日後 | 17105 | 0.470 | 0.283 | 8441 | 8125 | 51.0 |
| 4日後 | 17090 | 0.396 | 0.125 | 8347 | 8243 | 50.3 |
| 5日後 | 17054 | 0.291 | -0.068 | 8243 | 8424 | 49.5 |
| 6日後 | 17036 | 0.060 | -0.375 | 7834 | 8825 | 47.0 |
| 10日後 | 16951 | 0.036 | -0.700 | 7883 | 8787 | 47.3 |
| 20日後 | 16762 | -0.459 | -2.075 | 7367 | 9206 | 44.5 |
| 30日後 | 16535 | -0.307 | -2.719 | 7164 | 9237 | 43.7 |
| 40日後 | 16269 | -0.631 | -3.947 | 6871 | 9273 | 42.6 |

この期間の当日終値、１日後、２日後の全取引平均値は、それぞれ－0.051%、－0.106%、－0.214%です。

一方、はらみ線（陰・陰）パターン出現の場合、当日終値、１日後、２日後の利益率は、それぞれ－0.076%、＋0.033%、＋0.184%となりました。

当日終値の利益率はマイナス、１日後と２日後の利益率はプラスです。全取引平均値と比較すると、当日終値の利益率はより低く、１日後と２日後の利益率はより高くなっています。

したがって、１日後以降に売るのであれば、この下落期に出現したはらみ線（陰・陰）パターンは「買いサイン」だったといえます。再び、1999年以前の傾向に戻りました。

### まとめ

６期間中４期間で買いサインであり、２期間で売りサインでした。売りサインの期間もありますが、全体を平均すると買いで仕掛けるほうが有効です。はらみ線（陰・陰）パターンが出現した翌営業日の日中は株価を下げ、１日後～２日後の始値までに株価を上げる可能性が高いといえます。

# 12. はらみ線（陽・陽）

「はらみ線（陽・陽）」とは、はらみ線のなかでも、前日が大陽線で、その値幅内で小陽線が現れたパターンをいいます。

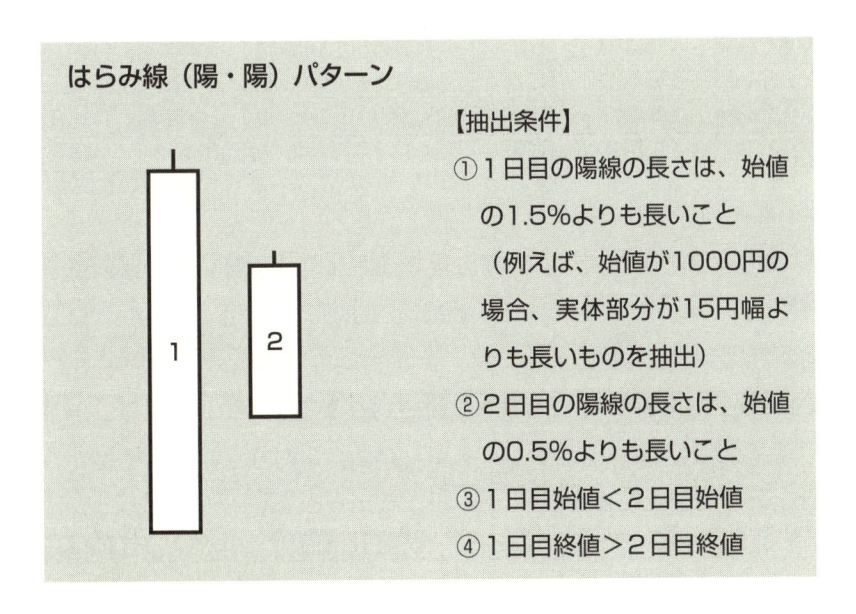

**はらみ線（陽・陽）パターン**

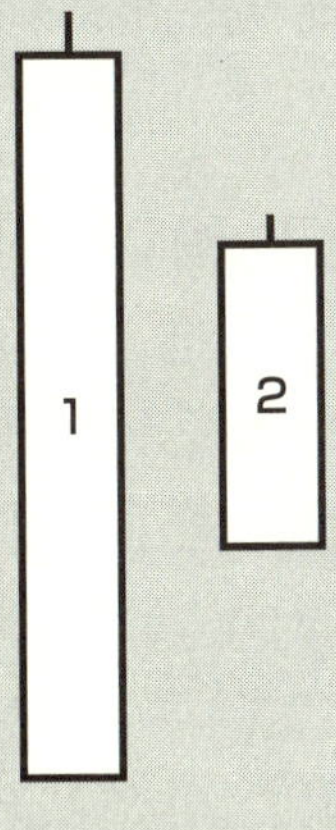


【抽出条件】

①1日目の陽線の長さは、始値の1.5%よりも長いこと
（例えば、始値が1000円の場合、実体部分が15円幅よりも長いものを抽出）

②2日目の陽線の長さは、始値の0.5%よりも長いこと

③1日目始値＜2日目始値

④1日目終値＞2日目終値

通説では“はらみ線（陽・陽）のパターンが上昇相場で出現すると、そこが天井となる可能性が高い”といわれています。

## 全期間（1983～2009年）

| 売却日 | 取引回数 | 利益平均1(%) | 利益平均2(%) | 勝ち取引回数 | 負け取引回数 | 勝率(%) |
|---|---|---|---|---|---|---|
| 当日終値 | 55323 | 0.131 | 0.100 | 23952 | 24072 | 49.9 |
| 1日後 | 55304 | 0.008 | −0.048 | 23898 | 26533 | 47.4 |
| 2日後 | 55297 | 0.013 | −0.094 | 24445 | 27684 | 46.9 |
| 3日後 | 55287 | −0.022 | −0.182 | 24396 | 28369 | 46.2 |
| 4日後 | 55263 | 0.003 | −0.208 | 24480 | 28574 | 46.1 |
| 5日後 | 55249 | −0.013 | −0.272 | 24717 | 28602 | 46.4 |
| 6日後 | 55232 | −0.009 | −0.323 | 24775 | 28686 | 46.3 |
| 10日後 | 55158 | −0.097 | −0.634 | 24688 | 29112 | 45.9 |
| 20日後 | 54846 | 0.160 | −0.927 | 25075 | 28920 | 46.4 |
| 30日後 | 54626 | 0.061 | −1.592 | 24510 | 29368 | 45.5 |
| 40日後 | 54459 | 0.186 | −2.047 | 24558 | 29351 | 45.6 |

このパターンがみられた翌営業日の寄り付きで買い、当日終値で売り手仕舞った場合（当日終値の行を参照）、1983～2009年の利益平均は0.100％（利益平均２）の「プラス」となりました。これは全取引平均値の－0.054％よりも高い利益率です。

したがって、はらみ線（陽・陽）パターンがみられた翌営業日にデイトレードをするなら「買い」と考えられます。

１日後～40日後に売る場合は、全取引平均値よりも低めの利益となっています。例えば、２日後で比較すれば、全取引平均値の－0.033％に対して、はらみ線（陽・陽）は－0.094％となっており、0.061％不利です。

つまり、株価を下げる可能性が高いため「空売り」を狙うとよいと考えられます。

はらみ線（陽・陽）パターンが表れた翌日寄り付きに購入した場合、２日で0.094％の損失となります。逆に言えば、空売りをすれば２日で0.094％の利益を得られるわけです。ただし、期待される利益率が小さいため、はらみ線（陽・陽）が出現したら「様子見」でよいでしょう。

全期間（1983～2009年）の当日終値、１日後、２日後の全取引平均値は、それぞれ－0.054％、－0.017％、－0.033％です。一方、はらみ線（陽・陽）パターン出現の場合、当日終値、１日後、２日後の利益率は、それぞれ＋0.100％、－0.048％、－0.094％となりました。

●パターンが出現した翌営業日の日中に上昇する
●１日後にはマイナスとなっている

このことから、はらみ線（陽・陽）パターンが出た場合、翌営業日の終値付近で空売りするのがよいといえます。前出の「並び赤」とよく似た動きをしています。

６分割した期間でも同様に解析してみましょう。

### バブル期間（1983～1989年）

| 売却日 | 取引回数 | 利益平均1(%) | 利益平均2(%) | 勝ち取引回数 | 負け取引回数 | 勝率(%) |
|---|---|---|---|---|---|---|
| 当日終値 | 7195 | 0.120 | 0.099 | 2879 | 3049 | 48.6 |
| 1日後 | 7195 | −0.048 | −0.083 | 2823 | 3536 | 44.4 |
| 2日後 | 7195 | 0.082 | 0.023 | 2966 | 3647 | 44.9 |
| 3日後 | 7195 | 0.233 | 0.157 | 3073 | 3639 | 45.8 |
| 4日後 | 7195 | 0.325 | 0.227 | 3116 | 3647 | 46.1 |
| 5日後 | 7195 | 0.434 | 0.318 | 3224 | 3610 | 47.2 |
| 6日後 | 7195 | 0.496 | 0.361 | 3264 | 3566 | 47.8 |
| 10日後 | 7195 | 0.863 | 0.655 | 3363 | 3581 | 48.4 |
| 20日後 | 7195 | 2.130 | 1.755 | 3712 | 3325 | 52.7 |
| 30日後 | 7195 | 3.336 | 2.853 | 3888 | 3149 | 55.3 |
| 40日後 | 7195 | 4.366 | 3.753 | 4069 | 3018 | 57.4 |

この期間の当日終値、1日後、2日後の全取引平均値は、それぞれ−0.016%、+0.082%、+0.167%です。

一方、はらみ線（陽・陽）パターン出現の場合、当日終値、1日後、2日後の利益率は、それぞれ+0.099%、−0.083%、+0.023%となりました。

当日終値の利益率はプラス、1日後の利益率はマイナス、2日後の利益率はプラスです。全取引平均値と比較すると、当日終値の利益率はより高く、1日後と2日後の利益率はより低くなっています。

1日後の利益率がマイナス、2日後の利益率がほぼゼロであるため、この上昇期に出現したはらみ線（陽・陽）パターンは「売りサイン」といえます。

## 崩壊期間（1990～1992年）

| 売却日 | 取引回数 | 利益平均1(%) | 利益平均2(%) | 勝ち取引回数 | 負け取引回数 | 勝率(%) |
|---|---|---|---|---|---|---|
| 当日終値 | 3295 | -0.013 | -0.041 | 1318 | 1403 | 48.4 |
| 1日後 | 3295 | -0.339 | -0.391 | 1234 | 1673 | 42.4 |
| 2日後 | 3295 | -0.446 | -0.549 | 1287 | 1762 | 42.2 |
| 3日後 | 3295 | -0.693 | -0.869 | 1285 | 1816 | 41.4 |
| 4日後 | 3295 | -0.815 | -1.061 | 1305 | 1812 | 41.9 |
| 5日後 | 3295 | -0.989 | -1.282 | 1252 | 1886 | 39.9 |
| 6日後 | 3295 | -1.120 | -1.474 | 1244 | 1909 | 39.5 |
| 10日後 | 3295 | -1.322 | -1.842 | 1279 | 1922 | 40.0 |
| 20日後 | 3295 | -1.912 | -2.954 | 1269 | 1973 | 39.1 |
| 30日後 | 3295 | -3.128 | -4.865 | 1162 | 2082 | 35.8 |
| 40日後 | 3295 | -3.308 | -5.349 | 1203 | 2059 | 36.9 |

この期間の当日終値、1日後、2日後の全取引平均値は、それぞれ－0.079％、－0.121％、－0.242％です。

一方、はらみ線（陽・陽）のパターン出現の場合、当日終値、1日後、2日後の利益率は、それぞれ－0.041％、－0.391％、－0.549％となりました。

当日終値、1日後、2日後の利益率は、すべてマイナスです。全取引平均値と比較すると、当日終値の利益率はより高く、1日後と2日後の利益率はより低くなっています。

利益率がマイナスなので、この下落期に出現したはらみ線（陽・陽）パターンも「売りサイン」だったといえます。

**もみ合い期間（1993～1999年）**

| 売却日 | 取引回数 | 利益平均1(%) | 利益平均2(%) | 勝ち取引回数 | 負け取引回数 | 勝率(%) |
|---|---|---|---|---|---|---|
| 当日終値 | 9335 | -0.001 | -0.032 | 3729 | 4161 | 47.3 |
| 1日後 | 9335 | -0.065 | -0.118 | 3868 | 4516 | 46.1 |
| 2日後 | 9335 | -0.148 | -0.239 | 3928 | 4813 | 44.9 |
| 3日後 | 9335 | -0.155 | -0.292 | 3941 | 4917 | 44.5 |
| 4日後 | 9335 | -0.089 | -0.259 | 4031 | 4893 | 45.2 |
| 5日後 | 9335 | -0.114 | -0.324 | 3992 | 4998 | 44.4 |
| 6日後 | 9335 | -0.175 | -0.436 | 3991 | 5013 | 44.3 |
| 10日後 | 9335 | -0.163 | -0.551 | 3998 | 5090 | 44.0 |
| 20日後 | 9335 | 0.101 | -0.725 | 4071 | 5098 | 44.4 |
| 30日後 | 9335 | 0.059 | -1.272 | 4167 | 5034 | 45.3 |
| 40日後 | 9335 | 0.283 | -1.473 | 4181 | 5041 | 45.3 |

この期間の当日終値、１日後、２日後の全取引平均値は、それぞれ－0.094％、－0.036％、－0.071％です。

一方、はらみ線（陽・陽）パターン出現の場合、当日終値、１日後、２日後の利益率は、それぞれ－0.032％、－0.118％、－0.239％となりました。

当日終値、１日後、２日後の利益率は、すべてマイナスです。全取引平均値と比較すると、当日終値の利益率はより高く、１日後と２日後の利益率はより低くなっています。

利益率がマイナスなので、このもみ合い期に出現したはらみ線（陽・陽）パターンも「売りサイン」だったといえます。

### 暴落期間（2000～2002年）

| 売却日 | 取引回数 | 利益平均1(%) | 利益平均2(%) | 勝ち取引回数 | 負け取引回数 | 勝率(%) |
|---|---|---|---|---|---|---|
| 当日終値 | 8211 | 0.170 | 0.139 | 3614 | 3590 | 50.2 |
| 1日後 | 8211 | -0.019 | -0.077 | 3510 | 3953 | 47.0 |
| 2日後 | 8211 | -0.098 | -0.208 | 3521 | 4206 | 45.6 |
| 3日後 | 8211 | -0.183 | -0.359 | 3559 | 4296 | 45.3 |
| 4日後 | 8211 | -0.222 | -0.469 | 3549 | 4314 | 45.1 |
| 5日後 | 8211 | -0.237 | -0.520 | 3618 | 4293 | 45.7 |
| 6日後 | 8211 | -0.214 | -0.562 | 3577 | 4372 | 45.0 |
| 10日後 | 8211 | -0.448 | -0.964 | 3506 | 4503 | 43.8 |
| 20日後 | 8211 | -0.661 | -1.707 | 3504 | 4567 | 43.4 |
| 30日後 | 8211 | -1.121 | -2.700 | 3372 | 4715 | 41.7 |
| 40日後 | 8211 | -1.550 | -3.708 | 3350 | 4767 | 41.3 |

この期間の当日終値、1日後、2日後の全取引平均値は、それぞれ－0.074％、－0.067％、－0.130％です。

一方、はらみ線（陽・陽）パターン出現の場合、当日終値、1日後、2日後の利益率は、それぞれ＋0.139％、－0.077％、－0.208％となります。

当日終値の利益率はプラス、1日後と2日後の利益率はマイナスです。全取引平均値と比較すると、当日終値の利益率はより高く、1日後と2日後の利益率はより低くなっています。

1日後と2日後の利益率がマイナスなので、この下落期に出現したはらみ線（陽・陽）パターンも「売りサイン」だったといえます。

**暴騰期間（2003～2006年）**

| 売却日 | 取引回数 | 利益平均1(%) | 利益平均2(%) | 勝ち取引回数 | 負け取引回数 | 勝率(%) |
|---|---|---|---|---|---|---|
| 当日終値 | 12455 | 0.221 | 0.192 | 5776 | 5303 | 52.1 |
| 1日後 | 12455 | 0.252 | 0.205 | 5890 | 5589 | 51.3 |
| 2日後 | 12455 | 0.451 | 0.361 | 6092 | 5758 | 51.4 |
| 3日後 | 12455 | 0.495 | 0.362 | 6108 | 5831 | 51.2 |
| 4日後 | 12455 | 0.597 | 0.438 | 6147 | 5887 | 51.1 |
| 5日後 | 12455 | 0.625 | 0.436 | 6225 | 5845 | 51.6 |
| 6日後 | 12455 | 0.835 | 0.616 | 6352 | 5780 | 52.4 |
| 10日後 | 12455 | 1.117 | 0.736 | 6365 | 5805 | 52.3 |
| 20日後 | 12455 | 2.257 | 1.582 | 6658 | 5613 | 54.3 |
| 30日後 | 12455 | 2.666 | 1.704 | 6493 | 5830 | 52.7 |
| 40日後 | 12455 | 3.495 | 2.297 | 6545 | 5802 | 53.0 |

この期間の当日終値、１日後と２日後の全取引平均値は、それぞれ－0.025％、＋0.064％、＋0.132％です。

一方、はらみ線（陽・陽）パターン出現の場合、当日終値、１日後、２日後の利益率は、それぞれ＋0.192％、＋0.205％、＋0.361％となります。

当日終値、１日後、２日後の利益率はすべてプラスです。全取引平均値と比較すると、そのすべてで利益率はより高くなっています。

したがって、この上昇期に出現したはらみ線（陽・陽）パターンは「買いサイン」だったといえます。

この期間に、はらみ線（陽・陽）の傾向が大きく変化しました。それまで、はらみ線（陽・陽）の出現後、株価は下げる確率が高かったのに、この期間では、逆に上昇傾向があるのです。この傾向が継続するのか、元に戻るのかが注目されます。

## 金融危機期間（2007 ～ 2009 年）

| 売却日 | 取引回数 | 利益平均 1(%) | 利益平均 2(%) | 勝ち取引回数 | 負け取引回数 | 勝率 (%) |
|---|---|---|---|---|---|---|
| 当日終値 | 14800 | 0.153 | 0.112 | 6622 | 6552 | 50.3 |
| 1日後 | 14781 | -0.033 | -0.110 | 6559 | 7251 | 47.5 |
| 2日後 | 14774 | -0.126 | -0.279 | 6635 | 7484 | 47.0 |
| 3日後 | 14764 | -0.262 | -0.488 | 6414 | 7855 | 45.0 |
| 4日後 | 14740 | -0.297 | -0.606 | 6318 | 8006 | 44.1 |
| 5日後 | 14726 | -0.373 | -0.769 | 6388 | 7958 | 44.5 |
| 6日後 | 14709 | -0.514 | -1.001 | 6330 | 8032 | 44.1 |
| 10日後 | 14635 | -1.103 | -2.046 | 6152 | 8206 | 42.8 |
| 20日後 | 14323 | -1.686 | -3.695 | 5838 | 8337 | 41.2 |
| 30日後 | 14103 | -2.500 | -5.593 | 5408 | 8547 | 38.8 |
| 40日後 | 13936 | -3.199 | -7.601 | 5192 | 8650 | 37.5 |

この期間の当日終値、１日後、２日後の全取引平均値は、それぞれ－0.051％、－0.106％、－0.214％です。

一方、はらみ線（陽・陽）パターン出現の場合、当日終値、１日後、２日後の利益率は、それぞれ＋0.112％、－0.110％、－0.279％となりました。

当日終値の利益率はプラス、１日後と２日後の利益率はマイナスです。全取引平均値と比較すると、当日終値の利益率はより高く、１日後と２日後の利益率はより低くなっています。

したがって、この下落期に出現したはらみ線（陽・陽）パターンは「売りサイン」だったといえます。

暴騰期間に買いサインに変化したこのパターンが、2007～2009年には元に戻りました。このことから、今後も売りサインで継続する可能性が高いと予想されます。

**まとめ**

6期間中5期間で売りサイン、1期間で買いサインとなりました。暴騰期間（2003～2006年）を除いて、全取引平均値との比較では、当日終値の利益率はより高くなり、1日後と2日後の利益率はより低くなっており、今後もこの傾向は継続しそうです。

# 13. はらみ線（陰・陽）

「はらみ線（陰・陽）」は、前日が大陰線で、その値幅内で小陽線が現れるパターンです。

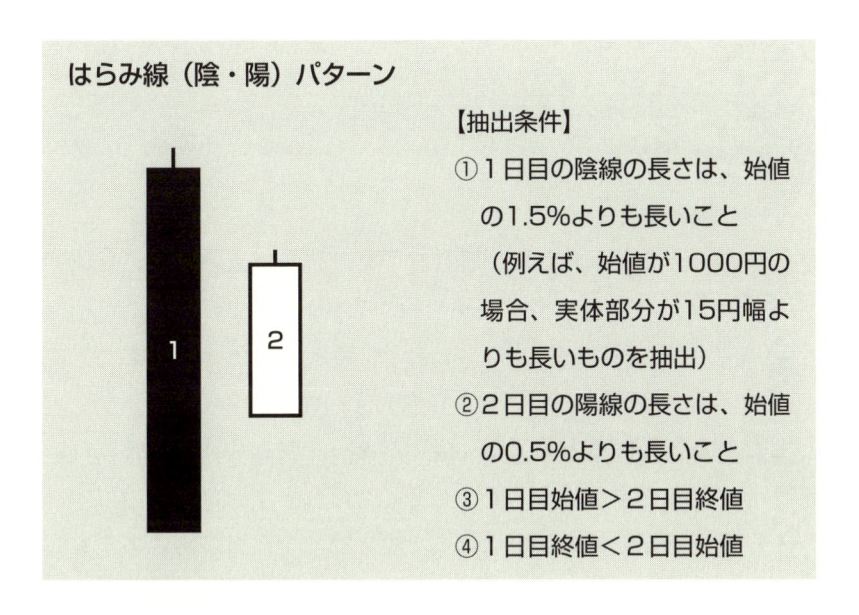

**はらみ線（陰・陽）パターン**

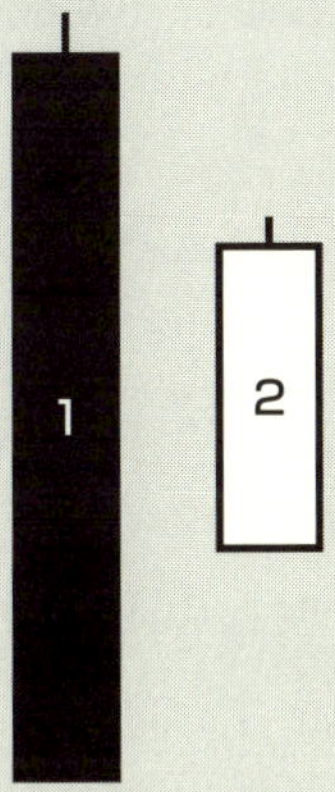


【抽出条件】

①１日目の陰線の長さは、始値の1.5%よりも長いこと
（例えば、始値が1000円の場合、実体部分が15円幅よりも長いものを抽出）

②２日目の陽線の長さは、始値の0.5%よりも長いこと

③１日目始値＞２日目終値

④１日目終値＜２日目始値

通説では“はらみ線（陰・陽）パターンが下落相場で出現すると、上昇相場に転換する可能性が高い”といわれています。

## 全期間（1983～2009年）

| 売却日 | 取引回数 | 利益平均1(%) | 利益平均2(%) | 勝ち取引回数 | 負け取引回数 | 勝率(%) |
|---|---|---|---|---|---|---|
| 当日終値 | 126300 | -0.066 | -0.099 | 49376 | 61262 | 44.6 |
| 1日後 | 126285 | 0.160 | 0.111 | 55982 | 59372 | 48.5 |
| 2日後 | 126241 | 0.235 | 0.140 | 57535 | 61601 | 48.3 |
| 3日後 | 126224 | 0.255 | 0.114 | 58030 | 62705 | 48.1 |
| 4日後 | 126195 | 0.248 | 0.052 | 58037 | 63411 | 47.8 |
| 5日後 | 126137 | 0.278 | 0.035 | 58205 | 63759 | 47.7 |
| 6日後 | 126125 | 0.314 | 0.033 | 58277 | 64061 | 47.6 |
| 10日後 | 126010 | 0.383 | -0.077 | 58681 | 64409 | 47.7 |
| 20日後 | 125708 | 0.617 | -0.290 | 58888 | 64762 | 47.6 |
| 30日後 | 125270 | 0.804 | -0.616 | 58510 | 65179 | 47.3 |
| 40日後 | 124912 | 1.114 | -0.746 | 58696 | 64862 | 47.5 |

このパターンがみられた翌営業日の寄り付きで買い、当日終値で売り手仕舞った場合（当日終値の行を参照)、1983～2009年の利益平均は0.099％（利益平均２）の「マイナス」となっています。これは全取引平均値の－0.054％よりも大きなマイナスです。

したがって、はらみ線（陰・陽）パターンがみられた翌営業日にデイトレードをするなら「売り」と考えられます。

１日後～20日後に売り手仕舞った場合は、全取引平均値よりも高めの利益率となっています。例えば、２日後で比較すれば、全取引平均値の－0.033％に対して、はらみ線（陰・陽）は＋0.140％となっており、0.173％有利です。

はらみ線（陰・陽）が表れたタイミングで購入した場合、平均値に対して２日で0.173％の利益が得られることになります。つまり、はらみ線（陰・陽）が出現したら「買い」です。

2日で0.173％の優位さは、年間240日では23.1％の優位さに相当します（計算：1.00173の120乗＝1.231）。細かい利益の積み重ねが、安定した利益となるわけです。

全期間（1983〜2009年）の当日終値、1日後、2日後の全取引平均値は、それぞれ－0.054％、－0.017％、－0.033％です。一方、はらみ線（陰・陽）パターン出現の場合、当日終値、1日後、2日後の利益率は、それぞれ－0.099％、＋0.111％、＋0.140％となります。

●パターンが出現した翌営業日の日中に下落する
●1日後にはプラスとなっている

このことから、はらみ線（陰・陽）パターンが出た場合、翌営業日の終値付近で買うのがよいといえます。終値付近で購入すると2日間で0.210％（=0.111％－(－0.099％)）の利益が期待できます。

6期間でも同様に解析してみましょう。

## バブル期間（1983～1989年）

| 売却日 | 取引回数 | 利益平均 1(%) | 利益平均 2(%) | 勝ち取引回数 | 負け取引回数 | 勝率(%) |
|---|---|---|---|---|---|---|
| 当日終値 | 18999 | −0.144 | −0.169 | 6687 | 9236 | 42.0 |
| 1日後 | 18999 | 0.116 | 0.087 | 7891 | 8805 | 47.3 |
| 2日後 | 18999 | 0.180 | 0.128 | 8108 | 9409 | 46.3 |
| 3日後 | 18999 | 0.224 | 0.149 | 8242 | 9589 | 46.2 |
| 4日後 | 18999 | 0.328 | 0.234 | 8362 | 9662 | 46.4 |
| 5日後 | 18999 | 0.416 | 0.300 | 8418 | 9634 | 46.6 |
| 6日後 | 18999 | 0.489 | 0.356 | 8512 | 9683 | 46.8 |
| 10日後 | 18999 | 0.880 | 0.681 | 8930 | 9445 | 48.6 |
| 20日後 | 18999 | 2.011 | 1.665 | 9739 | 8835 | 52.4 |
| 30日後 | 18999 | 3.122 | 2.625 | 10208 | 8469 | 54.7 |
| 40日後 | 18999 | 4.185 | 3.551 | 10525 | 8184 | 56.3 |

この期間の当日終値、1日後、2日後の全取引平均値は、それぞれ−0.016%、+0.082%、+0.167%です。一方、はらみ線（陰・陽）パターン出現の場合、当日終値、1日後、2日後の利益率は、それぞれ−0.169%、+0.087%、+0.128%となりました。

当日終値の利益率はマイナス、1日後と2日後の利益率はプラスです。全取引平均値と比較した場合、当日終値の利益率はより低く、1日後の利益率はより高く、2日後の利益率はより低くなっています。

1日後と2日後の利益率がプラスであるため、この上昇期に出現したはらみ線（陰・陽）パターンは「買いサイン」だったといえます。

### 崩壊期間（1990〜1992年）

| 売却日 | 取引回数 | 利益平均1(%) | 利益平均2(%) | 勝ち取引回数 | 負け取引回数 | 勝率(%) |
|---|---|---|---|---|---|---|
| 当日終値 | 8197 | 0.081 | 0.053 | 3291 | 3723 | 46.9 |
| 1日後 | 8197 | 0.344 | 0.304 | 3729 | 3687 | 50.3 |
| 2日後 | 8197 | 0.263 | 0.179 | 3651 | 4065 | 47.3 |
| 3日後 | 8197 | 0.227 | 0.095 | 3648 | 4155 | 46.8 |
| 4日後 | 8197 | 0.055 | -0.140 | 3602 | 4262 | 45.8 |
| 5日後 | 8197 | -0.002 | -0.238 | 3530 | 4369 | 44.7 |
| 6日後 | 8197 | -0.206 | -0.522 | 3457 | 4477 | 43.6 |
| 10日後 | 8197 | -0.375 | -0.927 | 3410 | 4607 | 42.5 |
| 20日後 | 8197 | -1.135 | -2.239 | 3318 | 4750 | 41.1 |
| 30日後 | 8197 | -2.012 | -3.672 | 3144 | 4957 | 38.8 |
| 40日後 | 8197 | -2.765 | -4.884 | 3071 | 5031 | 37.9 |

この期間の当日終値、１日後、２日後の全取引平均値は、それぞれ−0.079％、−0.121％、−0.242％です。一方、はらみ線（陰・陽）パターン出現の場合、当日終値、１日後、２日後の利益率は、それぞれ＋0.053％、＋0.304％、＋0.179％となりました。

当日終値、１日後、２日後の利益率は、すべてプラスです。全取引平均値と比較すると、そのすべてで利益率がより高くなっています。

したがって、この下落期に出現したはらみ線（陰・陽）パターンも「買いサイン」だったといえます。

### もみ合い期間（1993～1999年）

| 売却日 | 取引回数 | 利益平均1(%) | 利益平均2(%) | 勝ち取引回数 | 負け取引回数 | 勝率(%) |
|---|---|---|---|---|---|---|
| 当日終値 | 26360 | −0.110 | −0.146 | 9881 | 12655 | 43.8 |
| 1日後 | 26360 | 0.138 | 0.089 | 11433 | 12345 | 48.1 |
| 2日後 | 26360 | 0.197 | 0.108 | 11733 | 12984 | 47.5 |
| 3日後 | 26360 | 0.198 | 0.068 | 11844 | 13221 | 47.3 |
| 4日後 | 26360 | 0.216 | 0.041 | 11878 | 13413 | 47.0 |
| 5日後 | 26360 | 0.237 | 0.020 | 11951 | 13474 | 47.0 |
| 6日後 | 26360 | 0.300 | 0.051 | 12043 | 13469 | 47.2 |
| 10日後 | 26360 | 0.280 | −0.132 | 11919 | 13784 | 46.4 |
| 20日後 | 26360 | 0.497 | −0.323 | 11956 | 13955 | 46.1 |
| 30日後 | 26360 | 0.806 | −0.468 | 11934 | 14042 | 45.9 |
| 40日後 | 26360 | 1.007 | −0.689 | 11920 | 14171 | 45.7 |

この期間の当日終値、１日後、２日後の全取引平均値は、それぞれ−0.094％、−0.036％、−0.071％です。

一方、はらみ線（陰・陽）パターン出現の場合、当日終値、１日後、２日後の利益率は、それぞれ−0.146％、＋0.089％、＋0.108％となりました。

当日終値の利益率はマイナス、１日後と２日後の利益率はプラスです。全取引平均値と比較すると、当日終値の利益率はより低く、１日後と２日後の利益率はより高くなっています。

したがって、このもみ合い期に出現したはらみ線（陰・陽）パターンも「買いサイン」だったといえます。

## 暴落期間（2000 ～ 2002 年）

| 売却日 | 取引回数 | 利益平均 1(%) | 利益平均 2(%) | 勝ち取引回数 | 負け取引回数 | 勝率 (%) |
|---|---|---|---|---|---|---|
| 当日終値 | 16482 | -0.115 | -0.156 | 6269 | 7947 | 44.1 |
| 1 日後 | 16482 | 0.078 | 0.016 | 7053 | 7892 | 47.2 |
| 2 日後 | 16482 | 0.228 | 0.115 | 7387 | 8141 | 47.6 |
| 3 日後 | 16482 | 0.229 | 0.068 | 7427 | 8329 | 47.1 |
| 4 日後 | 16482 | 0.191 | -0.022 | 7403 | 8410 | 46.8 |
| 5 日後 | 16482 | 0.121 | -0.148 | 7318 | 8595 | 46.0 |
| 6 日後 | 16482 | 0.112 | -0.203 | 7350 | 8579 | 46.1 |
| 10 日後 | 16482 | 0.187 | -0.294 | 7476 | 8595 | 46.5 |
| 20 日後 | 16482 | -0.138 | -1.095 | 7190 | 8962 | 44.5 |
| 30 日後 | 16482 | -0.476 | -1.914 | 7038 | 9200 | 43.3 |
| 40 日後 | 16482 | -0.712 | -2.700 | 7019 | 9257 | 43.1 |

この期間の当日終値、１日後、２日後の全取引平均値は、それぞれ－0.074％、－0.067％、－0.130％です。

一方、はらみ線（陰・陽）パターン出現の場合、当日終値、１日後、２日後の利益率は、それぞれ－0.156％、＋0.016％、＋0.115％となりました。

当日終値の利益率はマイナス、１日後と２日後の利益率はプラスです。全取引平均値と比較すると、当日終値の利益率はより低く、１日後と２日後の利益率はより高くなっています。

したがって、この下落期に出現したはらみ線（陰・陽）パターンも「買いサイン」だったといえます。

### 暴騰期間（2003～2006年）

| 売却日 | 取引回数 | 利益平均1(%) | 利益平均2(%) | 勝ち取引回数 | 負け取引回数 | 勝率(%) |
|---|---|---|---|---|---|---|
| 当日終値 | 27801 | -0.063 | -0.092 | 11189 | 13833 | 44.7 |
| 1日後 | 27801 | 0.073 | 0.029 | 12522 | 13232 | 48.6 |
| 2日後 | 27801 | 0.174 | 0.083 | 12932 | 13471 | 49.0 |
| 3日後 | 27801 | 0.247 | 0.111 | 13184 | 13594 | 49.2 |
| 4日後 | 27801 | 0.289 | 0.094 | 13291 | 13606 | 49.4 |
| 5日後 | 27801 | 0.442 | 0.227 | 13498 | 13519 | 50.0 |
| 6日後 | 27801 | 0.605 | 0.353 | 13767 | 13293 | 50.9 |
| 10日後 | 27801 | 1.002 | 0.616 | 14107 | 13151 | 51.8 |
| 20日後 | 27801 | 1.947 | 1.272 | 14548 | 12877 | 53.0 |
| 30日後 | 27801 | 2.535 | 1.522 | 14620 | 12899 | 53.1 |
| 40日後 | 27801 | 3.550 | 2.304 | 14964 | 12560 | 54.4 |

この期間の当日終値、１日後、２日後の全取引平均値は、それぞれ－0.025％、＋0.064％、＋0.132％です。

一方、はらみ線（陰・陽）パターン出現の場合、当日終値、１日後、２日後の利益率は、それぞれ－0.092％、＋0.029％、＋0.083％となります。

当日終値の利益率はマイナス、１日後と２日後の利益率はプラスです。全取引平均値と比較すると、そのすべてで利益率がより低くなっています。

とはいえ、利益率がプラスであるため、この上昇期に出現したはらみ線（陰・陽）パターンも「買いサイン」だったといえます。

**金融危機期間（2007～2009年）**

| 売却日 | 取引回数 | 利益平均1(%) | 利益平均2(%) | 勝ち取引回数 | 負け取引回数 | 勝率(%) |
|---|---|---|---|---|---|---|
| 当日終値 | 28411 | 0.012 | -0.027 | 12044 | 13842 | 46.5 |
| 1日後 | 28396 | 0.289 | 0.229 | 13341 | 13380 | 49.9 |
| 2日後 | 28352 | 0.362 | 0.236 | 13700 | 13508 | 50.4 |
| 3日後 | 28335 | 0.357 | 0.165 | 13662 | 13792 | 49.8 |
| 4日後 | 28306 | 0.268 | -0.007 | 13473 | 14038 | 49.0 |
| 5日後 | 28248 | 0.228 | -0.139 | 13459 | 14153 | 48.7 |
| 6日後 | 28236 | 0.182 | -0.228 | 13113 | 14546 | 47.4 |
| 10日後 | 28121 | -0.143 | -0.859 | 12801 | 14815 | 46.4 |
| 20日後 | 27819 | -0.599 | -2.116 | 12098 | 15372 | 44.0 |
| 30日後 | 27381 | -0.959 | -3.492 | 11535 | 15593 | 42.5 |
| 40日後 | 27023 | -1.162 | -4.522 | 11171 | 15635 | 41.7 |

この期間の当日終値、1日後、2日後の全取引平均値は、それぞれ−0.051％、−0.106％、−0.214％です。

一方、はらみ線（陰・陽）パターン出現の場合、当日終値、1日後、2日後の利益率は、それぞれ−0.027％、＋0.229％、＋0.236％となります。

当日終値の利益率はマイナス、1日後と2日後の利益率はプラスです。全取引平均値と比較すると、そのすべてで利益率がより高くなっています。

この大暴落中に出現したはらみ線（陰・陽）パターンでさえ「買いサイン」だったといえます。

### まとめ

６期間中全期間で買いサインです。ただし、はらみ線（陰・陽）パターンが出現した翌営業日の日中は株価を下げてから、１日後～２日後の始値までに株価を上げる可能性が高いと分かります。

６期間すべてで買いサインということから、より再現性の高いパターンと考えられます。この分析結果は“はらみ線（陰・陽）パターンが下落相場で出現すると上昇相場に転換する可能性が高い”という通説を裏づけるものとなりました。

## 14. はらみ線（陽・陰）

「はらみ線（陽・陰）」は、前日が大陽線で、その値幅内で小陰線が現れたパターンです。

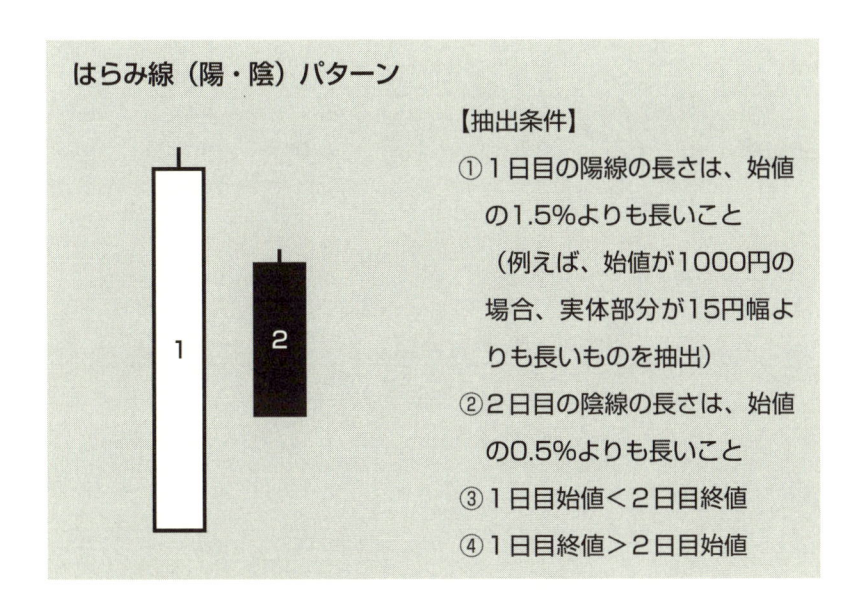

**はらみ線（陽・陰）パターン**

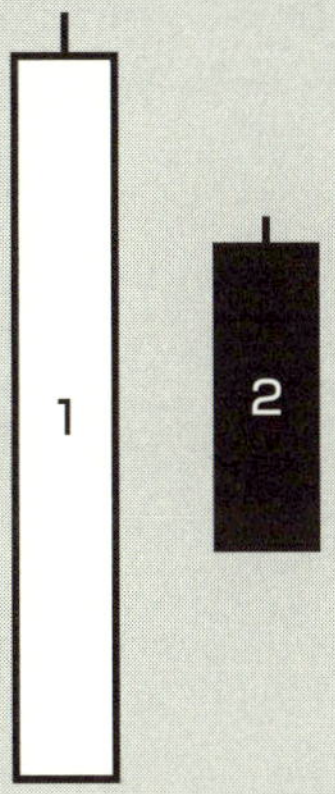


【抽出条件】

①１日目の陽線の長さは、始値の1.5%よりも長いこと

（例えば、始値が1000円の場合、実体部分が15円幅よりも長いものを抽出）

②２日目の陰線の長さは、始値の0.5%よりも長いこと

③１日目始値＜２日目終値

④１日目終値＞２日目始値

はらみ線では、母体側が陰線と陽線の２種類、子供側も２種類あり、全部で４つの組み合わせがあります。このように異なる組み合わせの統計分析結果を比較することでも、面白い結果が得られると思います。

**全期間（1983～2009年）**

| 売却日 | 取引回数 | 利益平均1(%) | 利益平均2(%) | 勝ち取引回数 | 負け取引回数 | 勝率(%) |
|---|---|---|---|---|---|---|
| 当日終値 | 121184 | -0.037 | -0.073 | 48734 | 57263 | 46.0 |
| 1日後 | 121142 | -0.020 | -0.078 | 52072 | 58727 | 47.0 |
| 2日後 | 121127 | 0.016 | -0.098 | 53261 | 61193 | 46.5 |
| 3日後 | 121097 | 0.028 | -0.139 | 53533 | 62205 | 46.3 |
| 4日後 | 121075 | 0.018 | -0.195 | 53225 | 63134 | 45.7 |
| 5日後 | 121057 | 0.031 | -0.236 | 53586 | 63289 | 45.8 |
| 6日後 | 121016 | 0.031 | -0.286 | 53655 | 63597 | 45.8 |
| 10日後 | 120914 | 0.020 | -0.502 | 53831 | 64250 | 45.6 |
| 20日後 | 120503 | 0.155 | -0.910 | 54614 | 63977 | 46.1 |
| 30日後 | 120139 | 0.236 | -1.354 | 54055 | 64485 | 45.6 |
| 40日後 | 119855 | 0.403 | -1.765 | 53996 | 64528 | 45.6 |

このパターンがみられた翌営業日の寄り付きで買い、当日終値で売り手仕舞った場合（当日終値の行を参照）、1983～2009年の利益平均は0.073％（利益平均２）の「マイナス」となっています。これは全取引平均値の－0.054％よりも若干低めの利益率です。

したがって、はらみ線（陽・陰）パターンがみられた翌営業日にデイトレードをするなら「売り」と考えられます。

１日後～40日後に売る場合は、全取引平均値よりも低めの利益率となっています。例えば、２日後で比較すれば、全取引平均値の－0.033％に対して、はらみ線（陽・陰）は－0.098％となっており、0.065％不利です。

ただし、利幅が小さいため、空売りをしても利益を得るほどではないでしょう。したがって、はらみ線（陽・陰）が出現したら「様子見」とします。

全期間（1983～2009年）の当日終値、1日後、2日後の全取引平均値は、それぞれ－0.054％、－0.017％、－0.033％です。一方、はらみ線（陽・陰）パターン出現の場合、当日終値、1日後、2日後の利益率は、それぞれ－0.073％、－0.078％、－0.098％となります。

当日終値、1日後、2日後の利益率は、すべてマイナスです。また、全取引平均値と比較して、そのすべてで利益率はより低くなっています。

●パターンが出現した翌営業日の日中に下落する
●1日後以降もさらに利益率がマイナスとなっている

ここから、はらみ線（陽・陰）パターンが出た場合、翌営業日の始値付近で空売りをするのがよいと考えられます。

6分割した期間でも同様に解析してみましょう。

## バブル期間（1983～1989年）

| 売却日 | 取引回数 | 利益平均1(%) | 利益平均2(%) | 勝ち取引回数 | 負け取引回数 | 勝率(%) |
|---|---|---|---|---|---|---|
| 当日終値 | 21011 | -0.002 | -0.026 | 7710 | 9686 | 44.3 |
| 1日後 | 21011 | 0.059 | 0.027 | 8587 | 9941 | 46.3 |
| 2日後 | 21011 | 0.205 | 0.145 | 9012 | 10381 | 46.5 |
| 3日後 | 21011 | 0.315 | 0.238 | 9214 | 10467 | 46.8 |
| 4日後 | 21011 | 0.394 | 0.297 | 9292 | 10577 | 46.8 |
| 5日後 | 21011 | 0.517 | 0.397 | 9398 | 10615 | 47.0 |
| 6日後 | 21011 | 0.584 | 0.441 | 9432 | 10682 | 46.9 |
| 10日後 | 21011 | 0.962 | 0.745 | 9733 | 10620 | 47.8 |
| 20日後 | 21011 | 2.043 | 1.666 | 10571 | 9963 | 51.5 |
| 30日後 | 21011 | 3.216 | 2.698 | 11152 | 9466 | 54.1 |
| 40日後 | 21011 | 4.400 | 3.729 | 11564 | 9112 | 55.9 |

この期間の当日終値、1日後、2日後の全取引平均値は、それぞれ－0.016％、＋0.082％、＋0.167％です。

一方、はらみ線（陽・陰）パターン出現の場合、当日終値、1日後、2日後の利益率は、それぞれ－0.026％、＋0.027％、＋0.145％となりました。

当日終値で利益率がマイナス、1日後と2日後で利益率がプラスです。ただし、全取引平均値と比較すると、そのすべてで利益率がより低くなっています。

利益率がプラスなので、この上昇期に出現したはらみ線（陽・陰）パターンは「買いサイン」だったといえます。しかし、全取引平均値と比較して利益率は低いため、あまりメリットはありません。

## 崩壊期間（1990～1992年）

| 売却日 | 取引回数 | 利益平均1(%) | 利益平均2(%) | 勝ち取引回数 | 負け取引回数 | 勝率(%) |
|---|---|---|---|---|---|---|
| 当日終値 | 7579 | -0.122 | -0.152 | 2783 | 3567 | 43.8 |
| 1日後 | 7579 | -0.258 | -0.308 | 2924 | 3852 | 43.2 |
| 2日後 | 7579 | -0.320 | -0.426 | 3086 | 3977 | 43.7 |
| 3日後 | 7579 | -0.446 | -0.633 | 3113 | 4087 | 43.2 |
| 4日後 | 7579 | -0.565 | -0.814 | 3100 | 4112 | 43.0 |
| 5日後 | 7579 | -0.775 | -1.098 | 3067 | 4202 | 42.2 |
| 6日後 | 7579 | -0.861 | -1.224 | 3023 | 4267 | 41.5 |
| 10日後 | 7579 | -1.249 | -1.794 | 2949 | 4423 | 40.0 |
| 20日後 | 7579 | -2.063 | -3.290 | 2991 | 4479 | 40.0 |
| 30日後 | 7579 | -2.939 | -4.648 | 2822 | 4637 | 37.8 |
| 40日後 | 7579 | -3.879 | -6.072 | 2692 | 4792 | 36.0 |

この期間の当日終値、１日後、２日後の全取引平均値は、それぞれ－0.079％、－0.121％、－0.242％です。

一方、はらみ線（陽・陰）パターン出現の場合、当日終値、１日後、２日後の利益率は、それぞれ－0.152％、－0.308％、－0.426％となります。

当日終値、１日後、２日後のすべてで利益率がマイナスです。さらに全取引平均値と比較すると、そのすべてで利益率がより低くなっています。

したがって、この下落期に出現したはらみ線（陽・陰）パターンは「売りサイン」だったといえます。

## もみ合い期間（1993～1999年）

| 売却日 | 取引回数 | 利益平均1(%) | 利益平均2(%) | 勝ち取引回数 | 負け取引回数 | 勝率(%) |
|---|---|---|---|---|---|---|
| 当日終値 | 23362 | -0.082 | -0.116 | 8938 | 10932 | 45.0 |
| 1日後 | 23362 | -0.025 | -0.080 | 9842 | 11299 | 46.6 |
| 2日後 | 23362 | -0.040 | -0.144 | 9992 | 11965 | 45.5 |
| 3日後 | 23362 | -0.023 | -0.168 | 10124 | 12108 | 45.5 |
| 4日後 | 23362 | -0.028 | -0.210 | 10026 | 12377 | 44.8 |
| 5日後 | 23362 | -0.055 | -0.280 | 10050 | 12441 | 44.7 |
| 6日後 | 23362 | -0.089 | -0.353 | 10015 | 12565 | 44.4 |
| 10日後 | 23362 | -0.009 | -0.420 | 10186 | 12612 | 44.7 |
| 20日後 | 23362 | 0.141 | -0.708 | 10337 | 12644 | 45.0 |
| 30日後 | 23362 | 0.232 | -1.074 | 10303 | 12737 | 44.7 |
| 40日後 | 23362 | 0.448 | -1.331 | 10367 | 12717 | 44.9 |

この期間の当日終値、１日後、２日後の全取引平均値は、それぞれ－0.094％、－0.036％、－0.071％です。

一方、はらみ線（陽・陰）パターン出現の場合、当日終値、１日後、２日後の利益率は、それぞれ－0.116％、－0.080％、－0.144％となります。

当日終値、１日後、２日後のすべてで利益率がマイナスです。全取引平均値と比較すると、利益率がすべて低くなっています。

したがって、この時期のはらみ線（陽・陰）パターンも「売りサイン」だったといえます。

**暴落期間（2000 ～ 2002 年）**

| 売却日 | 取引回数 | 利益平均 1(%) | 利益平均 2(%) | 勝ち取引回数 | 負け取引回数 | 勝率 (%) |
|---|---|---|---|---|---|---|
| 当日終値 | 15916 | 0.003 | −0.038 | 6720 | 7283 | 48.0 |
| 1 日後 | 15916 | −0.034 | −0.102 | 6907 | 7627 | 47.5 |
| 2 日後 | 15916 | −0.097 | −0.220 | 6945 | 8102 | 46.2 |
| 3 日後 | 15916 | −0.199 | −0.386 | 6891 | 8318 | 45.3 |
| 4 日後 | 15916 | −0.227 | −0.462 | 6776 | 8475 | 44.4 |
| 5 日後 | 15916 | −0.278 | −0.558 | 6778 | 8535 | 44.3 |
| 6 日後 | 15916 | −0.251 | −0.568 | 6882 | 8527 | 44.7 |
| 10 日後 | 15916 | −0.498 | −1.031 | 6741 | 8777 | 43.4 |
| 20 日後 | 15916 | −0.834 | −1.898 | 6601 | 9030 | 42.2 |
| 30 日後 | 15916 | −1.182 | −2.867 | 6441 | 9252 | 41.0 |
| 40 日後 | 15916 | −1.514 | −3.812 | 6495 | 9236 | 41.3 |

この期間の当日終値、１日後、２日後の全取引平均値は、それぞれ－0.074％、－0.067％、－0.130％です。

一方、はらみ線（陽・陰）のパターン出現の場合、当日終値、１日後、２日後の利益率は、それぞれ－0.038％、－0.102％、－0.220％となります。

当日終値、１日後、２日後のすべてで利益率がマイナスです。全取引平均値と比較すると、当日終値の利益率はより高く、１日後と２日後の利益率はより低くなっています。

とはいえ、利益率はマイナスであり、この下落期に出現したはらみ線（陽・陰）パターンも「売りサイン」だったといえます。

**暴騰期間（2003～2006年）**

| 売却日 | 取引回数 | 利益平均1(%) | 利益平均2(%) | 勝ち取引回数 | 負け取引回数 | 勝率(%) |
|---|---|---|---|---|---|---|
| 当日終値 | 26791 | 0.023 | -0.012 | 11389 | 12798 | 47.1 |
| 1日後 | 26791 | 0.107 | 0.054 | 12177 | 12702 | 48.9 |
| 2日後 | 26791 | 0.279 | 0.176 | 12566 | 12977 | 49.2 |
| 3日後 | 26791 | 0.379 | 0.229 | 12665 | 13140 | 49.1 |
| 4日後 | 26791 | 0.393 | 0.205 | 12613 | 13312 | 48.7 |
| 5日後 | 26791 | 0.417 | 0.179 | 12671 | 13348 | 48.7 |
| 6日後 | 26791 | 0.512 | 0.235 | 12744 | 13355 | 48.8 |
| 10日後 | 26791 | 0.756 | 0.299 | 13085 | 13127 | 49.9 |
| 20日後 | 26791 | 1.842 | 0.986 | 13733 | 12685 | 52.0 |
| 30日後 | 26791 | 2.644 | 1.454 | 13742 | 12744 | 51.9 |
| 40日後 | 26791 | 3.645 | 2.179 | 13858 | 12678 | 52.2 |

この期間の当日終値、１日後、２日後の全取引平均値は、それぞれ−0.025％、＋0.064％、＋0.132％です。

一方、はらみ線（陽・陰）パターン出現の場合、当日終値、１日後、２日後の利益率は、それぞれ−0.012％、＋0.054％、＋0.176％となりました。

当日終値の利益率がマイナス、１日後と２日後の利益率がプラスです。全取引平均値と比較すると、当日終値の利益率はより高く、１日後の利益率はより低く、２日後の利益率はより高くなっています。

１日後と２日後の利益率がプラスであることから、この上昇期に出現したはらみ線（陽・陰）パターンは「買いサイン」だったといえます。

### 金融危機期間（2007～2009年）

| 売却日 | 取引回数 | 利益平均1(%) | 利益平均2(%) | 勝ち取引回数 | 負け取引回数 | 勝率(%) |
|---|---|---|---|---|---|---|
| 当日終値 | 26449 | -0.086 | -0.133 | 11165 | 12959 | 46.3 |
| 1日後 | 26407 | -0.126 | -0.208 | 11611 | 13265 | 46.7 |
| 2日後 | 26392 | -0.186 | -0.360 | 11631 | 13748 | 45.8 |
| 3日後 | 26362 | -0.236 | -0.498 | 11497 | 14043 | 45.0 |
| 4日後 | 26340 | -0.310 | -0.644 | 11385 | 14241 | 44.4 |
| 5日後 | 26322 | -0.258 | -0.684 | 11587 | 14111 | 45.1 |
| 6日後 | 26281 | -0.376 | -0.905 | 11517 | 14172 | 44.8 |
| 10日後 | 26179 | -0.795 | -1.714 | 11088 | 14664 | 43.1 |
| 20日後 | 25768 | -1.878 | -3.876 | 10330 | 15152 | 40.5 |
| 30日後 | 25404 | -2.943 | -6.012 | 9553 | 15619 | 38.0 |
| 40日後 | 25120 | -3.949 | -8.398 | 8977 | 15960 | 36.0 |

この期間の当日終値、１日後、２日後の全取引平均値は、それぞれ－0.051％、－0.106％、－0.214％です。

一方、はらみ線（陽・陰）パターン出現の場合、当日終値、１日後、２日後の利益率は、それぞれ－0.133％、－0.208％、－0.360％となりました。

当日終値、１日後、２日後のすべてで利益率がマイナスです。さらに全取引平均値と比較すると、そのすべてで利益率がより低くなっています。

したがって、この下落期に出現したはらみ線（陽・陰）パターンは「売りサイン」だったといえます。

### まとめ

6期間中4期間で売りサインでした。残りの2期間は買いサインでしたが、全取引平均値との比較での傾向に大きな変化はありません。

したがって、はらみ線（陽・陰）パターンの出現後、株価が下落する可能性は高いといえるでしょう。

# 15. 上ヒゲ（陰）

よく、ローソク足の解説書などに“天井圏で長い上ヒゲのついた陰線が出たら迷わず売り”と記載されています。しかし“天井圏”というあいまいな言葉では、いつ売ったらよいのか分かりません。

統計分析で「上ヒゲ陰線」が出現した場合の株価の動きを確かめてみましょう。

**上ヒゲ（陰）パターン**

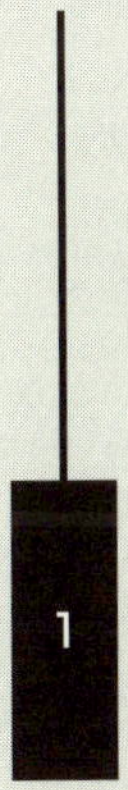


【抽出条件】

①陰線の長さは始値の0.5%よりも長いこと
（例えば、始値が1000円の場合、実体部分が５円幅よりも長いものを抽出）

②上ヒゲが実体よりも長いこと
（例えば、実体の幅が５円の場合、上ヒゲ部分は５円幅よりも長いものを抽出）

③上ヒゲの長さは始値の１%よりも長いこと
（例えば、始値が1000円の場合、上ヒゲ部分が10円幅よりも長いものを抽出）

この統計分析では、長いヒゲのデータを抽出するため、ヒゲの長さを始値の１％以上として処理しました。１％以上の長さであれば、市場参加者がローソク足チャートを眺めたときにヒゲの長さが目立つだろうと考えるからです。

通説では“長い上ヒゲが出現したら売り”“長い下ヒゲが出現したら買い”といわれます。しかし、統計分析からは別の結果が見えてきました。

**全期間（1983～2009年）**

| 売却日 | 取引回数 | 利益平均1(%) | 利益平均2(%) | 勝ち取引回数 | 負け取引回数 | 勝率(%) |
|---|---|---|---|---|---|---|
| 当日終値 | 347546 | -0.098 | -0.145 | 139774 | 169477 | 45.2 |
| 1日後 | 347479 | 0.079 | 0.008 | 155625 | 163629 | 48.7 |
| 2日後 | 347407 | 0.202 | 0.071 | 161139 | 167429 | 49.0 |
| 3日後 | 347338 | 0.272 | 0.084 | 162843 | 169168 | 49.0 |
| 4日後 | 347269 | 0.343 | 0.101 | 164027 | 170052 | 49.1 |
| 5日後 | 347177 | 0.402 | 0.105 | 164489 | 170764 | 49.1 |
| 6日後 | 347091 | 0.435 | 0.083 | 164889 | 171404 | 49.0 |
| 10日後 | 346673 | 0.531 | -0.032 | 164537 | 173968 | 48.6 |
| 20日後 | 345572 | 0.657 | -0.493 | 163149 | 176834 | 48.0 |
| 30日後 | 344365 | 0.858 | -0.827 | 161210 | 178673 | 47.4 |
| 40日後 | 343260 | 0.994 | -1.312 | 160349 | 179045 | 47.2 |

このパターンがみられた翌営業日の寄り付きで買い、当日終値で売り手仕舞った場合（当日終値の行を参照）、1983～2009年の利益平均は0.145％（利益平均２）の「マイナス」となりました。これは全取引平均値の－0.054％よりも大きなマイナスです。

したがって、上ヒゲ（陰）のパターンがみられた翌営業日にデイトレードをするなら「売り」と考えられます。

1日後〜30日後に手仕舞う場合、全取引平均値よりも高めの利益率となりました。例えば、2日後でみると、全取引平均値の－0.033％に対して上ヒゲ（陰）は＋0.071％となっており、0.104％有利です。

何も考えずに購入するよりも、上ヒゲ（陰）が表れたタイミングで購入した場合、2日で0.071％の利益率が得られることになります。もっとも、利益率そのものは小さいので、上ヒゲ（陰）が出現したら「様子見」とすればよいでしょう。

全期間（1983〜2009年）の当日終値、1日後、2日後の全取引平均値は、それぞれ－0.054％、－0.017％、－0.033％です。一方、上ヒゲ（陰）パターン出現の場合、当日終値、1日後、2日後の利益率は、それぞれ－0.145％、＋0.008％、＋0.071％となります。

●パターンが出現した翌営業日の日中には下落する
●1日後にはプラスとなっている

このことから、上ヒゲ（陰）パターンが出た場合、翌営業日の終値付近で買うのがよいといえます。

6分割した期間でも同様に解析してみましょう。

## バブル期間（1983～1989年）

| 売却日 | 取引回数 | 利益平均1(%) | 利益平均2(%) | 勝ち取引回数 | 負け取引回数 | 勝率(%) |
|---|---|---|---|---|---|---|
| 当日終値 | 57722 | -0.066 | -0.092 | 21193 | 27573 | 43.5 |
| 1日後 | 57722 | 0.187 | 0.154 | 25221 | 25687 | 49.5 |
| 2日後 | 57722 | 0.347 | 0.289 | 26466 | 26647 | 49.8 |
| 3日後 | 57722 | 0.454 | 0.374 | 26898 | 27062 | 49.8 |
| 4日後 | 57722 | 0.551 | 0.452 | 27160 | 27279 | 49.9 |
| 5日後 | 57722 | 0.639 | 0.521 | 27327 | 27441 | 49.9 |
| 6日後 | 57722 | 0.728 | 0.590 | 27521 | 27481 | 50.0 |
| 10日後 | 57722 | 1.152 | 0.948 | 28386 | 27319 | 51.0 |
| 20日後 | 57722 | 2.173 | 1.806 | 29924 | 26350 | 53.2 |
| 30日後 | 57722 | 3.224 | 2.719 | 31138 | 25458 | 55.0 |
| 40日後 | 57722 | 4.224 | 3.579 | 32054 | 24695 | 56.5 |

この期間の当日終値、1日後、2日後の全取引平均値は、それぞれ－0.016％、＋0.082％、＋0.167％です。

一方、上ヒゲ（陰）パターン出現の場合、当日終値、1日後、2日後の利益率は、それぞれ－0.092％、＋0.154％、＋0.289％となりました。

当日終値の利益率はマイナス、1日後と2日後の利益率はプラスです。全取引平均値と比較すると、当日終値の利益率はより低く、1日後と2日後の利益率はより高くなっています。

したがって、1日後以降に売るのであれば、この上昇期に出現した上ヒゲ（陰）パターンは「買いサイン」といえます。

### 崩壊期間（1990～1992年）

| 売却日 | 取引回数 | 利益平均1(%) | 利益平均2(%) | 勝ち取引回数 | 負け取引回数 | 勝率(%) |
|---|---|---|---|---|---|---|
| 当日終値 | 24034 | -0.126 | -0.163 | 9195 | 11397 | 44.7 |
| 1日後 | 24034 | 0.051 | -0.005 | 10440 | 11199 | 48.2 |
| 2日後 | 24034 | 0.060 | -0.053 | 10877 | 11675 | 48.2 |
| 3日後 | 24034 | 0.122 | -0.045 | 11073 | 11753 | 48.5 |
| 4日後 | 24034 | 0.109 | -0.112 | 10976 | 11977 | 47.8 |
| 5日後 | 24034 | 0.099 | -0.164 | 10977 | 12092 | 47.6 |
| 6日後 | 24034 | 0.075 | -0.237 | 11021 | 12171 | 47.5 |
| 10日後 | 24034 | -0.290 | -0.823 | 10506 | 12829 | 45.0 |
| 20日後 | 24034 | -1.024 | -2.122 | 10030 | 13602 | 42.4 |
| 30日後 | 24034 | -2.009 | -3.628 | 9473 | 14214 | 40.0 |
| 40日後 | 24034 | -3.016 | -5.220 | 9069 | 14696 | 38.2 |

この期間の当日終値、1日後、2日後の全取引平均値は、それぞれ－0.079％、－0.121％、－0.242％です。

一方、上ヒゲ（陰）パターン出現の場合、当日終値、1日後、2日後の利益率は、それぞれ－0.163％、－0.005％、－0.053％となりました。

当日終値、1日後、2日後の利益率はマイナスです。全取引平均値と比較すると、当日終値の利益率はより低くなっていますが、1日後と2日後の利益率はより高くなりました。

先ほどのバブル期間と傾向は同じです。しかし、利益率はマイナスであるため、この下落期に出現した上ヒゲ（陰）パターンは「売りサイン」だったといえます。

**もみ合い期間（1993～1999年）**

| 売却日 | 取引回数 | 利益平均1(%) | 利益平均2(%) | 勝ち取引回数 | 負け取引回数 | 勝率(%) |
| --- | --- | --- | --- | --- | --- | --- |
| 当日終値 | 58938 | -0.098 | -0.142 | 22908 | 28166 | 44.9 |
| 1日後 | 58938 | 0.183 | 0.127 | 26459 | 26860 | 49.6 |
| 2日後 | 58938 | 0.266 | 0.161 | 27154 | 28104 | 49.1 |
| 3日後 | 58938 | 0.375 | 0.229 | 27548 | 28413 | 49.2 |
| 4日後 | 58938 | 0.449 | 0.263 | 27613 | 28767 | 49.0 |
| 5日後 | 58938 | 0.471 | 0.242 | 27631 | 29046 | 48.8 |
| 6日後 | 58938 | 0.506 | 0.240 | 27588 | 29284 | 48.5 |
| 10日後 | 58938 | 0.609 | 0.189 | 27436 | 29997 | 47.8 |
| 20日後 | 58938 | 0.948 | 0.080 | 27524 | 30407 | 47.5 |
| 30日後 | 58938 | 1.155 | -0.150 | 27227 | 30894 | 46.8 |
| 40日後 | 58938 | 1.288 | -0.548 | 26974 | 31299 | 46.3 |

この期間の当日終値、1日後、2日後の全取引平均値は、それぞれ－0.094％、－0.036％、－0.071％です。

一方、上ヒゲ（陰）パターン出現の場合、当日終値、1日後、2日後の利益率は、それぞれ－0.142％、＋0.127％、＋0.161％となりました。

一定範囲内を株価が上下するもみ合い期間でも、パターン出現後の当日終値の利益率はマイナス、1日後と2日後の利益率はプラスとなっています。全取引平均値と比較すると、当日終値の利益率はより低く、1日後と2日後の利益率はより高くなっています。

したがって、このもみ合い期に出現した上ヒゲ（陰）パターンは「買いサイン」だったといえます。

### 暴落期間（2000 ～ 2002 年）

| 売却日 | 取引回数 | 利益平均 1(%) | 利益平均 2(%) | 勝ち取引回数 | 負け取引回数 | 勝率 (%) |
|---|---|---|---|---|---|---|
| 当日終値 | 43709 | -0.100 | -0.151 | 17668 | 20965 | 45.7 |
| 1 日後 | 43709 | 0.052 | -0.026 | 19290 | 20520 | 48.5 |
| 2 日後 | 43709 | 0.144 | 0.004 | 19895 | 21297 | 48.3 |
| 3 日後 | 43709 | 0.179 | -0.026 | 20195 | 21518 | 48.4 |
| 4 日後 | 43709 | 0.262 | 0.006 | 20305 | 21639 | 48.4 |
| 5 日後 | 43709 | 0.254 | -0.064 | 20247 | 21872 | 48.1 |
| 6 日後 | 43709 | 0.252 | -0.120 | 20275 | 22043 | 47.9 |
| 10 日後 | 43709 | 0.119 | -0.483 | 20022 | 22569 | 47.0 |
| 20 日後 | 43709 | -0.099 | -1.279 | 19591 | 23314 | 45.7 |
| 30 日後 | 43709 | -0.208 | -1.945 | 19200 | 23881 | 44.6 |
| 40 日後 | 43709 | -0.527 | -2.966 | 19110 | 24011 | 44.3 |

この期間の当日終値、１日後、２日後の全取引平均値は、それぞれ－0.074％、－0.067％、－0.130％です。

一方、上ヒゲ（陰）パターン出現の場合、当日終値、１日後、２日後の利益率は、それぞれ－0.151％、－0.026％、＋0.004％となりました。

当日終値と１日後の利益率はマイナス、２日後の利益率はプラスです。全取引平均値と比較すると、当日終値の利益率はより低く、１日後と２日後の利益率はより高くなっています。

ただし、１日後と２日後の利益率は非常に小さいため、この下落期に出現した上ヒゲ（陰）パターンは「様子見」といえます。

**暴騰期間（2003～2006年）**

| 売却日 | 取引回数 | 利益平均1(%) | 利益平均2(%) | 勝ち取引回数 | 負け取引回数 | 勝率(%) |
|---|---|---|---|---|---|---|
| 当日終値 | 76805 | −0.166 | −0.218 | 31240 | 39002 | 44.5 |
| 1日後 | 76805 | 0.004 | −0.073 | 34885 | 36977 | 48.5 |
| 2日後 | 76805 | 0.200 | 0.058 | 36332 | 37051 | 49.5 |
| 3日後 | 76805 | 0.300 | 0.102 | 36870 | 37116 | 49.8 |
| 4日後 | 76805 | 0.434 | 0.184 | 37435 | 37052 | 50.3 |
| 5日後 | 76805 | 0.587 | 0.295 | 37776 | 36904 | 50.6 |
| 6日後 | 76805 | 0.714 | 0.365 | 38330 | 36478 | 51.2 |
| 10日後 | 76805 | 1.128 | 0.608 | 39102 | 36207 | 51.9 |
| 20日後 | 76805 | 1.702 | 0.688 | 39387 | 36430 | 52.0 |
| 30日後 | 76805 | 2.496 | 1.138 | 39443 | 36501 | 51.9 |
| 40日後 | 76805 | 3.364 | 1.676 | 39986 | 36044 | 52.6 |

この期間の当日終値、１日後、２日後の全取引平均値は、それぞれ−0.025%、＋0.064%、＋0.132%です。

一方、上ヒゲ（陰）パターン出現の場合、当日終値、１日後、２日後の利益率は、それぞれ−0.218%、−0.073%、＋0.058%となります。

当日終値と１日後の利益率はマイナス、２日後の利益率はプラスです。全取引平均値と比較すると、そのすべてで利益率がより低くなっています。

パターン出現後の利益率がプラスとマイナスとぶれているため、「様子見」といえます。

### 金融危機期間（2007～2009年）

| 売却日 | 取引回数 | 利益平均1(%) | 利益平均2(%) | 勝ち取引回数 | 負け取引回数 | 勝率(%) |
|---|---|---|---|---|---|---|
| 当日終値 | 86159 | -0.049 | -0.108 | 37511 | 42270 | 47.0 |
| 1日後 | 86092 | 0.025 | -0.075 | 39262 | 42285 | 48.1 |
| 2日後 | 86020 | 0.133 | -0.055 | 40353 | 42546 | 48.7 |
| 3日後 | 85951 | 0.142 | -0.136 | 40184 | 43213 | 48.2 |
| 4日後 | 85882 | 0.159 | -0.212 | 40462 | 43243 | 48.3 |
| 5日後 | 85790 | 0.190 | -0.278 | 40448 | 43321 | 48.3 |
| 6日後 | 85704 | 0.132 | -0.427 | 40063 | 43862 | 47.7 |
| 10日後 | 85286 | -0.050 | -0.981 | 38973 | 44985 | 46.4 |
| 20日後 | 84185 | -0.675 | -2.685 | 36582 | 46668 | 43.9 |
| 30日後 | 82978 | -1.125 | -4.197 | 34636 | 47641 | 42.1 |
| 40日後 | 81873 | -1.735 | -6.089 | 33071 | 48210 | 40.7 |

この期間の当日終値、1日後、2日後の全取引平均値は、それぞれ−0.051％、−0.106％、−0.214％です。

一方、上ヒゲ（陰）パターン出現の場合、当日終値、1日後、2日後の利益率は、それぞれ−0.108％、−0.075％、−0.055％となります。

当日終値、1日後、2日後の利益率は、すべてマイナスです。一方、全取引平均値と比較すると、当日終値の利益率はより低く、1日後と2日後の利益率はより高くなっています。

とはいえ、1日後も2日後もマイナスであることから、この下落期に出現した上ヒゲ（陰）パターンは「売りサイン」だったといえます。

**まとめ**

6期間中2期間で売りサイン、2期間で買いサイン、2期間で様子見となりました。統計分析の期間によって結果がまちまちです。

その中で共通しているのは、上ヒゲ（陰）パターンが出現した翌営業日の株価の動きです。当日終値の利益率が6期間すべてでマイナスとなっています。

つまり、デイトレードで空売りをすれば利益率を得やすい結果となっているわけです。

## 16. 上ヒゲ（陽）

それでは長い上ヒゲのついた「陽線」が現れた場合は、どうでしょうか。

**上ヒゲ（陽）パターン**

【抽出条件】

①陽線の長さは始値の0.5%よりも長いこと
（例えば、始値が1000円の場合、実体部分が５円幅よりも長いものを抽出）

②上ヒゲが実体よりも長いこと
（例えば、実体の幅が５円の場合、上ヒゲ部分は５円幅よりも長いものを抽出）

③上ヒゲの長さは始値の１%よりも長いこと
（例えば、始値が1000円の場合、上ヒゲ部分が10円幅よりも長いものを抽出）

長いヒゲを見て心理的影響を受けた市場参加者は、どのように行動するでしょうか。統計分析にその傾向が現れるでしょうか。

## 全期間（1983～2009年）

| 売却日 | 取引回数 | 利益平均1(%) | 利益平均2(%) | 勝ち取引回数 | 負け取引回数 | 勝率(%) |
|---|---|---|---|---|---|---|
| 当日終値 | 387109 | -0.018 | -0.061 | 160084 | 187105 | 46.1 |
| 1日後 | 387026 | 0.166 | 0.102 | 175249 | 182105 | 49.0 |
| 2日後 | 386812 | 0.198 | 0.074 | 176657 | 190295 | 48.1 |
| 3日後 | 386748 | 0.207 | 0.027 | 177196 | 193351 | 47.8 |
| 4日後 | 386623 | 0.245 | 0.010 | 178134 | 194601 | 47.8 |
| 5日後 | 386515 | 0.273 | -0.013 | 178685 | 195353 | 47.8 |
| 6日後 | 386402 | 0.306 | -0.033 | 179096 | 196210 | 47.7 |
| 10日後 | 385867 | 0.371 | -0.182 | 179249 | 197840 | 47.5 |
| 20日後 | 384687 | 0.642 | -0.470 | 179914 | 198515 | 47.5 |
| 30日後 | 383432 | 0.771 | -0.904 | 178381 | 200279 | 47.1 |
| 40日後 | 382399 | 0.936 | -1.332 | 177607 | 200640 | 47.0 |

上ヒゲ（陽）のパターンがみられた翌営業日の寄り付きで買い、当日終値で売り手仕舞った場合（当日終値の行を参照）、1983～2009年の利益平均は0.061％（利益平均２）の「マイナス」となりました。これは全取引平均値の－0.054％よりも大きなマイナスです。

したがって、上ヒゲ（陽）パターンがみられた翌営業日にデイトレードをするなら「売り」と考えられます。

１日後～６日後に売り手仕舞った場合は、全取引平均値よりも利益率が高く、10日後～40日後に売り手仕舞った場合は、全取引平均値よりも利益率が低めとなっています。

例えば、２日後で比較すれば、全取引平均値の－0.033％に対して、上ヒゲ（陽）は0.074％のプラスとなっており、0.107％有利です。

ただし、利益幅は小さいので、上ヒゲ（陽）が出現したら「様子見」とすればよいでしょう。

全期間（1983〜2009年）の当日終値、１日後、２日後の全取引平均値は、それぞれ－0.054％、－0.017％、－0.033％です。一方、上ヒゲ（陽）パターン出現の場合、当日終値、１日後、２日後の利益率は、それぞれ－0.061％、＋0.102％、＋0.074％となります。

●パターンが出現した翌営業日の日中に下落する
●１日後にはプラスとなっている

このことから、上ヒゲ（陽）パターンが出た場合、翌営業日の終値付近で買うのがよいといえます。

６分割した期間でも同様に解析してみましょう。

## バブル期間（1983～1989年）

| 売却日 | 取引回数 | 利益平均1(%) | 利益平均2(%) | 勝ち取引回数 | 負け取引回数 | 勝率(%) |
|---|---|---|---|---|---|---|
| 当日終値 | 57616 | −0.046 | −0.074 | 21723 | 27890 | 43.8 |
| 1日後 | 57616 | 0.170 | 0.135 | 24674 | 26731 | 48.0 |
| 2日後 | 57616 | 0.228 | 0.160 | 25188 | 28251 | 47.1 |
| 3日後 | 57616 | 0.264 | 0.169 | 25293 | 28953 | 46.6 |
| 4日後 | 57616 | 0.371 | 0.254 | 25727 | 28935 | 47.1 |
| 5日後 | 57616 | 0.446 | 0.308 | 25924 | 29029 | 47.2 |
| 6日後 | 57616 | 0.514 | 0.355 | 26158 | 29023 | 47.4 |
| 10日後 | 57616 | 0.870 | 0.632 | 26866 | 28829 | 48.2 |
| 20日後 | 57616 | 1.956 | 1.557 | 29091 | 27088 | 51.8 |
| 30日後 | 57616 | 3.003 | 2.457 | 30626 | 25942 | 54.1 |
| 40日後 | 57616 | 3.966 | 3.277 | 31602 | 25072 | 55.8 |

この期間の当日終値、１日後、２日後の全取引平均値は、それぞれ−0.016％、＋0.082％、＋0.167％です。

一方、上ヒゲ（陽）パターン出現の場合、当日終値、１日後、２日後の利益率は、それぞれ−0.074％、＋0.135％、＋0.160％となりました。

当日終値の利益率はマイナス、１日後と２日後の利益率はプラスです。全取引平均値と比較すると、当日終値の利益率はより低く、１日後の利益率はより高く、２日後の利益率は若干低めとなります。

したがって、１日後以降に売るのであれば利益率はプラスなので、この上昇期に出現した上ヒゲ（陽）パターンは「買いサイン」だったといえます。

### 崩壊期間（1990～1992年）

| 売却日 | 取引回数 | 利益平均1(%) | 利益平均2(%) | 勝ち取引回数 | 負け取引回数 | 勝率(%) |
|---|---|---|---|---|---|---|
| 当日終値 | 25264 | 0.094 | 0.064 | 10438 | 11421 | 47.8 |
| 1日後 | 25264 | 0.207 | 0.161 | 11269 | 11614 | 49.2 |
| 2日後 | 25264 | 0.129 | 0.031 | 11200 | 12421 | 47.4 |
| 3日後 | 25264 | 0.102 | -0.047 | 11330 | 12653 | 47.2 |
| 4日後 | 25264 | 0.096 | -0.104 | 11389 | 12813 | 47.1 |
| 5日後 | 25264 | 0.197 | -0.036 | 11410 | 12874 | 47.0 |
| 6日後 | 25264 | 0.118 | -0.163 | 11401 | 13046 | 46.6 |
| 10日後 | 25264 | -0.153 | -0.648 | 11029 | 13620 | 44.7 |
| 20日後 | 25264 | -0.832 | -1.918 | 10751 | 14047 | 43.4 |
| 30日後 | 25264 | -1.990 | -3.620 | 9987 | 14950 | 40.0 |
| 40日後 | 25264 | -2.792 | -4.974 | 9712 | 15231 | 38.9 |

この期間の当日終値、1日後、2日後の全取引平均値は、それぞれ－0.079％、－0.121％、－0.242％です。

一方、上ヒゲ（陽）パターン出現の場合、当日終値、1日後、2日後の利益率は、それぞれ＋0.064％、＋0.161％、＋0.031％となりました。

当日終値、1日後、2日後の利益率は、すべてプラスです。全取引平均値と比較すると、そのすべてで利益率がより高くなっています。

したがって、この崩壊期に出現した上ヒゲ（陽）パターンも「買いサイン」だったといえます。

## もみ合い期間（1993～1999年）

| 売却日 | 取引回数 | 利益平均1(%) | 利益平均2(%) | 勝ち取引回数 | 負け取引回数 | 勝率(%) |
|---|---|---|---|---|---|---|
| 当日終値 | 65614 | 0.002 | -0.037 | 26747 | 30864 | 46.4 |
| 1日後 | 65614 | 0.222 | 0.166 | 29637 | 30147 | 49.6 |
| 2日後 | 65614 | 0.290 | 0.184 | 30074 | 31788 | 48.6 |
| 3日後 | 65614 | 0.324 | 0.167 | 30221 | 32381 | 48.3 |
| 4日後 | 65614 | 0.368 | 0.169 | 30232 | 32754 | 48.0 |
| 5日後 | 65614 | 0.403 | 0.163 | 30270 | 32911 | 47.9 |
| 6日後 | 65614 | 0.427 | 0.142 | 30314 | 33263 | 47.7 |
| 10日後 | 65614 | 0.573 | 0.145 | 30268 | 33697 | 47.3 |
| 20日後 | 65614 | 1.109 | 0.247 | 30728 | 33714 | 47.7 |
| 30日後 | 65614 | 1.436 | 0.130 | 30913 | 33850 | 47.7 |
| 40日後 | 65614 | 1.785 | 0.028 | 30863 | 34007 | 47.6 |

この期間の当日終値、1日後、2日後の全取引平均値は、それぞれ－0.094％、－0.036％、－0.071％です。

一方、上ヒゲ（陽）パターン出現の場合、当日終値、1日後、2日後の利益率は、それぞれ－0.037％、＋0.166％、＋0.184％となります。

当日終値の利益率はマイナスですが、1日後と2日後の利益率はプラスです。全取引平均値と比較すると、そのすべてで利益率がより高くなっています。

したがって、このもみ合い期に出現した上ヒゲ（陽）パターンも「買いサイン」だったといえます。

**暴落期間（2000 ～ 2002 年）**

| 売却日 | 取引回数 | 利益平均 1(%) | 利益平均 2(%) | 勝ち取引回数 | 負け取引回数 | 勝率 (%) |
|---|---|---|---|---|---|---|
| 当日終値 | 49082 | -0.013 | -0.063 | 20539 | 23132 | 47.0 |
| 1日後 | 49082 | 0.121 | 0.048 | 22099 | 22984 | 49.0 |
| 2日後 | 49082 | 0.208 | 0.075 | 22369 | 24079 | 48.2 |
| 3日後 | 49082 | 0.136 | -0.064 | 22379 | 24538 | 47.7 |
| 4日後 | 49082 | 0.120 | -0.137 | 22233 | 24991 | 47.1 |
| 5日後 | 49082 | 0.111 | -0.199 | 22252 | 25090 | 47.0 |
| 6日後 | 49082 | 0.088 | -0.277 | 22274 | 25260 | 46.9 |
| 10日後 | 49082 | -0.050 | -0.664 | 21984 | 25890 | 45.9 |
| 20日後 | 49082 | -0.501 | -1.730 | 21142 | 27145 | 43.8 |
| 30日後 | 49082 | -0.621 | -2.415 | 20830 | 27555 | 43.1 |
| 40日後 | 49082 | -1.074 | -3.503 | 20606 | 27911 | 42.5 |

この期間の当日終値、１日後、２日後の全取引平均値は、それぞれ－0.074％、－0.067％、－0.130％です。

一方、上ヒゲ（陽）パターン出現の場合、当日終値、１日後、２日後の利益率は、それぞれ－0.063％、＋0.048％、＋0.075％となります。

当日終値の利益率はマイナスですが、１日後と２日後の利益率はプラスです。全取引平均値と比較すると、そのすべてで利益率がより高くなっています。

したがって、この下落期間に出現した上ヒゲ（陽）パターンも「買いサイン」だったといえます。

**暴騰期間（2003～2006年）**

| 売却日 | 取引回数 | 利益平均1(%) | 利益平均2(%) | 勝ち取引回数 | 負け取引回数 | 勝率(%) |
|---|---|---|---|---|---|---|
| 当日終値 | 94031 | -0.048 | -0.092 | 39199 | 46947 | 45.5 |
| 1日後 | 94031 | 0.167 | 0.104 | 43562 | 44346 | 49.6 |
| 2日後 | 94031 | 0.239 | 0.116 | 44189 | 45779 | 49.1 |
| 3日後 | 94031 | 0.331 | 0.159 | 44880 | 45701 | 49.5 |
| 4日後 | 94031 | 0.413 | 0.194 | 45398 | 45782 | 49.8 |
| 5日後 | 94031 | 0.525 | 0.267 | 45693 | 45844 | 49.9 |
| 6日後 | 94031 | 0.630 | 0.325 | 46182 | 45520 | 50.4 |
| 10日後 | 94031 | 1.017 | 0.546 | 47435 | 44702 | 51.5 |
| 20日後 | 94031 | 1.975 | 1.117 | 48440 | 44313 | 52.2 |
| 30日後 | 94031 | 2.680 | 1.475 | 48699 | 44299 | 52.4 |
| 40日後 | 94031 | 3.532 | 2.018 | 49192 | 43920 | 52.8 |

この期間の当日終値、1日後、2日後の全取引平均値は、それぞれ－0.025％、＋0.064％、＋0.132％です。

一方、上ヒゲ（陽）パターン出現の場合、当日終値、1日後、2日後の利益率は、それぞれ－0.092％、＋0.104％、＋0.116％となりました。

当日終値の利益率はマイナスですが、1日後と2日後の利益率はプラスです。全取引平均値と比較すると、当日終値の利益率はより低く、1日後の利益率はより高く、2日後の利益率はより低くなっています。

1日後と2日後に期待される利益率はプラスであるため、この上昇期に出現した上ヒゲ（陽）パターンも「買いサイン」だったといえます。

### 金融危機期間（2007～2009年）

| 売却日 | 取引回数 | 利益平均1(%) | 利益平均2(%) | 勝ち取引回数 | 負け取引回数 | 勝率(%) |
|---|---|---|---|---|---|---|
| 当日終値 | 95324 | -0.018 | -0.071 | 41388 | 46732 | 47.0 |
| 1日後 | 95241 | 0.138 | 0.051 | 43949 | 46176 | 48.8 |
| 2日後 | 95027 | 0.091 | -0.084 | 43577 | 47867 | 47.7 |
| 3日後 | 94963 | 0.035 | -0.218 | 43031 | 49013 | 46.8 |
| 4日後 | 94838 | 0.023 | -0.323 | 43094 | 49213 | 46.7 |
| 5日後 | 94730 | -0.068 | -0.505 | 43066 | 49498 | 46.5 |
| 6日後 | 94617 | -0.065 | -0.588 | 42687 | 50004 | 46.1 |
| 10日後 | 94082 | -0.368 | -1.269 | 41557 | 51035 | 44.9 |
| 20日後 | 92902 | -0.857 | -2.794 | 39657 | 52137 | 43.2 |
| 30日後 | 91647 | -1.571 | -4.650 | 37232 | 53604 | 41.0 |
| 40日後 | 90614 | -2.178 | -6.538 | 35553 | 54401 | 39.5 |

この期間の当日終値、1日後、2日後の全取引平均値は、それぞれ－0.051％、－0.106％、－0.214％です。

一方、上ヒゲ（陽）パターン出現の場合、当日終値、1日後、2日後の利益率は、それぞれ－0.071％、＋0.051％、－0.084％となりました。

当日終値の利益率はマイナス、1日後の利益率はプラス、2日後の利益率はマイナスです。全取引平均値と比較すると、当日終値の利益率はより低く、1日後と2日後の利益率はより高くなっています。

パターンの利益率がブレていることから、この下落期に出現した上ヒゲ（陽）パターンは「様子見」とするのがよいでしょう。

### まとめ

６期間中５期間で買いサイン、１期間で様子見となりました。ただし、様子見となった金融危機期間（2007～2009年）も全取引平均値と比較した傾向に大きな変化はなく、今後も上ヒゲ（陽）パターン出現が買いサインであることに変わりはないでしょう。

通説では“長い上ヒゲが現れたら売りサイン”といわれます。しかし、統計分析の結果、上ヒゲ陽線に関しては、実際は逆であると分かります。

## 17. 下ヒゲ（陰）

それでは、長い「下ヒゲ」をもつ「陰線」が現れた場合はどうでしょうか。

**下ヒゲ（陰）パターン**

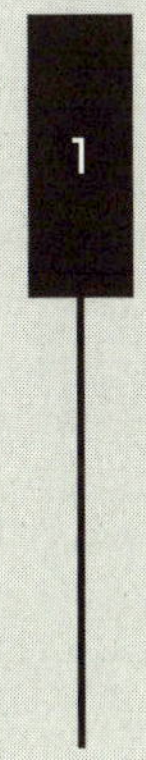


【抽出条件】

①陰線の長さは始値の0.5%よりも長いこと

（例えば、始値が1000円の場合、実体部分が５円幅よりも長いものを抽出）

②下ヒゲが陰線よりも長いこと

（例えば、陰線の幅が５円の場合、下ヒゲ部分は５円幅よりも長いものを抽出）

③下ヒゲの長さは始値の１%よりも長いこと

（例えば、始値が1000円の場合、下ヒゲ部分が10円幅よりも長いものを抽出）

通説では“長い下ヒゲは上昇相場への転換点である”といわれています。実際、チャートをみると、転換点にはよく長い上ヒゲや長い下ヒゲが存在します。

しかし、株価が日中に下げた後に反発すれば、下ヒゲは形成されるのです。したがって、転換点に長い下ヒゲが存在する確率は高くて当然といえます。

ただし、長い下ヒゲが出現したからといって上昇相場に転換するとは限りません。統計分析結果で確認してみましょう。

### 全期間（1983～2009年）

| 売却日 | 取引回数 | 利益平均1(%) | 利益平均2(%) | 勝ち取引回数 | 負け取引回数 | 勝率(%) |
|---|---|---|---|---|---|---|
| 当日終値 | 461643 | -0.109 | -0.152 | 183188 | 227575 | 44.6 |
| 1日後 | 461495 | -0.092 | -0.161 | 194342 | 230312 | 45.8 |
| 2日後 | 461422 | -0.064 | -0.194 | 200606 | 236287 | 45.9 |
| 3日後 | 461281 | -0.019 | -0.206 | 203438 | 237973 | 46.1 |
| 4日後 | 461152 | 0.003 | -0.243 | 205051 | 238926 | 46.2 |
| 5日後 | 461026 | 0.034 | -0.267 | 207060 | 238573 | 46.5 |
| 6日後 | 460920 | 0.060 | -0.302 | 208119 | 238850 | 46.6 |
| 10日後 | 460324 | 0.172 | -0.399 | 209895 | 239734 | 46.7 |
| 20日後 | 458680 | 0.356 | -0.769 | 209762 | 241523 | 46.5 |
| 30日後 | 456859 | 0.463 | -1.224 | 207427 | 243625 | 46.0 |
| 40日後 | 455229 | 0.606 | -1.690 | 206587 | 243545 | 45.9 |

このパターンがみられた翌営業日の寄り付きで買い、当日終値で売り手仕舞った場合（当日終値の行を参照）、1983～2009年の利益平均は0.152％（利益平均２）の「マイナス」となりました。これは全取引平均値の－0.054％よりも低めの利益率です。

したがって、下ヒゲ（陰）パターンがみられた翌営業日にデイトレードをするなら「売り」が考えられます。

１日後～40日後に売り手仕舞った場合は、全取引平均値よりも低めの利益率となっています。例えば、２日後で比較すると、全取引平均値の－0.033％に対して、下ヒゲ（陰）は－0.194％となっており、0.161％不利です。

つまり、空売りをすれば利益率が高いといえます。１日後～40日後のどれも利益率がマイナスという特徴があるので、買い戻しのタイミングも難しくありません。

1983～2009年の全期間の当日終値、１日後、２日後の全取引平均値は、それぞれ－0.054％、－0.017％、－0.033％です。一方、下ヒゲ（陰）パターン出現の場合、当日終値、１日後、２日後の利益率は、それぞれ－0.152％、－0.161％、－0.194％となりました。

当日終値、１日後、２日後の利益率は、すべてマイナスです。全取引平均値と比較すると、そのすべてで利益率がより低くなっています。

- パターンが出現した翌営業日の日中に下落する
- １日後以降もさらに利益率がマイナスとなっている

このことから、下ヒゲ（陰）パターンが出た場合、翌営業日の始値付近で空売りするのがよいといえます。

６分割した期間でも同様に解析してみましょう。

### バブル期間（1983～1989年）

| 売却日 | 取引回数 | 利益平均1(%) | 利益平均2(%) | 勝ち取引回数 | 負け取引回数 | 勝率(%) |
|---|---|---|---|---|---|---|
| 当日終値 | 59067 | -0.136 | -0.164 | 21018 | 29321 | 41.8 |
| 1日後 | 59067 | -0.010 | -0.047 | 23471 | 28993 | 44.7 |
| 2日後 | 59067 | 0.122 | 0.057 | 24894 | 29710 | 45.6 |
| 3日後 | 59067 | 0.268 | 0.185 | 25849 | 29492 | 46.7 |
| 4日後 | 59067 | 0.352 | 0.247 | 26309 | 29572 | 47.1 |
| 5日後 | 59067 | 0.461 | 0.337 | 26675 | 29454 | 47.5 |
| 6日後 | 59067 | 0.572 | 0.429 | 26996 | 29442 | 47.8 |
| 10日後 | 59067 | 0.980 | 0.764 | 28145 | 28877 | 49.4 |
| 20日後 | 59067 | 1.911 | 1.520 | 29900 | 27714 | 51.9 |
| 30日後 | 59067 | 2.982 | 2.441 | 31446 | 26443 | 54.3 |
| 40日後 | 59067 | 3.917 | 3.223 | 32480 | 25596 | 55.9 |

この期間の当日終値、1日後、2日後の全取引平均値は、それぞれ－0.016％、＋0.082％、＋0.167％です。

一方、下ヒゲ（陰）パターン出現の場合、当日終値、1日後、2日後の利益率は、それぞれ－0.164％、－0.047％、＋0.057％となります。

当日終値と1日後で利益率がマイナス、2日後で利益率がプラスです。全取引平均値と比較すると、そのすべてで利益率がより低くなっています。

1日後の利益率がほぼゼロ、2日後の利益率が0.05％以上であるため、この上昇期に出現した下ヒゲ（陰）パターンは「買いサイン」だったといえます。

## 崩壊期間（1990～1992年）

| 売却日 | 取引回数 | 利益平均1(%) | 利益平均2(%) | 勝ち取引回数 | 負け取引回数 | 勝率(%) |
|---|---|---|---|---|---|---|
| 当日終値 | 27602 | -0.180 | -0.217 | 10311 | 13255 | 43.8 |
| 1日後 | 27602 | -0.116 | -0.173 | 11187 | 13570 | 45.2 |
| 2日後 | 27602 | -0.179 | -0.294 | 11536 | 14288 | 44.7 |
| 3日後 | 27602 | -0.178 | -0.346 | 11742 | 14381 | 44.9 |
| 4日後 | 27602 | -0.249 | -0.473 | 11704 | 14577 | 44.5 |
| 5日後 | 27602 | -0.377 | -0.657 | 11612 | 14864 | 43.9 |
| 6日後 | 27602 | -0.450 | -0.786 | 11701 | 14888 | 44.0 |
| 10日後 | 27602 | -0.668 | -1.199 | 11536 | 15293 | 43.0 |
| 20日後 | 27602 | -1.464 | -2.609 | 11052 | 16030 | 40.8 |
| 30日後 | 27602 | -2.398 | -4.134 | 10602 | 16611 | 39.0 |
| 40日後 | 27602 | -3.516 | -5.913 | 10252 | 17046 | 37.6 |

この期間の当日終値、1日後、2日後の全取引平均値は、それぞれ－0.079%、－0.121%、－0.242%です。

一方、下ヒゲ（陰）パターン出現の場合、当日終値、1日後、2日後の利益率は、それぞれ－0.217%、－0.173%、－0.294%となります。

当日終値、1日後、2日後のすべてで、利益率がマイナスです。また全取引平均値と比較すると、そのすべてで利益率がより低くなっています。

したがって、この下落期に出現した下ヒゲ（陰）パターンは「売りサイン」だったといえます。

## もみ合い期間（1993～1999年）

| 売却日 | 取引回数 | 利益平均1(%) | 利益平均2(%) | 勝ち取引回数 | 負け取引回数 | 勝率(%) |
|---|---|---|---|---|---|---|
| 当日終値 | 75030 | -0.229 | -0.274 | 27584 | 37452 | 42.4 |
| 1日後 | 75030 | -0.143 | -0.204 | 30112 | 37904 | 44.3 |
| 2日後 | 75030 | -0.107 | -0.219 | 31307 | 39130 | 44.4 |
| 3日後 | 75030 | -0.088 | -0.251 | 31826 | 39616 | 44.5 |
| 4日後 | 75030 | -0.037 | -0.244 | 32155 | 39764 | 44.7 |
| 5日後 | 75030 | -0.062 | -0.317 | 32295 | 39937 | 44.7 |
| 6日後 | 75030 | -0.031 | -0.328 | 32582 | 40020 | 44.9 |
| 10日後 | 75030 | 0.097 | -0.352 | 32784 | 40317 | 44.8 |
| 20日後 | 75030 | 0.568 | -0.310 | 33684 | 39973 | 45.7 |
| 30日後 | 75030 | 0.795 | -0.562 | 33710 | 40249 | 45.6 |
| 40日後 | 75030 | 0.991 | -0.894 | 33611 | 40521 | 45.3 |

この期間の当日終値、１日後、２日後の全取引平均値は、それぞれ－0.094％、－0.036％、－0.071％です。

一方、下ヒゲ（陰）パターン出現の場合、当日終値、１日後、２日後の利益率は、それぞれ－0.274％、－0.204％、－0.219％となります。

当日終値、１日後、２日後のすべてで利益率がマイナスです。また全取引平均値と比較すると、そのすべてで利益率がより低くなっています。

したがって、このもみ合い期に出現した下ヒゲ（陰）パターンも「売りサイン」だったといえます。

## 暴落期間（2000～2002年）

| 売却日 | 取引回数 | 利益平均1(%) | 利益平均2(%) | 勝ち取引回数 | 負け取引回数 | 勝率(%) |
|---|---|---|---|---|---|---|
| 当日終値 | 63177 | −0.110 | −0.160 | 25024 | 30749 | 44.9 |
| 1日後 | 63177 | −0.119 | −0.198 | 26293 | 31458 | 45.5 |
| 2日後 | 63177 | −0.096 | −0.240 | 27175 | 32268 | 45.7 |
| 3日後 | 63177 | −0.053 | −0.258 | 27743 | 32469 | 46.1 |
| 4日後 | 63177 | −0.034 | −0.290 | 27797 | 32800 | 45.9 |
| 5日後 | 63177 | −0.033 | −0.347 | 27876 | 33030 | 45.8 |
| 6日後 | 63177 | −0.034 | −0.413 | 27864 | 33196 | 45.6 |
| 10日後 | 63177 | −0.187 | −0.817 | 27702 | 33887 | 45.0 |
| 20日後 | 63177 | −0.601 | −1.816 | 26823 | 35291 | 43.2 |
| 30日後 | 63177 | −0.971 | −2.809 | 26153 | 36105 | 42.0 |
| 40日後 | 63177 | −1.294 | −3.867 | 25958 | 36391 | 41.6 |

この期間の当日終値、１日後、２日後の全取引平均値は、それぞれ−0.074％、−0.067％、−0.130％です。

一方、下ヒゲ（陰）パターン出現の場合、当日終値、１日後、２日後の利益率は、それぞれ−0.160％、−0.198％、−0.240％となります。

当日終値、１日後、２日後のすべてで利益率がマイナスです。また全取引平均値と比較すると、そのすべてで利益率がより低くなっています。

したがって、この下落期に出現した下ヒゲ（陰）パターンも「売りサイン」だったといえます。

### 暴騰期間（2003～2006年）

| 売却日 | 取引回数 | 利益平均1(%) | 利益平均2(%) | 勝ち取引回数 | 負け取引回数 | 勝率(%) |
|---|---|---|---|---|---|---|
| 当日終値 | 114699 | -0.043 | -0.082 | 47378 | 56880 | 45.4 |
| 1日後 | 114699 | -0.027 | -0.092 | 49947 | 57001 | 46.7 |
| 2日後 | 114699 | 0.057 | -0.062 | 52014 | 57443 | 47.5 |
| 3日後 | 114699 | 0.144 | -0.029 | 52751 | 57686 | 47.8 |
| 4日後 | 114699 | 0.259 | 0.030 | 53881 | 57158 | 48.5 |
| 5日後 | 114699 | 0.393 | 0.115 | 54900 | 56533 | 49.3 |
| 6日後 | 114699 | 0.523 | 0.194 | 55592 | 56104 | 49.8 |
| 10日後 | 114699 | 0.975 | 0.503 | 57000 | 55359 | 50.7 |
| 20日後 | 114699 | 1.790 | 0.932 | 58255 | 54877 | 51.5 |
| 30日後 | 114699 | 2.584 | 1.396 | 58613 | 54832 | 51.7 |
| 40日後 | 114699 | 3.448 | 1.960 | 59358 | 54146 | 52.3 |

この期間の当日終値、1日後、2日後の全取引平均値は、それぞれ－0.025％、＋0.064％、＋0.132％です。

一方、下ヒゲ（陰）パターン出現の場合、当日終値、1日後、2日後の利益率は、それぞれ－0.082％、－0.092％、－0.062％となります。

当日終値、1日後、2日後のすべてで利益率がマイナスです。また全取引平均値と比較すると、そのすべてで利益率がより低くなっています。

したがって、この上昇期に出現した下ヒゲ（陰）パターンでさえ「売りサイン」だったといえます。

### 金融危機期間（2007～2009年）

| 売却日 | 取引回数 | 利益平均1(%) | 利益平均2(%) | 勝ち取引回数 | 負け取引回数 | 勝率(%) |
|---|---|---|---|---|---|---|
| 当日終値 | 121836 | −0.064 | −0.115 | 51816 | 59774 | 46.4 |
| 1日後 | 121688 | −0.139 | −0.231 | 53265 | 61238 | 46.5 |
| 2日後 | 121615 | −0.196 | −0.374 | 53618 | 63290 | 45.9 |
| 3日後 | 121474 | −0.214 | −0.474 | 53459 | 64178 | 45.4 |
| 4日後 | 121345 | −0.305 | −0.661 | 53136 | 64899 | 45.0 |
| 5日後 | 121219 | −0.324 | −0.759 | 53614 | 64616 | 45.3 |
| 6日後 | 121113 | −0.405 | −0.942 | 53298 | 65066 | 45.0 |
| 10日後 | 120517 | −0.569 | −1.463 | 52594 | 65904 | 44.4 |
| 20日後 | 118873 | −1.011 | −2.864 | 49908 | 67549 | 42.5 |
| 30日後 | 117052 | −1.657 | −4.531 | 46777 | 69281 | 40.3 |
| 40日後 | 115422 | −2.140 | −6.152 | 44823 | 69720 | 39.1 |

この期間の当日終値、１日後、２日後の全取引平均値は、それぞれ−0.051％、−0.106％、−0.214％です。

一方、下ヒゲ（陰）パターン出現の場合、当日終値、１日後、２日後の利益率は、それぞれ−0.115％、−0.231％、−0.374％となります。

当日終値、１日後、２日後のすべてで利益率がマイナスです。また全取引平均値と比較すると、そのすべてで利益率がより低くなっています。

したがって、この大暴落中に出現した下ヒゲ（陰）パターンも「売りサイン」だったといえます。

**まとめ**

6期間中5期間で売りサインとなり、1期間で買いサインとなりました。

唯一の買いサインとなったバブル期間（1983～1989年）は、株価が大きく上昇した期間です。ただ、この期間でも全取引平均値と比較すれば、低めの利益率となっており、その傾向は変わっていません。

株価の上昇期、もみあい期、下落期にかかわらず、下ヒゲ（陰）パターンが出現した当日終値、1日後、2日後に株価を下げる可能性は高いといえます。統計分析では、通説と逆の結果が出たわけです。

## 18. 下ヒゲ（陽）

今度は、長い「下ヒゲ」をもつ「陽線」が現れたときについてみてみましょう。

**下ヒゲ（陽）パターン**

【抽出条件】

①陽線の長さは始値の0.5％よりも長いこと
（例えば、始値が1000円の場合、実体部分が５円幅よりも長いものを抽出）

②下ヒゲが陽線よりも長いこと
（例えば、陽線の幅が５円の場合、下ヒゲ部分が５円幅よりも長いものを抽出）

③下ヒゲの長さは始値の１％よりも長いこと
（例えば、始値が1000円の場合、下ヒゲ部分が10円幅よりも長いものを抽出）

長い下ヒゲをもつ陽線をみると、その銘柄が上昇していくイメージを持つ人が多いそうです。これは“長い下ヒゲは上昇相場への転換である”というローソク足解説書によるものだと思います。

では、統計分析の結果はどうでしょうか。

### 全期間（1983～2009年）

| 売却日 | 取引回数 | 利益平均1(%) | 利益平均2(%) | 勝ち取引回数 | 負け取引回数 | 勝率(%) |
|---|---|---|---|---|---|---|
| 当日終値 | 351069 | -0.009 | -0.050 | 143376 | 167620 | 46.1 |
| 1日後 | 350980 | -0.020 | -0.087 | 148702 | 173890 | 46.1 |
| 2日後 | 350894 | -0.083 | -0.217 | 149901 | 182003 | 45.2 |
| 3日後 | 350808 | -0.106 | -0.303 | 150899 | 184552 | 45.0 |
| 4日後 | 350711 | -0.132 | -0.394 | 151545 | 186324 | 44.9 |
| 5日後 | 350586 | -0.122 | -0.439 | 152444 | 186488 | 45.0 |
| 6日後 | 350509 | -0.111 | -0.481 | 153072 | 186807 | 45.0 |
| 10日後 | 350062 | -0.033 | -0.639 | 155349 | 186638 | 45.4 |
| 20日後 | 348636 | 0.169 | -1.015 | 156757 | 186199 | 45.7 |
| 30日後 | 347365 | 0.177 | -1.618 | 154761 | 188019 | 45.1 |
| 40日後 | 346320 | 0.271 | -2.169 | 154672 | 187810 | 45.2 |

下ヒゲ（陽）パターンがみられた翌営業日の寄り付きで買い、当日終値で売り手仕舞った場合（当日終値の行を参照）、1983～2009年の利益平均は0.050％（利益平均２）の「マイナス」となりました。全取引平均値の－0.054％とほぼ同じです。

したがって、下ヒゲ（陽）パターンがみられた翌営業日にデイトレードをするなら「様子見」と考えられます。

１日後～40日後に売り手仕舞った場合、全取引平均値よりも低めの利益率です。例えば、２日後で比較すれば、全取引平均値の－0.033％の下落に対して、下ヒゲ（陽）は－0.217％となっており、0.184％不利です。

逆をいえば、下ヒゲ（陽）が出現したら空売りを考えられます。１日後～40日後のどれも利益率がマイナスであるという特徴を持っており、買い戻しのタイミングも難しくありません。

全期間（1983〜2009年）の当日終値、1日後、2日後の全取引平均値は、それぞれ−0.054%、−0.017%、−0.033%です。一方、下ヒゲ（陽）パターン出現の場合、当日終値、1日後、2日後の利益率は、それぞれ−0.050%、−0.087%、−0.217%となります。

- ●パターンが出現した翌営業日の日中に下落する
- ●1日後以降もさらに利益率がマイナスとなっている

このことから、下ヒゲ（陽）パターンが出た場合、パターン出現した翌営業日の始値付近で空売りするのがよいといえます。

6分割した期間でも同様に解析してみましょう。

### バブル期間（1983～1989年）

| 売却日 | 取引回数 | 利益平均1(%) | 利益平均2(%) | 勝ち取引回数 | 負け取引回数 | 勝率(%) |
|---|---|---|---|---|---|---|
| 当日終値 | 46675 | -0.018 | -0.046 | 17648 | 21892 | 44.6 |
| 1日後 | 46675 | 0.047 | 0.009 | 18683 | 22600 | 45.3 |
| 2日後 | 46675 | 0.046 | -0.025 | 18992 | 23982 | 44.2 |
| 3日後 | 46675 | 0.113 | 0.015 | 19485 | 24174 | 44.6 |
| 4日後 | 46675 | 0.197 | 0.075 | 19847 | 24308 | 44.9 |
| 5日後 | 46675 | 0.285 | 0.141 | 20244 | 24102 | 45.7 |
| 6日後 | 46675 | 0.382 | 0.216 | 20506 | 23975 | 46.1 |
| 10日後 | 46675 | 0.735 | 0.486 | 21349 | 23762 | 47.3 |
| 20日後 | 46675 | 1.698 | 1.266 | 23068 | 22409 | 50.7 |
| 30日後 | 46675 | 2.769 | 2.178 | 24400 | 21317 | 53.4 |
| 40日後 | 46675 | 3.711 | 2.968 | 25163 | 20699 | 54.9 |

この期間の当日終値、1日後、2日後の全取引平均値は、それぞれ－0.016％、＋0.082％、＋0.167％です。

一方、下ヒゲ（陽）パターン出現の場合、当日終値、1日後、2日後の利益率は、それぞれ－0.046％、＋0.009％、－0.025％となりました。

当日終値で利益率がマイナス、1日後で利益率がプラス、2日後で利益率がマイナスです。全取引平均値と比較すると、そのすべてで利益率がより低くなっています。

1日後で利益率がプラス、2日後で利益率がマイナスとブレていることから、この上昇期に出現した下ヒゲ（陽）パターンは「様子見」と判断できます。

### 崩壊期間（1990～1992年）

| 売却日 | 取引回数 | 利益平均1(%) | 利益平均2(%) | 勝ち取引回数 | 負け取引回数 | 勝率(%) |
|---|---|---|---|---|---|---|
| 当日終値 | 23270 | 0.028 | -0.003 | 9346 | 10454 | 47.2 |
| 1日後 | 23270 | 0.017 | -0.034 | 9737 | 11236 | 46.4 |
| 2日後 | 23270 | -0.151 | -0.257 | 9604 | 12104 | 44.2 |
| 3日後 | 23270 | -0.193 | -0.351 | 9860 | 12232 | 44.6 |
| 4日後 | 23270 | -0.301 | -0.514 | 9738 | 12457 | 43.9 |
| 5日後 | 23270 | -0.373 | -0.639 | 9652 | 12688 | 43.2 |
| 6日後 | 23270 | -0.520 | -0.851 | 9539 | 12844 | 42.6 |
| 10日後 | 23270 | -0.615 | -1.126 | 9589 | 13046 | 42.4 |
| 20日後 | 23270 | -1.469 | -2.608 | 9347 | 13494 | 40.9 |
| 30日後 | 23270 | -2.535 | -4.253 | 8747 | 14169 | 38.2 |
| 40日後 | 23270 | -3.274 | -5.546 | 8616 | 14355 | 37.5 |

この期間の当日終値、1日後、2日後の全取引平均値は、それぞれ－0.079％、－0.121％、－0.242％です。

一方、下ヒゲ（陽）パターン出現の場合、当日終値、1日後、2日後の利益率は、それぞれ－0.003％、－0.034％、－0.257％となりました。

当日終値、1日後、2日後のすべてで利益率がマイナスです。全取引平均値と比較すると、当日終値と1日後の利益率はより高く、2日後の利益率はより低くなっています。

ただ、1日後はほぼゼロ、2日後はマイナスであることから、この下落期に出現した下ヒゲ（陽）パターンは「売りサイン」だったといえます。

### もみ合い期間（1993～1999年）

| 売却日 | 取引回数 | 利益平均1(%) | 利益平均2(%) | 勝ち取引回数 | 負け取引回数 | 勝率(%) |
|---|---|---|---|---|---|---|
| 当日終値 | 56988 | -0.092 | -0.134 | 21967 | 27217 | 44.7 |
| 1日後 | 56988 | -0.065 | -0.126 | 23042 | 28582 | 44.6 |
| 2日後 | 56988 | -0.073 | -0.186 | 23667 | 29816 | 44.3 |
| 3日後 | 56988 | -0.113 | -0.281 | 23878 | 30319 | 44.1 |
| 4日後 | 56988 | -0.103 | -0.313 | 23988 | 30592 | 44.0 |
| 5日後 | 56988 | -0.103 | -0.355 | 23951 | 30910 | 43.7 |
| 6日後 | 56988 | -0.088 | -0.386 | 24065 | 30982 | 43.7 |
| 10日後 | 56988 | 0.041 | -0.401 | 24407 | 31019 | 44.0 |
| 20日後 | 56988 | 0.404 | -0.482 | 25271 | 30688 | 45.2 |
| 30日後 | 56988 | 0.498 | -0.904 | 25338 | 30819 | 45.1 |
| 40日後 | 56988 | 0.656 | -1.246 | 25343 | 31015 | 45.0 |

この期間の当日終値、1日後、2日後の全取引平均値は、それぞれ－0.094％、－0.036％、－0.071％です。

一方、下ヒゲ（陽）パターン出現の場合、当日終値、1日後、2日後の利益率は、それぞれ－0.134％、－0.126％、－0.186％となりました。

当日終値、1日後、2日後のすべてで利益率がマイナスです。また全取引平均値と比較すると、そのすべてで利益率がより低くなっています。

したがって、このもみ合い期に出現した下ヒゲ（陽）パターンも「売りサイン」だったといえます。

## 暴落期間（2000～2002年）

| 売却日 | 取引回数 | 利益平均1(%) | 利益平均2(%) | 勝ち取引回数 | 負け取引回数 | 勝率(%) |
|---|---|---|---|---|---|---|
| 当日終値 | 48108 | 0.030 | -0.015 | 19893 | 22460 | 47.0 |
| 1日後 | 48108 | -0.040 | -0.114 | 20318 | 23623 | 46.2 |
| 2日後 | 48108 | -0.083 | -0.223 | 20487 | 24858 | 45.2 |
| 3日後 | 48108 | -0.166 | -0.371 | 20304 | 25436 | 44.4 |
| 4日後 | 48108 | -0.220 | -0.491 | 20374 | 25853 | 44.1 |
| 5日後 | 48108 | -0.229 | -0.558 | 20538 | 25802 | 44.3 |
| 6日後 | 48108 | -0.270 | -0.655 | 20618 | 25868 | 44.4 |
| 10日後 | 48108 | -0.511 | -1.150 | 20326 | 26618 | 43.3 |
| 20日後 | 48108 | -0.973 | -2.251 | 19838 | 27415 | 42.0 |
| 30日後 | 48108 | -1.275 | -3.190 | 19405 | 27968 | 41.0 |
| 40日後 | 48108 | -1.585 | -4.284 | 19410 | 28068 | 40.9 |

この期間の当日終値、１日後、２日後の全取引平均値は、それぞれ－0.074％、－0.067％、－0.130％です。

一方、下ヒゲ（陽）パターン出現の場合、当日終値、１日後、２日後の利益率は、それぞれ－0.015％、－0.114％、－0.223％となりました。

当日終値、１日後、２日後のすべてで利益率がマイナスです。全取引平均値と比較すると、当日終値の利益率がより高くなっていますが、１日後と２日後の利益率がより低くなっています。

したがって、この下落期に出現した下ヒゲ（陽）パターンも「売りサイン」だったといえます。

### 暴騰期間（2003～2006年）

| 売却日 | 取引回数 | 利益平均1(%) | 利益平均2(%) | 勝ち取引回数 | 負け取引回数 | 勝率(%) |
|---|---|---|---|---|---|---|
| 当日終値 | 82046 | 0.053 | 0.016 | 34722 | 39642 | 46.7 |
| 1日後 | 82046 | 0.067 | 0.006 | 36168 | 40227 | 47.3 |
| 2日後 | 82046 | 0.044 | −0.081 | 36639 | 41641 | 46.8 |
| 3日後 | 82046 | 0.035 | −0.161 | 37100 | 41867 | 47.0 |
| 4日後 | 82046 | 0.060 | −0.194 | 37662 | 41832 | 47.4 |
| 5日後 | 82046 | 0.195 | −0.091 | 38098 | 41632 | 47.8 |
| 6日後 | 82046 | 0.313 | −0.014 | 38525 | 41527 | 48.1 |
| 10日後 | 82046 | 0.775 | 0.260 | 40106 | 40291 | 49.9 |
| 20日後 | 82046 | 1.848 | 0.941 | 41648 | 39280 | 51.5 |
| 30日後 | 82046 | 2.499 | 1.244 | 41810 | 39330 | 51.5 |
| 40日後 | 82046 | 3.262 | 1.686 | 42319 | 38946 | 52.1 |

この期間の当日終値、1日後、2日後の全取引平均値は、それぞれ−0.025%、+0.064%、+0.132%です。

一方、下ヒゲ（陽）パターン出現の場合、当日終値、1日後、2日後の利益率は、それぞれ+0.016%、+0.006%、−0.081%となりました。

当日終値と1日後の利益率がプラス、2日後の利益率がマイナスです。全取引平均値と比較すると、当日終値は利益率がより高く、1日後と2日後は利益率がより低くなっています。

1日後の利益率がほぼゼロ、2日後の利益率がマイナスとなっていることから、暴騰期に出現した下ヒゲ（陽）パターンも「売りサイン」と判断できます。

### 金融危機期間（2007～2009年）

| 売却日 | 取引回数 | 利益平均1(%) | 利益平均2(%) | 勝ち取引回数 | 負け取引回数 | 勝率(%) |
|---|---|---|---|---|---|---|
| 当日終値 | 93803 | -0.036 | -0.088 | 39757 | 45833 | 46.5 |
| 1日後 | 93714 | -0.098 | -0.190 | 40699 | 47510 | 46.1 |
| 2日後 | 93628 | -0.244 | -0.435 | 40462 | 49479 | 45.0 |
| 3日後 | 93542 | -0.280 | -0.549 | 40225 | 50400 | 44.4 |
| 4日後 | 93445 | -0.393 | -0.769 | 39893 | 51152 | 43.8 |
| 5日後 | 93320 | -0.498 | -0.974 | 39905 | 51239 | 43.8 |
| 6日後 | 93243 | -0.559 | -1.118 | 39759 | 51501 | 43.6 |
| 10日後 | 92796 | -0.788 | -1.763 | 39474 | 51826 | 43.2 |
| 20日後 | 91370 | -1.252 | -3.218 | 37486 | 52834 | 41.5 |
| 30日後 | 90099 | -2.012 | -5.131 | 34960 | 54344 | 39.1 |
| 40日後 | 89054 | -2.603 | -6.981 | 33739 | 54635 | 38.2 |

この期間の当日終値、1日後、2日後の全取引平均値は、それぞれ－0.051％、－0.106％、－0.214％です。

一方、下ヒゲ（陽）パターン出現の場合、当日終値、1日後、2日後の利益率は、それぞれ－0.088％、－0.190％、－0.435％となりました。

当日終値、1日後、2日後のすべてで利益率がマイナスです。また全取引平均値と比較すると、そのすべてで利益率がより低くなっています。

したがって、この暴落期に出現した下ヒゲ（陽）パターンも「売りサイン」だったといえます。

## まとめ

６期間中５期間で、下ヒゲ（陽）の出現は売りサインとなり、１期間で様子見となりました。

様子見であったバブル期間（1983～1989年）も、全取引平均値と比較すれば、より低めの利益率となっており、その傾向は変わっていません。

したがって、今後も長い下ヒゲ（陽）が出現すれば「売り有利」といえそうです。

下ヒゲ（陽）パターン出現後の株価の動きは、下ヒゲ（陰）パターンと非常に似通っています。どちらにしても“長い下ヒゲは買いサイン”という通説に対して、統計分析の結果は売りサインだったわけです。このように通説に疑問を持って検証することで、新しい可能性が広がってきます。

## 19. つつみ線（陰・陽）

前日のローソク足の値動きの範囲を完全につつむローソク足が現れたパターンを「つつみ線」といいます。まずは、前日のローソク足を「陰線」、完全につつむローソク足を「大陽線」とした場合を分析してみましょう。

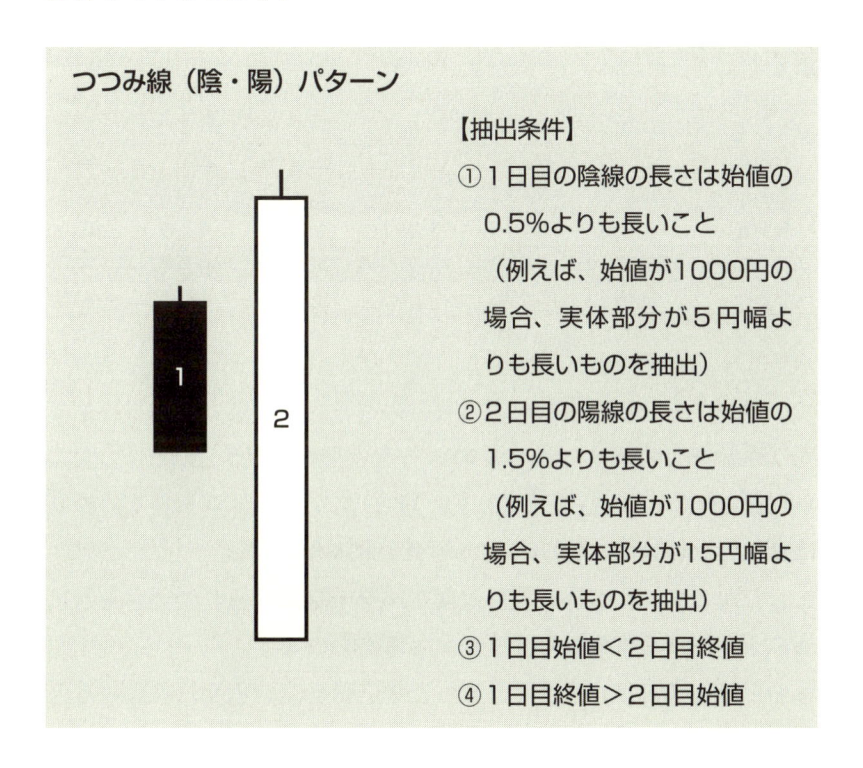

**つつみ線（陰・陽）パターン**

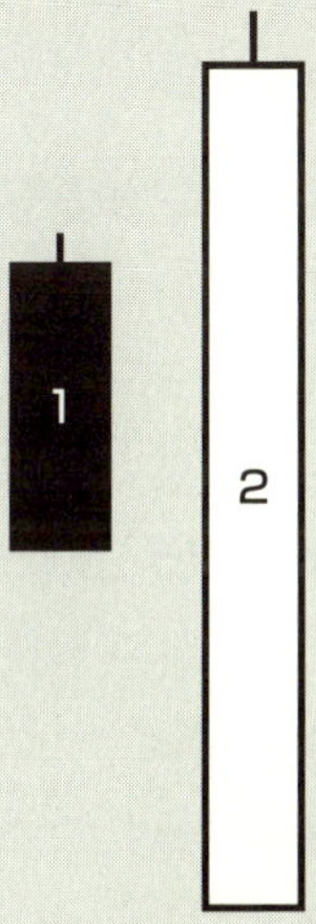


【抽出条件】

①１日目の陰線の長さは始値の0.5%よりも長いこと
（例えば、始値が1000円の場合、実体部分が５円幅よりも長いものを抽出）

②２日目の陽線の長さは始値の1.5%よりも長いこと
（例えば、始値が1000円の場合、実体部分が15円幅よりも長いものを抽出）

③１日目始値＜２日目終値

④１日目終値＞２日目始値

長期に相場が下落した後の陽線によるつつみ足は「抱き一本立ち」とも呼ばれ、通説では“前日の陰線を完全に包む大陽線が反転上昇のエネルギーを表し、買いのサイン”といわれています。

実際の統計分析では、どのような結果が出るでしょうか。

**全期間（1983～2009年）**

| 売却日 | 取引回数 | 利益平均 1(%) | 利益平均 2(%) | 勝ち取引 回数 | 負け取引 回数 | 勝率(%) |
|---|---|---|---|---|---|---|
| 当日終値 | 90953 | −0.072 | −0.117 | 36361 | 45127 | 44.6 |
| 1日後 | 90941 | −0.032 | −0.102 | 38430 | 46094 | 45.5 |
| 2日後 | 90894 | −0.101 | −0.233 | 38604 | 48037 | 44.6 |
| 3日後 | 90878 | −0.128 | −0.320 | 38905 | 48515 | 44.5 |
| 4日後 | 90856 | −0.165 | −0.419 | 39002 | 48967 | 44.3 |
| 5日後 | 90826 | −0.153 | −0.465 | 39106 | 49202 | 44.3 |
| 6日後 | 90815 | −0.141 | −0.506 | 39316 | 49111 | 44.5 |
| 10日後 | 90682 | −0.112 | −0.717 | 39726 | 49122 | 44.7 |
| 20日後 | 90453 | −0.141 | −1.391 | 40119 | 49030 | 45.0 |
| 30日後 | 89955 | −0.099 | −1.981 | 39638 | 49258 | 44.6 |
| 40日後 | 89760 | 0.038 | −2.393 | 39619 | 49219 | 44.6 |

このパターンがみられた翌営業日の寄り付きで買い、当日終値で売り手仕舞った場合（当日終値の行を参照）、1983～2009年の利益平均は0.117％（利益平均２）の「マイナス」となりました。これは全取引平均値の－0.054％よりも低い利益率です。

したがって、つつみ線（陰・陽）パターンがみられた翌営業日にデイトレードをするなら「売り」と考えられます。

１日後～40日後に売り手仕舞った場合は、全取引平均値よりも低めの利益率となっています。例えば、2日後で比較すれば、全取引平均値の－0.033％に対して、つつみ線（陰・陽）は－0.233％となっており、0.200％不利です。

したがって、空売りが考えられます。1日後～40日後のすべてで利益率がマイナスであることから、買い戻しのタイミングは難しくありません。

全期間（1983～2009年）の当日終値、1日後、2日後の全取引平均値は、それぞれ－0.054％、－0.017％、－0.033％です。一方、つつみ線（陰・陽）パターン出現の場合、当日終値、1日後、2日後の利益率は、それぞれ－0.117％、－0.102％、－0.233％となりました。

当日終値、1日後、2日後の利益率は、すべてマイナスです。また、全取引平均値と比較すると、そのすべてで利益率がより低くなっています。

●パターンが出現した翌営業日の日中に下落する
●2日後以降もさらに利益率がマイナスとなっている

このことから、つつみ線（陰・陽）パターンが出た場合、その翌営業日の始値付近での空売りが考えられます。

6分割した期間でも同様に解析してみましょう。特に相場が下落した期間に“反転上昇”となっているか注目です。

## バブル期間（1983～1989年）

| 売却日 | 取引回数 | 利益平均1(%) | 利益平均2(%) | 勝ち取引回数 | 負け取引回数 | 勝率(%) |
|---|---|---|---|---|---|---|
| 当日終値 | 12477 | -0.076 | -0.111 | 4745 | 6036 | 44.0 |
| 1日後 | 12477 | 0.001 | -0.045 | 5036 | 6257 | 44.6 |
| 2日後 | 12477 | 0.006 | -0.075 | 5106 | 6569 | 43.7 |
| 3日後 | 12477 | -0.001 | -0.116 | 5121 | 6693 | 43.3 |
| 4日後 | 12477 | 0.084 | -0.060 | 5292 | 6643 | 44.3 |
| 5日後 | 12477 | 0.222 | 0.051 | 5290 | 6702 | 44.1 |
| 6日後 | 12477 | 0.371 | 0.179 | 5370 | 6664 | 44.6 |
| 10日後 | 12477 | 0.688 | 0.397 | 5547 | 6583 | 45.7 |
| 20日後 | 12477 | 1.596 | 1.096 | 6062 | 6163 | 49.6 |
| 30日後 | 12477 | 2.573 | 1.917 | 6347 | 5918 | 51.7 |
| 40日後 | 12477 | 3.567 | 2.714 | 6578 | 5708 | 53.5 |

この期間の当日終値、1日後、2日後の全取引平均値は、それぞれ−0.016%、+0.082%、+0.167%です。

一方、つつみ線（陰・陽）のパターン出現の場合、当日終値、1日後、2日後の利益率は、それぞれ−0.111%、−0.045%、−0.075%となりました。

当日終値、1日後、2日後すべてで利益率がマイナスです。全取引平均値と比較すると、そのすべてで利益率がより低くなっています。

したがって、この上昇期に出現したつつみ線（陰・陽）パターンは「売りサイン」だったといえます。

**崩壊期間（1990～1992年）**

| 売却日 | 取引回数 | 利益平均1(%) | 利益平均2(%) | 勝ち取引回数 | 負け取引回数 | 勝率(%) |
|---|---|---|---|---|---|---|
| 当日終値 | 6134 | -0.054 | -0.086 | 2370 | 2894 | 45.0 |
| 1日後 | 6134 | -0.212 | -0.266 | 2410 | 3158 | 43.3 |
| 2日後 | 6134 | -0.451 | -0.555 | 2305 | 3467 | 39.9 |
| 3日後 | 6134 | -0.683 | -0.843 | 2271 | 3569 | 38.9 |
| 4日後 | 6134 | -0.869 | -1.104 | 2296 | 3585 | 39.0 |
| 5日後 | 6134 | -0.699 | -0.956 | 2370 | 3561 | 40.0 |
| 6日後 | 6134 | -0.862 | -1.166 | 2325 | 3602 | 39.2 |
| 10日後 | 6134 | -1.231 | -1.797 | 2339 | 3637 | 39.1 |
| 20日後 | 6134 | -1.594 | -2.874 | 2482 | 3551 | 41.1 |
| 30日後 | 6134 | -2.153 | -3.851 | 2411 | 3645 | 39.8 |
| 40日後 | 6134 | -2.868 | -5.027 | 2303 | 3759 | 38.0 |

この期間の当日終値、1日後、2日後の全取引平均値は、それぞれ－0.079％、－0.121％、－0.242％です。

一方、つつみ線（陰・陽）パターン出現の場合、当日終値、1日後、2日後の利益率は、それぞれ－0.086％、－0.266％、－0.555％となりました。

当日終値、1日後、2日後のすべてで利益率がマイナスです。全取引平均値と比較すると、そのすべてで利益率がより低くなっています。

したがって、この下落期に出現したつつみ線（陰・陽）パターンも「売りサイン」だったといえます。

### もみ合い期間（1993～1999年）

| 売却日 | 取引回数 | 利益平均1(%) | 利益平均2(%) | 勝ち取引回数 | 負け取引回数 | 勝率(%) |
|---|---|---|---|---|---|---|
| 当日終値 | 15460 | −0.125 | −0.166 | 5924 | 7536 | 44.0 |
| 1日後 | 15460 | −0.102 | −0.162 | 6283 | 7865 | 44.4 |
| 2日後 | 15460 | −0.189 | −0.306 | 6384 | 8277 | 43.5 |
| 3日後 | 15460 | −0.262 | −0.434 | 6370 | 8427 | 43.0 |
| 4日後 | 15460 | −0.388 | −0.606 | 6338 | 8579 | 42.5 |
| 5日後 | 15460 | −0.347 | −0.610 | 6418 | 8572 | 42.8 |
| 6日後 | 15460 | −0.384 | −0.694 | 6354 | 8656 | 42.3 |
| 10日後 | 15460 | −0.323 | −0.787 | 6472 | 8592 | 43.0 |
| 20日後 | 15460 | −0.323 | −1.258 | 6534 | 8672 | 43.0 |
| 30日後 | 15460 | −0.256 | −1.779 | 6660 | 8599 | 43.6 |
| 40日後 | 15460 | −0.172 | −2.274 | 6683 | 8604 | 43.7 |

この期間の当日終値、1日後、2日後の全取引平均値は、それぞれ−0.094％、−0.036％、−0.071％です。

一方、つつみ線（陰・陽）パターン出現の場合、当日終値、1日後、2日後の利益率は、それぞれ−0.166％、−0.162％、−0.306％となりました。

当日終値、1日後、2日後のすべてで利益率がマイナスです。全取引平均値と比較すると、そのすべてで利益率がより低くなっています。

したがって、このもみ合い期に出現したつつみ線（陰・陽）パターンも「売りサイン」だったといえます。

### 暴落期間（2000 ～ 2002 年）

| 売却日 | 取引回数 | 利益平均 1(%) | 利益平均 2(%) | 勝ち取引 回数 | 負け取引 回数 | 勝率 (%) |
|---|---|---|---|---|---|---|
| 当日終値 | 11336 | -0.006 | -0.055 | 4661 | 5494 | 45.9 |
| 1 日後 | 11336 | -0.085 | -0.162 | 4758 | 5775 | 45.2 |
| 2 日後 | 11336 | -0.235 | -0.388 | 4770 | 6000 | 44.3 |
| 3 日後 | 11336 | -0.332 | -0.551 | 4781 | 6075 | 44.0 |
| 4 日後 | 11336 | -0.505 | -0.813 | 4754 | 6200 | 43.4 |
| 5 日後 | 11336 | -0.577 | -0.990 | 4700 | 6256 | 42.9 |
| 6 日後 | 11336 | -0.551 | -1.012 | 4784 | 6239 | 43.4 |
| 10 日後 | 11336 | -0.670 | -1.381 | 4802 | 6295 | 43.3 |
| 20 日後 | 11336 | -1.207 | -2.594 | 4595 | 6524 | 41.3 |
| 30 日後 | 11336 | -1.486 | -3.577 | 4519 | 6670 | 40.4 |
| 40 日後 | 11336 | -1.561 | -4.229 | 4551 | 6653 | 40.6 |

この期間の当日終値、１日後、２日後の全取引平均値は、それぞれ－0.074％、－0.067％、－0.130％です。

一方、つつみ線（陰・陽）パターン出現の場合、当日終値、１日後、２日後の利益率は、それぞれ－0.055％、－0.162％、－0.388％となりました。

当日終値、１日後、２日後のすべてで利益率がマイナスです。全取引平均値と比較すると、当日終値の利益率はより高くなっているものの、１日後と２日後の利益率はより低くなっています。

利益率はマイナスであることから、この下落期に出現したつつみ線（陰・陽）パターンも「売りサイン」だったといえます。

**暴騰期間（2003～2006年）**

| 売却日 | 取引回数 | 利益平均1(%) | 利益平均2(%) | 勝ち取引回数 | 負け取引回数 | 勝率(%) |
|---|---|---|---|---|---|---|
| 当日終値 | 22084 | -0.018 | -0.061 | 9162 | 11100 | 45.2 |
| 1日後 | 22084 | 0.063 | -0.009 | 9823 | 10930 | 47.3 |
| 2日後 | 22084 | 0.112 | -0.013 | 9990 | 11199 | 47.1 |
| 3日後 | 22084 | 0.367 | 0.201 | 10300 | 11070 | 48.2 |
| 4日後 | 22084 | 0.394 | 0.176 | 10390 | 11082 | 48.4 |
| 5日後 | 22084 | 0.495 | 0.238 | 10540 | 11024 | 48.9 |
| 6日後 | 22084 | 0.607 | 0.303 | 10741 | 10859 | 49.7 |
| 10日後 | 22084 | 0.863 | 0.334 | 10783 | 10933 | 49.7 |
| 20日後 | 22084 | 1.433 | 0.419 | 11069 | 10770 | 50.7 |
| 30日後 | 22084 | 2.061 | 0.693 | 11075 | 10775 | 50.7 |
| 40日後 | 22084 | 2.882 | 1.212 | 11196 | 10687 | 51.2 |

この期間の当日終値、1日後、2日後の全取引平均値は、それぞれ－0.025％、＋0.064％、＋0.132％です。

一方、つつみ線（陰・陽）パターン出現の場合、当日終値、1日後、2日後の利益率は、それぞれ－0.061％、－0.009％、－0.013％となりました。

当日終値、1日後、2日後のすべてで利益率がマイナスです。全取引平均値と比較すると、そのすべてで利益率がより低くなっています。しかし、利益率は1日後、2日後ともほとんどゼロとなっています。

したがって、この上昇期に出現したつつみ線（陰・陽）パターンは「様子見」だったといえます。

## 金融危機期間（2007～2009年）

| 売却日 | 取引回数 | 利益平均1(%) | 利益平均2(%) | 勝ち取引回数 | 負け取引回数 | 勝率(%) |
|---|---|---|---|---|---|---|
| 当日終値 | 23424 | -0.122 | -0.179 | 9482 | 12050 | 44.0 |
| 1日後 | 23412 | -0.021 | -0.110 | 10102 | 12090 | 45.5 |
| 2日後 | 23365 | -0.145 | -0.321 | 10029 | 12508 | 44.5 |
| 3日後 | 23349 | -0.329 | -0.599 | 10047 | 12660 | 44.2 |
| 4日後 | 23327 | -0.330 | -0.680 | 9913 | 12861 | 43.5 |
| 5日後 | 23297 | -0.496 | -0.935 | 9764 | 13073 | 42.8 |
| 6日後 | 23286 | -0.583 | -1.105 | 9716 | 13080 | 42.6 |
| 10日後 | 23153 | -0.772 | -1.673 | 9754 | 13073 | 42.7 |
| 20日後 | 22924 | -1.571 | -3.595 | 9352 | 13339 | 41.2 |
| 30日後 | 22426 | -2.340 | -5.607 | 8611 | 13629 | 38.7 |
| 40日後 | 22231 | -3.005 | -7.262 | 8292 | 13786 | 37.6 |

この期間の当日終値、1日後、2日後の全取引平均値は、それぞれ－0.051％、－0.106％、－0.214％です。

一方、つつみ線（陰・陽）パターン出現の場合、当日終値、1日後、2日後の利益率は、それぞれ－0.179％、－0.110％、－0.321％となりました。

当日終値、1日後、2日後のすべてで利益率がマイナスです。また全取引平均値と比較すると、そのすべてで利益率がより低くなっています。

したがって、この下落期に出現したつつみ線（陰・陽）パターンは「売りサイン」となりました。

**まとめ**

６期間中５期間で、つつみ線（陰・陽）の出現は売りサインでした。また１期間で様子見でした。

ただひとつ様子見となった暴騰期間（2003～2006年）も全取引平均値と比較すれば、より低めの利益率となっており、その傾向は変わっていません。

株価の上昇期、もみあい期、下落期にかかわらず、つつみ線（陰・陽）パターンが出現した当日終値、１日後、２日後に株価の下落する傾向があります。

通説では“買いのサイン”と紹介されていたパターンが、統計分析では逆の結果となったわけです。

# 20. つつみ線（陽・陰）

先ほどとは逆に、前日に現れた「陽線」を完全につつむ「大陰線」が現れたときの統計分析をしてみましょう。

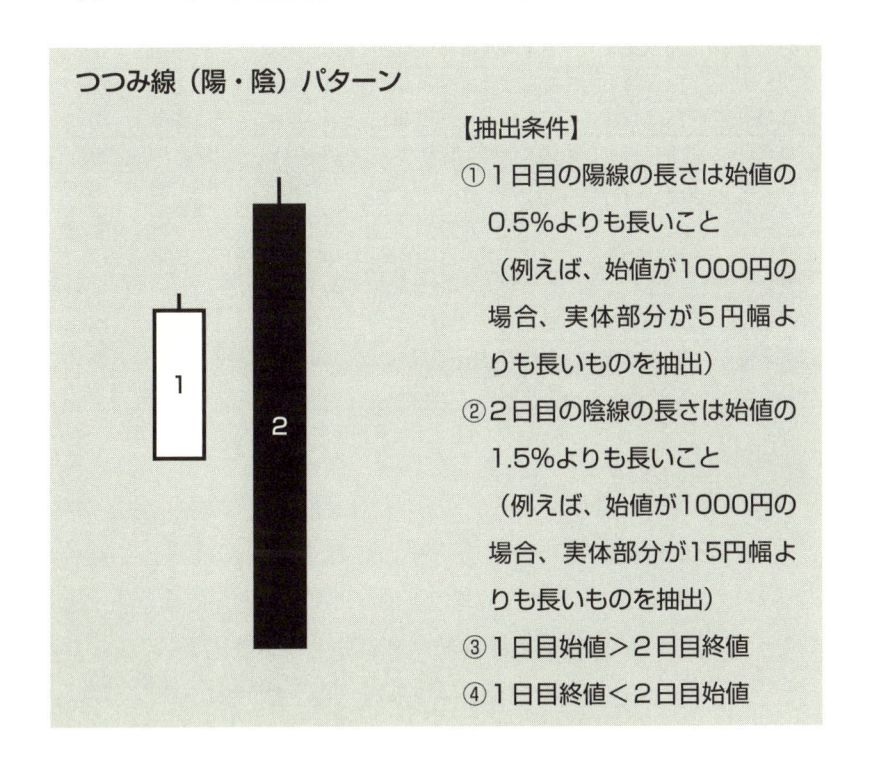

**つつみ線（陽・陰）パターン**

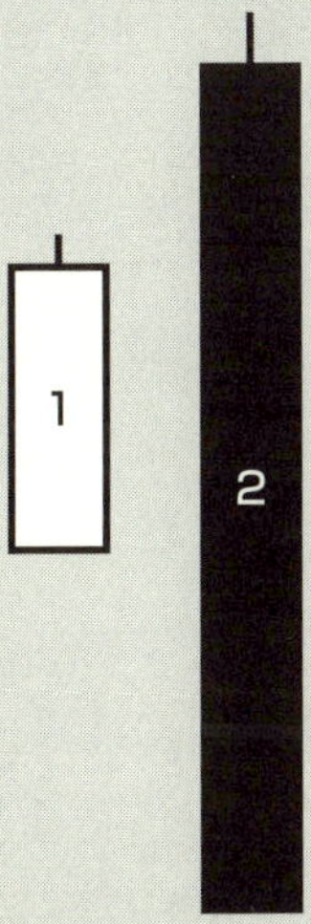


**【抽出条件】**

①１日目の陽線の長さは始値の0.5%よりも長いこと（例えば、始値が1000円の場合、実体部分が５円幅よりも長いものを抽出）

②２日目の陰線の長さは始値の1.5%よりも長いこと（例えば、始値が1000円の場合、実体部分が15円幅よりも長いものを抽出）

③１日目始値＞２日目終値

④１日目終値＜２日目始値

長期にわたって相場が上昇した後の陰線によるつつみ足は「最後の抱き線」とも呼ばれ、一般の解説書では“売りのサイン”として紹介されています。

実際の統計分析では、どのような結果が出るでしょうか。

**全期間（1983～2009年）**

| 売却日 | 取引回数 | 利益平均1(%) | 利益平均2(%) | 勝ち取引回数 | 負け取引回数 | 勝率(%) |
|---|---|---|---|---|---|---|
| 当日終値 | 105384 | -0.178 | -0.222 | 42160 | 51339 | 45.1 |
| 1日後 | 105351 | -0.039 | -0.106 | 47209 | 49798 | 48.7 |
| 2日後 | 105339 | 0.017 | -0.106 | 48134 | 51646 | 48.2 |
| 3日後 | 105281 | 0.079 | -0.099 | 48519 | 52269 | 48.1 |
| 4日後 | 105254 | 0.154 | -0.074 | 48987 | 52438 | 48.3 |
| 5日後 | 105239 | 0.180 | -0.102 | 49207 | 52740 | 48.3 |
| 6日後 | 105189 | 0.210 | -0.135 | 49245 | 52946 | 48.2 |
| 10日後 | 105076 | 0.193 | -0.354 | 48665 | 54139 | 47.3 |
| 20日後 | 104770 | 0.385 | -0.721 | 48901 | 54278 | 47.4 |
| 30日後 | 104353 | 0.629 | -0.974 | 48395 | 54606 | 47.0 |
| 40日後 | 104008 | 0.611 | -1.621 | 48125 | 54771 | 46.8 |

つつみ線（陽・陰）パターンがみられた翌営業日の寄り付きで買い、当日終値で売った場合（当日終値の行を参照）、1983～2009年の利益平均は0.222％（利益平均２）の「マイナス」です。これは全取引平均値の－0.054％よりも低い利益率となりました。

したがって、統計結果では、つつみ線（陽・陰）パターンがみられた翌営業日にデイトレードをするなら「売り」を示唆しています。

１日後～40日後に売る場合は、全取引平均値よりも低い利益率と

なっています。例えば、２日後で比較すれば、全取引平均値の－0.033％に対して、つつみ線（陽・陰）は－0.106％となっており、つつみ線（陽・陰）パターンのほうが0.073％不利です。

したがって、空売りが考えられます。１日後～40日後の利益率がすべてマイナスなので買い戻しのタイミングは難しくありません。

ただし、当日終値での下落幅が0.222％なので、２日後に買い戻すよりは、当日終値で買い戻したほうが、利益幅は大きくなります。つまり、つつみ線（陽・陰）が出現したらデイトレードの売りのほうが有利だと考えられるわけです。

全期間（1983～2009年）の当日終値、１日後、２日後の全取引平均値は、それぞれ－0.054％、－0.017％、－0.033％です。一方、つつみ線（陽・陰）パターン出現の場合、当日終値、１日後、２日後の利益率は、それぞれ－0.222％、－0.106％、－0.106％となりました。

当日終値、１日後、２日後の利益率はすべてマイナスです。全取引平均値と比較すると、そのすべてで利益率がより低くなっています。

●パターンが出現した翌営業日の日中に下落する
●１日後以降に利益率のマイナス幅が縮小している

このことから、つつみ線（陽・陰）パターンが出た場合、パターンが出現した翌営業日の始値付近で空売りをして、当日中に買い戻すのがよいといえます。

６分割した期間でも同様に解析してみましょう。特に長期に相場が上昇した時期に注目です。

**バブル期間（1983～1989年）**

| 売却日 | 取引回数 | 利益平均1(%) | 利益平均2(%) | 勝ち取引回数 | 負け取引回数 | 勝率(%) |
|---|---|---|---|---|---|---|
| 当日終値 | 14625 | -0.112 | -0.138 | 5312 | 7099 | 42.8 |
| 1日後 | 14625 | 0.194 | 0.164 | 6384 | 6652 | 49.0 |
| 2日後 | 14625 | 0.329 | 0.276 | 6676 | 6889 | 49.2 |
| 3日後 | 14625 | 0.427 | 0.350 | 6683 | 7057 | 48.6 |
| 4日後 | 14625 | 0.605 | 0.511 | 6818 | 7040 | 49.2 |
| 5日後 | 14625 | 0.683 | 0.567 | 6811 | 7149 | 48.8 |
| 6日後 | 14625 | 0.703 | 0.566 | 6872 | 7162 | 49.0 |
| 10日後 | 14625 | 1.105 | 0.903 | 7072 | 7111 | 49.9 |
| 20日後 | 14625 | 2.119 | 1.756 | 7470 | 6849 | 52.2 |
| 30日後 | 14625 | 3.345 | 2.831 | 7894 | 6470 | 55.0 |
| 40日後 | 14625 | 4.512 | 3.844 | 8197 | 6204 | 56.9 |

この期間の当日終値、１日後、２日後の全取引平均値は、それぞれ－0.016％、＋0.082％、＋0.167％です。

一方、つつみ線（陽・陰）パターン出現の場合、当日終値、1日後、２日後の利益率は、それぞれ－0.138％、＋0.164％、＋0.276％となっています。

当日終値で利益率がマイナス、１日後と２日後で利益率がプラスです。全取引平均値と比較すると、当日終値で利益率がより低くなっているのに対して、１日後と２日後で利益率がより高くなっています。

したがって、この上昇期に出現したつつみ線（陽・陰）パターンは「買いサイン」だったといえます。

## 崩壊期間（1990～1992年）

| 売却日 | 取引回数 | 利益平均1(%) | 利益平均2(%) | 勝ち取引回数 | 負け取引回数 | 勝率(%) |
|---|---|---|---|---|---|---|
| 当日終値 | 6686 | -0.200 | -0.239 | 2532 | 3211 | 44.1 |
| 1日後 | 6686 | -0.130 | -0.189 | 2875 | 3146 | 47.7 |
| 2日後 | 6686 | -0.197 | -0.325 | 2944 | 3339 | 46.9 |
| 3日後 | 6686 | -0.160 | -0.344 | 3025 | 3327 | 47.6 |
| 4日後 | 6686 | -0.064 | -0.276 | 3072 | 3334 | 48.0 |
| 5日後 | 6686 | -0.359 | -0.634 | 2919 | 3523 | 45.3 |
| 6日後 | 6686 | -0.413 | -0.755 | 2892 | 3578 | 44.7 |
| 10日後 | 6686 | -0.980 | -1.589 | 2706 | 3821 | 41.5 |
| 20日後 | 6686 | -1.700 | -2.896 | 2638 | 3938 | 40.1 |
| 30日後 | 6686 | -1.977 | -3.586 | 2620 | 3976 | 39.7 |
| 40日後 | 6686 | -3.306 | -5.595 | 2494 | 4101 | 37.8 |

この期間の当日終値、１日後、２日後の全取引平均値は、それぞれ－0.079％、－0.121％、－0.242％です。

一方、つつみ線（陽・陰）パターン出現の場合、当日終値、１日後、２日後の利益率は、それぞれ－0.239％、－0.189％、－0.325％となっています。

当日終値、１日後、２日後のすべてで利益率がマイナスです。また全取引平均値と比較すると、そのすべてで利益がより低くなっています。

したがって、この下落期に出現したつつみ線（陽・陰）パターンは「売りサイン」だったといえます。

## もみ合い期間（1993～1999年）

| 売却日 | 取引回数 | 利益平均1(%) | 利益平均2(%) | 勝ち取引回数 | 負け取引回数 | 勝率(%) |
|---|---|---|---|---|---|---|
| 当日終値 | 19053 | -0.198 | -0.241 | 7269 | 9174 | 44.2 |
| 1日後 | 19053 | 0.057 | 0.000 | 8535 | 8738 | 49.4 |
| 2日後 | 19053 | 0.147 | 0.047 | 8737 | 9171 | 48.8 |
| 3日後 | 19053 | 0.221 | 0.079 | 8805 | 9341 | 48.5 |
| 4日後 | 19053 | 0.260 | 0.082 | 8765 | 9521 | 47.9 |
| 5日後 | 19053 | 0.263 | 0.046 | 8742 | 9612 | 47.6 |
| 6日後 | 19053 | 0.315 | 0.062 | 8810 | 9641 | 47.7 |
| 10日後 | 19053 | 0.416 | 0.011 | 8842 | 9750 | 47.6 |
| 20日後 | 19053 | 0.793 | -0.020 | 8910 | 9810 | 47.6 |
| 30日後 | 19053 | 1.113 | -0.133 | 8855 | 9947 | 47.1 |
| 40日後 | 19053 | 1.010 | -0.748 | 8809 | 10041 | 46.7 |

この期間の当日終値、１日後、２日後の全取引平均値は、それぞれ－0.094％、－0.036％、－0.071％です。

一方、つつみ線（陽･陰）パターン出現の場合、当日終値、1日後、２日後の利益率は、それぞれ－0.241％、±0.000％、＋0.047％となっています。

利益率は当日終値がマイナス、１日後がプラスマイナスゼロ、２日後がプラスです。全取引平均値と比較すると、当日終値の利益率がより低くなっているのに対して、１日後と２日後の利益率がより高くなっています。

ただし、１日後と２日後の利益率が小さいことから、このもみ合い期に出現したつつみ線（陽・陰）パターンは「様子見」とするのがよいといえます。

**暴落期間（2000 ～ 2002 年）**

| 売却日 | 取引回数 | 利益平均 1(%) | 利益平均 2(%) | 勝ち取引回数 | 負け取引回数 | 勝率 (%) |
|---|---|---|---|---|---|---|
| 当日終値 | 13131 | -0.137 | -0.184 | 5361 | 6285 | 46.0 |
| 1日後 | 13131 | 0.036 | -0.033 | 5973 | 6054 | 49.7 |
| 2日後 | 13131 | 0.053 | -0.077 | 5970 | 6390 | 48.3 |
| 3日後 | 13131 | 0.199 | 0.026 | 6057 | 6454 | 48.4 |
| 4日後 | 13131 | 0.192 | -0.036 | 6077 | 6504 | 48.3 |
| 5日後 | 13131 | 0.175 | -0.103 | 6074 | 6623 | 47.8 |
| 6日後 | 13131 | 0.127 | -0.218 | 6030 | 6711 | 47.3 |
| 10日後 | 13131 | 0.012 | -0.568 | 5979 | 6847 | 46.6 |
| 20日後 | 13131 | -0.273 | -1.382 | 5816 | 7084 | 45.1 |
| 30日後 | 13131 | -0.652 | -2.317 | 5494 | 7410 | 42.6 |
| 40日後 | 13131 | -1.183 | -3.602 | 5471 | 7491 | 42.2 |

この期間の当日終値、１日後、２日後の全取引平均値は、それぞれ－0.074％、－0.067％、－0.130％です。

一方、つつみ線（陽・陰）パターン出現の場合、当日終値、１日後、２日後の利益率は、それぞれ－0.184％、－0.033％、－0.077％となっています。

当日終値、１日後、２日後のすべてで利益率がマイナスです。全取引平均値と比較すると、当日終値の利益率がより低くなっているものの、１日後と２日後の利益率は高めとなりました。

とはいえ、利益率はマイナスなので、この下落期に出現したつつみ線（陽・陰）パターンは「売りサイン」だったといえます。

**暴騰期間（2003～2006年）**

| 売却日 | 取引回数 | 利益平均1(%) | 利益平均2(%) | 勝ち取引回数 | 負け取引回数 | 勝率(%) |
|---|---|---|---|---|---|---|
| 当日終値 | 25140 | -0.205 | -0.246 | 10229 | 12560 | 44.9 |
| 1日後 | 25140 | -0.090 | -0.154 | 11301 | 12109 | 48.3 |
| 2日後 | 25140 | -0.048 | -0.177 | 11610 | 12407 | 48.3 |
| 3日後 | 25140 | 0.079 | -0.092 | 11837 | 12399 | 48.8 |
| 4日後 | 25140 | 0.201 | -0.012 | 12030 | 12308 | 49.4 |
| 5日後 | 25140 | 0.314 | 0.059 | 12295 | 12175 | 50.2 |
| 6日後 | 25140 | 0.389 | 0.076 | 12326 | 12173 | 50.3 |
| 10日後 | 25140 | 0.664 | 0.204 | 12478 | 12162 | 50.6 |
| 20日後 | 25140 | 1.582 | 0.724 | 12911 | 11908 | 52.0 |
| 30日後 | 25140 | 2.645 | 1.464 | 13230 | 11617 | 53.2 |
| 40日後 | 25140 | 3.269 | 1.720 | 13372 | 11516 | 53.7 |

この期間の当日終値、１日後、２日後の全取引平均値は、それぞれ－0.025％、＋0.064％、＋0.132％です。

一方、つつみ線（陽・陰）パターン出現の場合、当日終値、１日後、２日後の利益率は、それぞれ－0.246％、－0.154％、－0.177％となっています。

当日終値、１日後、２日後のすべてで利益率がマイナスです。また全取引平均値と比較すると、そのすべてで利益率がより低くなっています。

したがって、この上昇期に出現したつつみ線（陽・陰）パターンでも「売りサイン」となりました。

**金融危機期間（2007 ～ 2009 年）**

| 売却日 | 取引回数 | 利益平均<br>1(%) | 利益平均<br>2(%) | 勝ち取引<br>回数 | 負け取引<br>回数 | 勝率 (%) |
|---|---|---|---|---|---|---|
| 当日終値 | 26498 | -0.191 | -0.249 | 11353 | 12895 | 46.8 |
| 1 日後 | 26465 | -0.200 | -0.298 | 12041 | 12968 | 48.1 |
| 2 日後 | 26453 | -0.146 | -0.316 | 12123 | 13293 | 47.7 |
| 3 日後 | 26395 | -0.212 | -0.482 | 12016 | 13554 | 47.0 |
| 4 日後 | 26368 | -0.190 | -0.547 | 12083 | 13636 | 47.0 |
| 5 日後 | 26353 | -0.160 | -0.616 | 12204 | 13574 | 47.3 |
| 6 日後 | 26303 | -0.127 | -0.687 | 12162 | 13595 | 47.2 |
| 10 日後 | 26190 | -0.576 | -1.476 | 11425 | 14361 | 44.3 |
| 20 日後 | 25884 | -1.219 | -3.186 | 10992 | 14604 | 42.9 |
| 30 日後 | 25467 | -1.984 | -4.873 | 10140 | 15103 | 40.2 |
| 40 日後 | 25122 | -2.663 | -6.750 | 9647 | 15303 | 38.7 |

この期間の当日終値、１日後、２日後の全取引平均値は、それぞれ－0.051％、－0.106％、－0.214％です。

一方、つつみ線（陽・陰）パターン出現の場合、当日終値、１日後、２日後の利益率は、それぞれ－0.249％、－0.298％、－0.316％となります。

当日終値、１日後、２日後のすべてで利益率がマイナスです。また全取引平均値と比較すると、そのすべてで利益率がより低くなっています。

したがって、この下落期に出現したつつみ線（陽・陰）パターンも「売りサイン」となりました。

**まとめ**

6期間中4期間でつつみ線（陽・陰）の出現は売りサイン、1期間で様子見、1期間で買いサインでした。よって、つつみ線（陽・陰）パターン出現後は下落する可能性が高いものの、上昇する時期もあるので、注意が必要といえます。

ただ、共通していることがあります。それは、つつみ線（陽・陰）パターン出現後の翌営業日の始値から終値にかけて大きく下げる傾向があることです。この傾向は6期間すべてで現れています。

したがって、つつみ線（陰・陽）はデイトレードでの売りサインだといえます。

# 21．たくり線（下ヒゲ）

「２日連続で陰線」となった翌営業日に「長い下ヒゲをもつ陽線」が現れたときのパターンについて分析してみましょう。

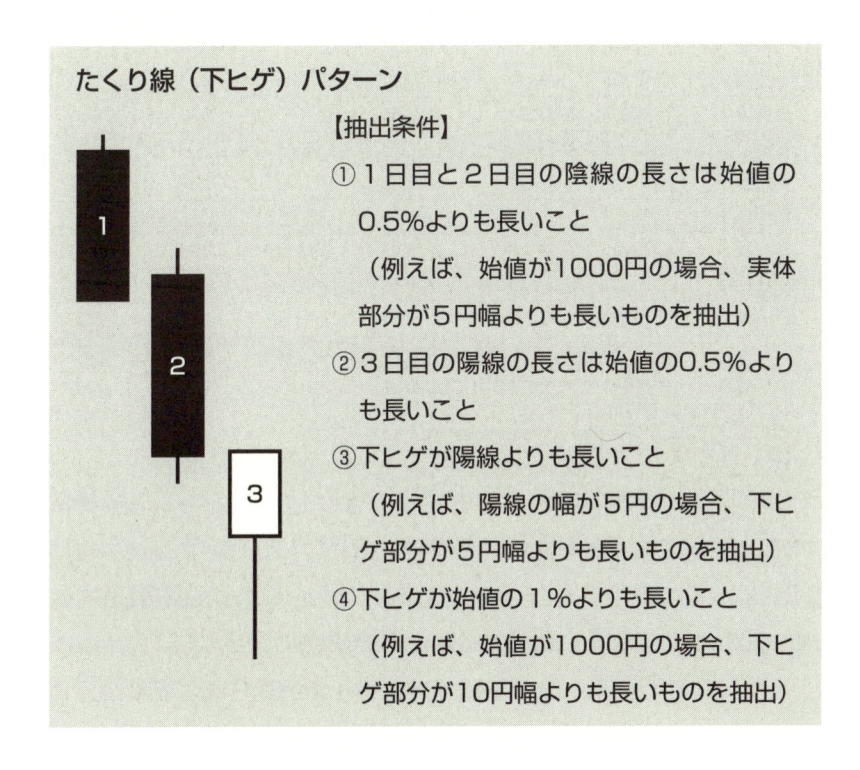

**たくり線（下ヒゲ）パターン**

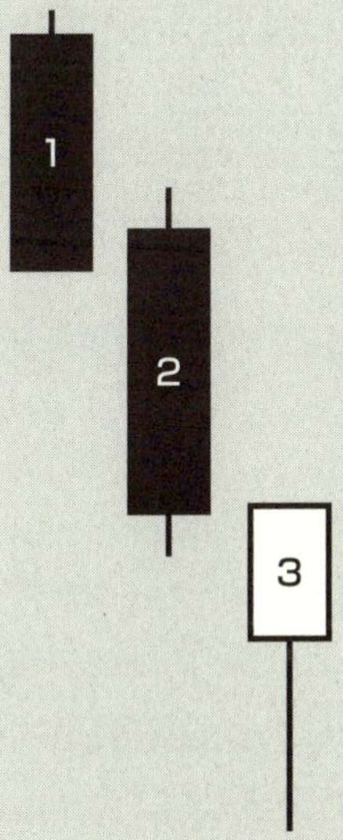


【抽出条件】

①１日目と２日目の陰線の長さは始値の0.5%よりも長いこと
（例えば、始値が1000円の場合、実体部分が５円幅よりも長いものを抽出）

②３日目の陽線の長さは始値の0.5%よりも長いこと

③下ヒゲが陽線よりも長いこと
（例えば、陽線の幅が５円の場合、下ヒゲ部分が５円幅よりも長いものを抽出）

④下ヒゲが始値の１%よりも長いこと
（例えば、始値が1000円の場合、下ヒゲ部分が10円幅よりも長いものを抽出）

株価の下降中に下ヒゲが出現するパターンで、通説では“底入れの可能性が非常に高い”といわれています。

下ヒゲ出現前に、２日連続で陰線出現という条件がついた場合、利益率に変化はあるでしょうか。

**全期間（1983～2009年）**

| 売却日 | 取引回数 | 利益平均1(%) | 利益平均2(%) | 勝ち取引回数 | 負け取引回数 | 勝率(%) |
|---|---|---|---|---|---|---|
| 当日終値 | 63048 | -0.082 | -0.133 | 25578 | 31433 | 44.9 |
| １日後 | 63040 | 0.014 | -0.064 | 27358 | 31174 | 46.7 |
| ２日後 | 63027 | -0.015 | -0.173 | 27852 | 32125 | 46.4 |
| ３日後 | 63019 | 0.025 | -0.212 | 28369 | 32153 | 46.9 |
| ４日後 | 63010 | 0.006 | -0.320 | 28407 | 32474 | 46.7 |
| ５日後 | 62990 | 0.097 | -0.274 | 28653 | 32388 | 46.9 |
| ６日後 | 62981 | 0.122 | -0.306 | 28709 | 32545 | 46.9 |
| 10日後 | 62923 | 0.273 | -0.408 | 29098 | 32426 | 47.3 |
| 20日後 | 62753 | 0.384 | -0.920 | 29122 | 32695 | 47.1 |
| 30日後 | 62439 | 0.360 | -1.605 | 28180 | 33421 | 45.7 |
| 40日後 | 62220 | 0.266 | -2.448 | 28006 | 33540 | 45.5 |

このパターンがみられた翌営業日の寄り付きで買い、当日終値で売った場合（当日終値の行を参照）、1983～2009年の利益平均は0.133％（利益平均２）の「マイナス」です。これは全取引平均値の－0.054％よりも低い利益率となっています。

したがって、たくり線（下ヒゲ）パターンがみられた翌営業日にデイトレードをするなら「売り」と考えられます。

１日後～40日後に売る場合は、全取引平均値よりも低い利益率と

なっています。例えば、２日後で比較すれば、全取引平均値の－0.033％に対して、たくり線（下ヒゲ）は－0.173％となっており、0.140％さらにマイナスです。

したがって、空売りが考えられます。１日後～40日後のどれも利益率がマイナスなので、買い戻しのタイミングも難しくありません。

1983～2009年の全期間の当日終値、１日後、２日後の全取引平均値は、それぞれ－0.054％、－0.017％、－0.033％です。一方、たくり線（下ヒゲ）パターン出現の場合、当日終値、１日後、２日後の利益率は、それぞれ－0.133％、－0.064％、－0.173％となりました。

当日終値、１日後、２日後の利益率がすべてマイナスです。全取引平均値で比較すると、そのすべてで利益率がより低くなっています。

●パターンが出現した翌営業日の日中に下落する
●２日後以降でさらに利益率がマイナスとなっている

このことから、たくり線（下ヒゲ）パターンが出た場合、翌営業日の始値付近での空売りが考えられます。

６分割した期間でも同様の解析をしました。

### バブル期間（1983～1989年）

| 売却日 | 取引回数 | 利益平均1(%) | 利益平均2(%) | 勝ち取引回数 | 負け取引回数 | 勝率(%) |
|---|---|---|---|---|---|---|
| 当日終値 | 7345 | −0.167 | −0.198 | 2651 | 3666 | 42.0 |
| 1日後 | 7345 | 0.084 | 0.047 | 2992 | 3509 | 46.0 |
| 2日後 | 7345 | 0.154 | 0.087 | 3134 | 3653 | 46.2 |
| 3日後 | 7345 | 0.237 | 0.141 | 3251 | 3633 | 47.2 |
| 4日後 | 7345 | 0.302 | 0.184 | 3225 | 3698 | 46.6 |
| 5日後 | 7345 | 0.447 | 0.309 | 3255 | 3695 | 46.8 |
| 6日後 | 7345 | 0.647 | 0.497 | 3323 | 3686 | 47.4 |
| 10日後 | 7345 | 0.899 | 0.662 | 3414 | 3672 | 48.2 |
| 20日後 | 7345 | 1.760 | 1.353 | 3698 | 3469 | 51.6 |
| 30日後 | 7345 | 2.690 | 2.080 | 3841 | 3344 | 53.5 |
| 40日後 | 7345 | 3.474 | 2.670 | 3948 | 3282 | 54.6 |

この期間の当日終値、1日後、2日後の全取引平均値は、それぞれ−0.016％、＋0.082％、＋0.167％です。

一方、たくり線（下ヒゲ）パターン出現の場合、当日終値、1日後、2日後の利益率は、それぞれ−0.198％、＋0.047％、＋0.087％でした。

当日終値で利益率がマイナス、1日後と2日後で利益率がプラスです。全取引平均値と比較すると、そのすべてで利益率がより低くなっています。

1日後と2日後の利益率がプラスであることから、このバブル期に出現したたくり線（下ヒゲ）パターンは「買いサイン」だったといえます。ただし、全取引平均値と比較すると、利益率は平均よりも低くなっています。

## 崩壊期間（1990～1992年）

| 売却日 | 取引回数 | 利益平均1(%) | 利益平均2(%) | 勝ち取引回数 | 負け取引回数 | 勝率(%) |
|---|---|---|---|---|---|---|
| 当日終値 | 4517 | 0.079 | 0.040 | 1881 | 2061 | 47.7 |
| 1日後 | 4517 | 0.354 | 0.294 | 2101 | 2028 | 50.9 |
| 2日後 | 4517 | 0.176 | 0.059 | 2029 | 2233 | 47.6 |
| 3日後 | 4517 | 0.188 | 0.015 | 2077 | 2257 | 47.9 |
| 4日後 | 4517 | 0.146 | −0.080 | 2029 | 2277 | 47.1 |
| 5日後 | 4517 | 0.191 | −0.072 | 2070 | 2273 | 47.7 |
| 6日後 | 4517 | −0.106 | −0.455 | 1996 | 2382 | 45.6 |
| 10日後 | 4517 | −0.048 | −0.573 | 1954 | 2467 | 44.2 |
| 20日後 | 4517 | −0.884 | −2.023 | 1878 | 2566 | 42.3 |
| 30日後 | 4517 | −1.775 | −3.506 | 1805 | 2649 | 40.5 |
| 40日後 | 4517 | −2.636 | −4.865 | 1743 | 2710 | 39.1 |

この期間の当日終値、１日後、２日後の全取引平均値は、それぞれ−0.079％、−0.121％、−0.242％です。

一方、たくり線（下ヒゲ）パターン出現の場合、当日終値、１日後、２日後の利益率は、それぞれ＋0.040％、＋0.294％、＋0.059％となりました。

当日終値、１日後、２日後のすべてで利益率がプラスです。また全取引平均値と比較すると、そのすべての利益率がより高くなっています。

したがって、この下落期に出現したたくり線（下ヒゲ）パターンも「買いサイン」だったといえます。

### もみ合い期間（1993～1999年）

| 売却日 | 取引回数 | 利益平均1(%) | 利益平均2(%) | 勝ち取引回数 | 負け取引回数 | 勝率(%) |
|---|---|---|---|---|---|---|
| 当日終値 | 9811 | -0.168 | -0.218 | 3725 | 4925 | 43.1 |
| 1日後 | 9811 | -0.002 | -0.069 | 4072 | 4900 | 45.4 |
| 2日後 | 9811 | 0.088 | -0.036 | 4232 | 5024 | 45.7 |
| 3日後 | 9811 | 0.098 | -0.096 | 4334 | 5039 | 46.2 |
| 4日後 | 9811 | 0.220 | -0.001 | 4367 | 5038 | 46.4 |
| 5日後 | 9811 | 0.268 | 0.009 | 4374 | 5088 | 46.2 |
| 6日後 | 9811 | 0.279 | -0.026 | 4383 | 5103 | 46.2 |
| 10日後 | 9811 | 0.294 | -0.178 | 4422 | 5112 | 46.4 |
| 20日後 | 9811 | 0.780 | -0.205 | 4535 | 5100 | 47.1 |
| 30日後 | 9811 | 0.886 | -0.621 | 4435 | 5222 | 45.9 |
| 40日後 | 9811 | 0.937 | -1.054 | 4425 | 5278 | 45.6 |

この期間の当日終値、1日後、2日後の全取引平均値は、それぞれ－0.094％、－0.036％、－0.071％です。

一方、たくり線（下ヒゲ）パターン出現の場合、当日終値、1日後、2日後の利益率は、それぞれ－0.218％、－0.069％、－0.036％となりました。

当日終値、1日後、2日後のすべてで利益率がマイナスです。全取引平均値と比較すると、当日終値と1日後の利益率はより低くなったのに対して、2日後の利益率はより高くなっています。

しかし、1日後と2日後の利益率がマイナスであることから、このもみ合い期に出現したたくり線（下ヒゲ）パターンは「売りサイン」だったといえます。

### 暴落期間（2000～2002年）

| 売却日 | 取引回数 | 利益平均 1(%) | 利益平均 2(%) | 勝ち取引回数 | 負け取引回数 | 勝率 (%) |
|---|---|---|---|---|---|---|
| 当日終値 | 8171 | -0.027 | -0.079 | 3302 | 4015 | 45.1 |
| 1日後 | 8171 | 0.121 | 0.045 | 3611 | 3930 | 47.9 |
| 2日後 | 8171 | 0.253 | 0.105 | 3738 | 3999 | 48.3 |
| 3日後 | 8171 | 0.214 | -0.011 | 3669 | 4131 | 47.0 |
| 4日後 | 8171 | 0.103 | -0.194 | 3644 | 4252 | 46.1 |
| 5日後 | 8171 | 0.224 | -0.127 | 3676 | 4234 | 46.5 |
| 6日後 | 8171 | 0.201 | -0.216 | 3704 | 4214 | 46.8 |
| 10日後 | 8171 | 0.031 | -0.678 | 3680 | 4299 | 46.1 |
| 20日後 | 8171 | -0.522 | -1.855 | 3554 | 4486 | 44.2 |
| 30日後 | 8171 | -0.957 | -2.968 | 3316 | 4714 | 41.3 |
| 40日後 | 8171 | -1.319 | -4.160 | 3374 | 4694 | 41.8 |

この期間の当日終値、１日後、２日後の全取引平均値は、それぞれ－0.074％、－0.067％、－0.130％です。

一方、たくり線（下ヒゲ）パターン出現の場合、当日終値、１日後、２日後の利益率は、それぞれ－0.079％、＋0.045％、＋0.105％となりました。

当日終値の利益率がマイナス、１日後と２日後の利益率がプラスです。全取引平均値と比較すると、当日終値の利益率はより低くなっているのに対して、１日後と２日後の利益率はより高くなっています。

１日後と２日後の利益率がプラスであることから、この下落期に出現したたくり線（下ヒゲ）パターンは「買いサイン」だったといえます。

### 暴騰期間（2003～2006年）

| 売却日 | 取引回数 | 利益平均1(%) | 利益平均2(%) | 勝ち取引回数 | 負け取引回数 | 勝率(%) |
|---|---|---|---|---|---|---|
| 当日終値 | 15885 | 0.029 | −0.015 | 6682 | 7959 | 45.6 |
| 1日後 | 15885 | 0.045 | −0.026 | 6976 | 7941 | 46.8 |
| 2日後 | 15885 | −0.053 | −0.201 | 7063 | 8161 | 46.4 |
| 3日後 | 15885 | −0.144 | −0.429 | 7248 | 8079 | 47.3 |
| 4日後 | 15885 | −0.123 | −0.506 | 7369 | 8081 | 47.7 |
| 5日後 | 15885 | 0.216 | −0.150 | 7525 | 7956 | 48.6 |
| 6日後 | 15885 | 0.348 | −0.061 | 7596 | 7932 | 48.9 |
| 10日後 | 15885 | 0.956 | 0.360 | 7925 | 7640 | 50.9 |
| 20日後 | 15885 | 1.931 | 0.930 | 8188 | 7497 | 52.2 |
| 30日後 | 15885 | 2.401 | 0.973 | 8035 | 7677 | 51.1 |
| 40日後 | 15885 | 2.855 | 1.039 | 8079 | 7661 | 51.3 |

この期間の当日終値、１日後、２日後の全取引平均値は、それぞれ−0.025%、＋0.064%、＋0.132%です。

一方、たくり線（下ヒゲ）パターン出現の場合、当日終値、１日後、２日後の利益率は、それぞれ−0.015%、−0.026%、−0.201%となりました。

当日終値、１日後、２日後のすべてで利益率がマイナスです。全取引平均値と比較すると、当日終値の利益率はより高くなっているのに対して、１日後と２日後の利益率はより低くなっています。

１日後と２日後の利益率はマイナスであることから、この上昇期に出現したたくり線（下ヒゲ）パターンは「売りサイン」だったといえます。

## 金融危機期間（2007～2009年）

| 売却日 | 取引回数 | 利益平均1(%) | 利益平均2(%) | 勝ち取引回数 | 負け取引回数 | 勝率(%) |
|---|---|---|---|---|---|---|
| 当日終値 | 17284 | −0.167 | −0.235 | 7327 | 8786 | 45.5 |
| 1日後 | 17276 | −0.176 | −0.289 | 7594 | 8846 | 46.2 |
| 2日後 | 17263 | −0.287 | −0.529 | 7645 | 9034 | 45.8 |
| 3日後 | 17255 | −0.083 | −0.387 | 7775 | 8997 | 46.4 |
| 4日後 | 17246 | −0.204 | −0.669 | 7755 | 9112 | 46.0 |
| 5日後 | 17226 | −0.346 | −0.921 | 7735 | 9125 | 45.9 |
| 6日後 | 17217 | −0.381 | −1.043 | 7687 | 9213 | 45.5 |
| 10日後 | 17159 | −0.444 | −1.544 | 7681 | 9223 | 45.4 |
| 20日後 | 16989 | −1.112 | −3.301 | 7252 | 9559 | 43.1 |
| 30日後 | 16675 | −1.692 | −5.078 | 6730 | 9798 | 40.7 |
| 40日後 | 16456 | −2.468 | −7.396 | 6424 | 9893 | 39.4 |

この期間の当日終値、1日後、2日後の全取引平均値は、それぞれ－0.051％、－0.106％、－0.214％です。

一方、たくり線（下ヒゲ）パターン出現の場合、当日終値、1日後、2日後の利益率は、それぞれ－0.235％、－0.289％、－0.529％となりました。

当日終値、1日後、2日後のすべてで利益率がマイナスです。また全取引平均値と比較すると、そのすべてで利益率がより低くなっています。

したがって、この下落期に出現したたくり線（下ヒゲ）パターンも「売りサイン」だったといえます。

### まとめ

６期間中３期間でたくり線（下ヒゲ）の出現は売りサイン、３期間で買いサインでした。時系列でみてみましょう。

1983～1989年→買い
1990～1992年→買い
1993～1999年→売り
2000～2002年→買い
2003～2006年→売り
2007～2009年→売り

このように、買いサインであったり、売りサインであったりと、期間によって異なり、そこに関係性がみられません。したがって、たくり線（下ヒゲ）パターンが出現しても「様子見」がよいと考えられます。

## 22. 振り分け線（陰・陽）

「大陰線」の翌営業日、「前日と同じ始値」から「大陽線」を形成したときのパターンを「振り分け線」と呼びます。

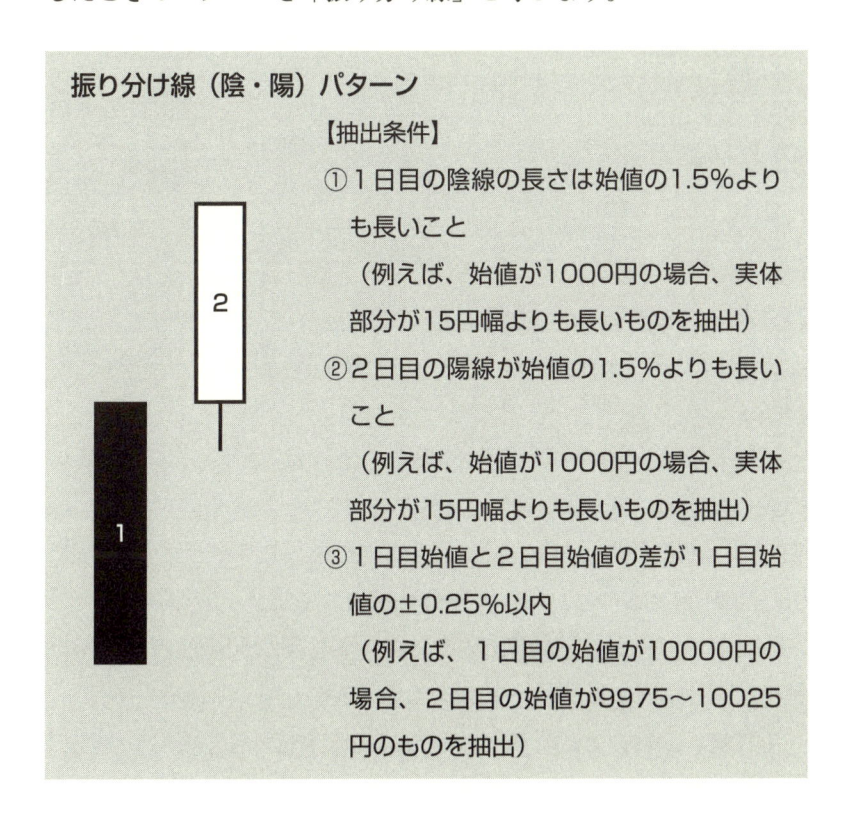

**振り分け線（陰・陽）パターン**

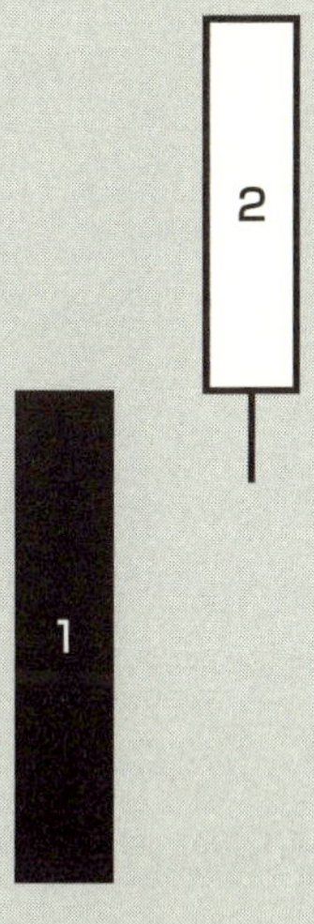


【抽出条件】

①１日目の陰線の長さは始値の1.5%よりも長いこと
（例えば、始値が1000円の場合、実体部分が15円幅よりも長いものを抽出）

②２日目の陽線が始値の1.5%よりも長いこと
（例えば、始値が1000円の場合、実体部分が15円幅よりも長いものを抽出）

③１日目始値と２日目始値の差が１日目始値の±0.25%以内
（例えば、１日目の始値が10000円の場合、２日目の始値が9975～10025円のものを抽出）

上昇トレンドで振り分け線（陰・陽）が出現した場合、通説では“振るい落としが完了したとの安心感を示す”との理由から、“さらなる上昇が期待される形”といわれています。

**全期間（1983～2009年）**

| 売却日 | 取引回数 | 利益平均1(%) | 利益平均2(%) | 勝ち取引回数 | 負け取引回数 | 勝率(%) |
|---|---|---|---|---|---|---|
| 当日終値 | 17996 | -0.055 | -0.117 | 6677 | 8401 | 44.3 |
| 1日後 | 17990 | 0.257 | 0.178 | 7606 | 8310 | 47.8 |
| 2日後 | 17980 | 0.224 | 0.076 | 7600 | 9057 | 45.6 |
| 3日後 | 17979 | 0.234 | 0.027 | 7614 | 9311 | 45.0 |
| 4日後 | 17972 | 0.178 | -0.093 | 7585 | 9400 | 44.7 |
| 5日後 | 17965 | 0.179 | -0.143 | 7585 | 9525 | 44.3 |
| 6日後 | 17965 | 0.183 | -0.192 | 7637 | 9561 | 44.4 |
| 10日後 | 17942 | 0.469 | -0.094 | 7873 | 9468 | 45.4 |
| 20日後 | 17881 | 0.961 | -0.144 | 7954 | 9504 | 45.6 |
| 30日後 | 17823 | 1.379 | -0.273 | 8056 | 9433 | 46.1 |
| 40日後 | 17790 | 2.026 | -0.213 | 8158 | 9348 | 46.6 |

このパターンがみられた翌営業日の寄り付きで買い、当日終値で売った場合（当日終値の行を参照）、1983～2009年の利益平均は0.117％（利益平均2）の「マイナス」となりました。これは全取引平均値の－0.054％よりも大きなマイナスです。

したがって、振り分け線のパターンがみられた翌営業日にデイトレードをするなら「売り」と考えられます。

1日後～3日後と10日後～40日後に売り手仕舞う場合は、全取引平均値よりも高い利益率となっており、4日後～6日後に売り手仕舞う場合は、全取引平均値よりも低い利益率となっています。例えば、２日後で比較すると、全取引平均値の－0.033％に対して、振り分け線は＋0.076％となっており、0.109％有利です。

何も考えずに購入するよりは、振り分け線が表れたタイミングで購入した場合、２日で0.109％の利益率が得られることになります。ただし、期待される利益率が小さいため、様子見とするのがよいでしょう。

全期間（1983～2009年）の当日終値、１日後、２日後の全取引平均値は、それぞれ－0.054％、－0.017％、－0.033％です。一方、振り分け線パターン出現の場合、当日終値、１日後、２日後の利益率は、それぞれ－0.117％、＋0.178％、＋0.076％となりました。

●パターンが出現した翌営業日の日中に下落する
●１日後には利益率がプラスとなっている

このことから、振り分け線パターンが出た場合、翌営業日の終値付近で買うことが考えられます。

６分割した期間でも同様に解析してみましょう。特に相場全体が上昇トレンドだった期間に注目です。

### バブル期間（1983～1989年）

| 売却日 | 取引回数 | 利益平均1(%) | 利益平均2(%) | 勝ち取引回数 | 負け取引回数 | 勝率(%) |
|---|---|---|---|---|---|---|
| 当日終値 | 3163 | -0.202 | -0.241 | 1084 | 1563 | 41.0 |
| 1日後 | 3163 | 0.147 | 0.106 | 1262 | 1496 | 45.8 |
| 2日後 | 3163 | 0.106 | 0.028 | 1266 | 1653 | 43.4 |
| 3日後 | 3163 | 0.167 | 0.062 | 1281 | 1698 | 43.0 |
| 4日後 | 3163 | 0.255 | 0.121 | 1302 | 1675 | 43.7 |
| 5日後 | 3163 | 0.338 | 0.179 | 1295 | 1708 | 43.1 |
| 6日後 | 3163 | 0.450 | 0.272 | 1360 | 1671 | 44.9 |
| 10日後 | 3163 | 0.621 | 0.356 | 1371 | 1673 | 45.0 |
| 20日後 | 3163 | 1.510 | 1.098 | 1476 | 1587 | 48.2 |
| 30日後 | 3163 | 3.014 | 2.423 | 1623 | 1483 | 52.3 |
| 40日後 | 3163 | 4.347 | 3.637 | 1706 | 1398 | 55.0 |

この期間の当日終値、１日後、２日後の全取引平均値は、それぞれ－0.016％、＋0.082％、＋0.167％です。

一方、振り分け線パターン出現の場合、当日終値、１日後、２日後の利益率は、それぞれ－0.241％、＋0.106％、＋0.028％となりました。

当日終値の利益率はマイナス、１日後と２日後の利益率はプラスです。全取引平均値と比較すると、当日終値の利益率はより低くなり、１日後の利益率はより高くなり、２日後の利益率はより低くなりました。

したがって、１日後以降に売るのであれば、この上昇期に出現した振り分け線パターンは「買いサイン」だったといえます。

### 崩壊期間（1990～1992年）

| 売却日 | 取引回数 | 利益平均1(%) | 利益平均2(%) | 勝ち取引回数 | 負け取引回数 | 勝率(%) |
|---|---|---|---|---|---|---|
| 当日終値 | 1442 | 0.033 | -0.004 | 541 | 626 | 46.4 |
| 1日後 | 1442 | 0.235 | 0.188 | 629 | 640 | 49.6 |
| 2日後 | 1442 | 0.372 | 0.286 | 620 | 726 | 46.1 |
| 3日後 | 1442 | 0.282 | 0.148 | 618 | 725 | 46.0 |
| 4日後 | 1442 | 0.244 | 0.057 | 623 | 763 | 44.9 |
| 5日後 | 1442 | 0.201 | -0.028 | 621 | 753 | 45.2 |
| 6日後 | 1442 | 0.049 | -0.240 | 607 | 787 | 43.5 |
| 10日後 | 1442 | 0.255 | -0.122 | 616 | 778 | 44.2 |
| 20日後 | 1442 | -1.055 | -2.135 | 567 | 844 | 40.2 |
| 30日後 | 1442 | -2.947 | -4.685 | 517 | 903 | 36.4 |
| 40日後 | 1442 | -2.987 | -5.173 | 531 | 891 | 37.3 |

この期間の当日終値、1日後、2日後の全取引平均値は、それぞれ−0.079％、−0.121％、−0.242％です。

一方、振り分け線パターン出現の場合、当日終値、1日後、2日後の利益率は、それぞれ−0.004％、＋0.188％、＋0.286％となりました。

当日終値の利益率はマイナス、1日後と2日後の利益率はプラスです。全取引平均値と比較すると、そのすべてで利益率がより高くなっています。

1日後と2日後の利益率がプラスであることから、この下落時期に出現した振り分け線パターンであっても「買いサイン」だったといえます。

### もみ合い期間（1993～1999年）

| 売却日 | 取引回数 | 利益平均1(%) | 利益平均2(%) | 勝ち取引回数 | 負け取引回数 | 勝率(%) |
|---|---|---|---|---|---|---|
| 当日終値 | 3772 | -0.080 | -0.130 | 1397 | 1733 | 44.6 |
| 1日後 | 3772 | 0.306 | 0.244 | 1622 | 1713 | 48.6 |
| 2日後 | 3772 | 0.291 | 0.163 | 1642 | 1862 | 46.9 |
| 3日後 | 3772 | 0.287 | 0.098 | 1626 | 1947 | 45.5 |
| 4日後 | 3772 | 0.170 | -0.077 | 1599 | 1969 | 44.8 |
| 5日後 | 3772 | 0.128 | -0.145 | 1578 | 2025 | 43.8 |
| 6日後 | 3772 | 0.141 | -0.187 | 1595 | 2029 | 44.0 |
| 10日後 | 3772 | 0.330 | -0.134 | 1641 | 2031 | 44.7 |
| 20日後 | 3772 | 1.363 | 0.514 | 1681 | 2020 | 45.4 |
| 30日後 | 3772 | 1.695 | 0.372 | 1747 | 1965 | 47.1 |
| 40日後 | 3772 | 2.191 | 0.325 | 1730 | 1990 | 46.5 |

この期間の当日終値、１日後、２日後の全取引平均値は、それぞれ－0.094％、－0.036％、－0.071％です。

一方、振り分け線パターン出現の場合、当日終値、１日後、２日後の利益率は、それぞれ－0.130％、＋0.244％、＋0.163％となりました。

当日終値の利益率はマイナス、１日後と２日後の利益率はプラスです。全取引平均値と比較すると、当日終値の利益率はより低くなっており、１日後と２日後の利益率はより高くなっています。

１日後と２日後の利益率がプラスであることから、このもみあい期に出現した振り分け線パターンも「買いサイン」であったといえます。

### 暴落期間（2000 ～ 2002 年）

| 売却日 | 取引回数 | 利益平均 1(%) | 利益平均 2(%) | 勝ち取引回数 | 負け取引回数 | 勝率 (%) |
|---|---|---|---|---|---|---|
| 当日終値 | 2847 | −0.143 | −0.222 | 1018 | 1319 | 43.6 |
| 1 日後 | 2847 | 0.060 | −0.043 | 1153 | 1344 | 46.2 |
| 2 日後 | 2847 | -0.262 | −0.454 | 1113 | 1501 | 42.6 |
| 3 日後 | 2847 | −0.252 | −0.507 | 1136 | 1546 | 42.4 |
| 4 日後 | 2847 | −0.242 | −0.571 | 1140 | 1521 | 42.8 |
| 5 日後 | 2847 | −0.244 | −0.647 | 1144 | 1537 | 42.7 |
| 6 日後 | 2847 | −0.366 | −0.831 | 1129 | 1574 | 41.8 |
| 10 日後 | 2847 | −0.097 | −0.785 | 1180 | 1562 | 43.0 |
| 20 日後 | 2847 | −0.678 | −2.050 | 1132 | 1643 | 40.8 |
| 30 日後 | 2847 | −0.128 | −2.097 | 1143 | 1641 | 41.1 |
| 40 日後 | 2847 | −0.104 | −2.829 | 1145 | 1650 | 41.0 |

この期間の当日終値、１日後、２日後の全取引平均値は、それぞれ－0.074％、－0.067％、－0.130％です。

一方、振り分け線パターン出現の場合、当日終値、１日後、２日後の利益率は、それぞれ－0.222％、－0.043％、－0.454％となります。

当日終値、１日後、２日後の利益率はすべてマイナスです。全取引平均値と比較すると、当日終値の利益率はより低く、１日後の利益率はより高く、２日後の利益率はより低くなっています。

利益率がマイナスとなっていることから、この下落期に出現した振り分け線パターンは「売りサイン」だったといえます。

### 暴騰期間（2003～2006年）

| 売却日 | 取引回数 | 利益平均1(%) | 利益平均2(%) | 勝ち取引回数 | 負け取引回数 | 勝率(%) |
|---|---|---|---|---|---|---|
| 当日終値 | 3074 | -0.020 | -0.092 | 1155 | 1498 | 43.5 |
| 1日後 | 3074 | 0.366 | 0.278 | 1330 | 1449 | 47.9 |
| 2日後 | 3074 | 0.529 | 0.371 | 1369 | 1494 | 47.8 |
| 3日後 | 3074 | 0.597 | 0.366 | 1369 | 1532 | 47.2 |
| 4日後 | 3074 | 0.564 | 0.257 | 1385 | 1550 | 47.2 |
| 5日後 | 3074 | 0.764 | 0.423 | 1407 | 1539 | 47.8 |
| 6日後 | 3074 | 0.863 | 0.473 | 1421 | 1525 | 48.2 |
| 10日後 | 3074 | 1.605 | 1.058 | 1506 | 1465 | 50.7 |
| 20日後 | 3074 | 3.108 | 2.085 | 1600 | 1407 | 53.2 |
| 30日後 | 3074 | 3.839 | 2.396 | 1574 | 1429 | 52.4 |
| 40日後 | 3074 | 5.152 | 3.390 | 1583 | 1446 | 52.3 |

この期間の当日終値、１日後、２日後の全取引平均値は、それぞれ－0.025％、＋0.064％、＋0.132％です。

一方、振り分け線パターン出現の場合、当日終値、１日後、２日後の利益率は、それぞれ－0.092％、＋0.278％、＋0.371％となります。

当日終値の利益率はマイナス、１日後と２日後の利益率はプラスです。全取引平均値と比較すると、当日終値の利益率はより低くなっているのに対して、１日後と２日後の利益率はより高くなっています。

したがって、この上昇期に出現した振り分け線パターンは「買いサイン」だったといえます。

### 金融危機期間（2007 ～ 2009 年）

| 売却日 | 取引回数 | 利益平均 1(%) | 利益平均 2(%) | 勝ち取引回数 | 負け取引回数 | 勝率 (%) |
|---|---|---|---|---|---|---|
| 当日終値 | 3692 | 0.102 | 0.018 | 1480 | 1660 | 47.1 |
| 1 日後 | 3686 | 0.374 | 0.256 | 1608 | 1666 | 49.1 |
| 2 日後 | 3676 | 0.316 | 0.105 | 1587 | 1819 | 46.6 |
| 3 日後 | 3675 | 0.290 | 0.010 | 1581 | 1860 | 45.9 |
| 4 日後 | 3668 | 0.096 | -0.274 | 1534 | 1918 | 44.4 |
| 5 日後 | 3661 | -0.080 | -0.554 | 1537 | 1960 | 44.0 |
| 6 日後 | 3661 | -0.101 | -0.648 | 1521 | 1973 | 43.5 |
| 10 日後 | 3638 | 0.038 | -0.881 | 1555 | 1957 | 44.3 |
| 20 日後 | 3577 | 0.322 | -1.536 | 1495 | 2000 | 42.8 |
| 30 日後 | 3519 | 0.418 | -2.435 | 1448 | 2010 | 41.9 |
| 40 日後 | 3486 | 0.791 | -3.284 | 1460 | 1970 | 42.6 |

この期間の当日終値、１日後、２日後の全取引平均値は、それぞれ－0.051％、－0.106％、－0.214％です。

一方、振り分け線パターン出現の場合、当日終値、１日後、２日後の利益率は、それぞれ＋0.018％、＋0.256％、＋0.105％となります。

当日終値、１日後、２日後の利益率はすべてプラスです。全取引平均値と比較すると、そのすべてで利益率はより高くなっています。

したがって、このような大暴落のなかでも、出現した振り分け線パターンも「買いサイン」だったといえます。

## まとめ

６期間中５期間で買いサイン、１期間で売りサインでした。売りサインとなったのは暴落期間（2000～2002年）のみです。その後は買いサインとなっています。

振り分け線パターンが出現した翌営業日の日中は株価を下げる可能性、また２日後の始値までに株価が上昇する可能性が高いといえます。

相場全体が上昇トレンドだったバブル期間（1983～1989年）と暴騰期間（2003～2006年）でどちらも買いサインであったことから、振り分け線は反転を期待できるパターンであることが、統計的にも証明されました。こうした数字の優位さを知ることで、さらに自信を持って売買タイミングを決定できると思います。

## 23. あて首線

「大陰線」の翌営業日、大きく下放れて始まり、「陽線」で終わるものの、終値は前日安値に届かないパターンを「あて首線」といいます。

**あて首線パターン**

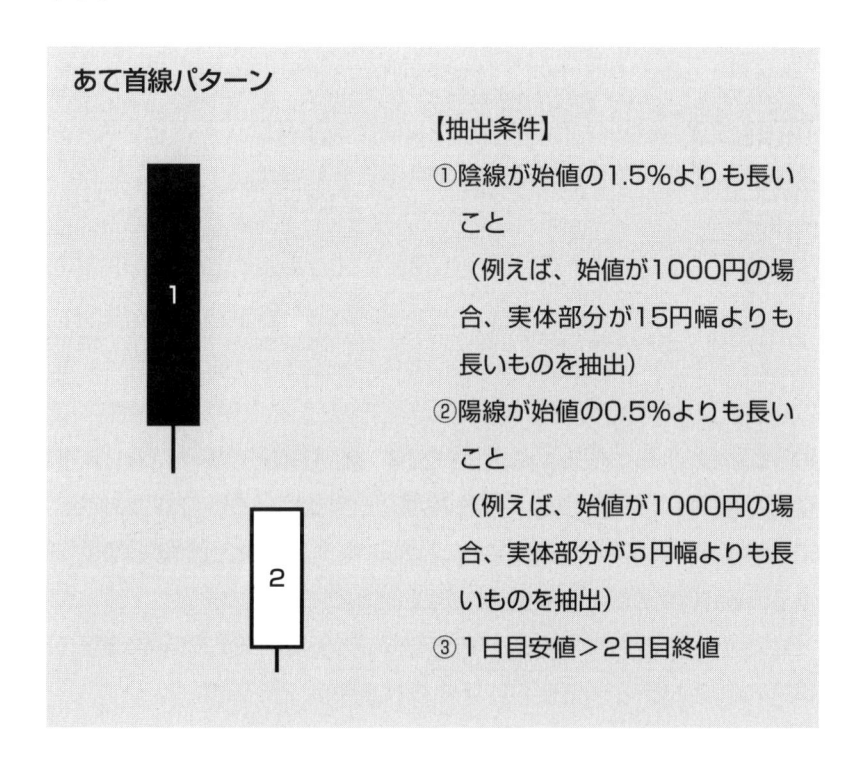

【抽出条件】

①陰線が始値の1.5%よりも長いこと
（例えば、始値が1000円の場合、実体部分が15円幅よりも長いものを抽出）

②陽線が始値の0.5%よりも長いこと
（例えば、始値が1000円の場合、実体部分が5円幅よりも長いものを抽出）

③1日目安値＞2日目終値

一般の解説書には“陽線の終値が前日の安値まで届かないので、買い方の反撃もそこまで”と紹介され“下降局面が継続”“売りサイン”として有名なパターンです。

統計分析では、実際にどのような結果となるでしょうか。

**全期間（1983～2009年）**

| 売却日 | 取引回数 | 利益平均1(%) | 利益平均2(%) | 勝ち取引回数 | 負け取引回数 | 勝率(%) |
|---|---|---|---|---|---|---|
| 当日終値 | 58568 | -0.128 | -0.192 | 23985 | 27238 | 46.8 |
| 1日後 | 58564 | -0.001 | -0.106 | 26352 | 27810 | 48.7 |
| 2日後 | 58546 | -0.072 | -0.273 | 26816 | 28802 | 48.2 |
| 3日後 | 58542 | 0.125 | -0.126 | 27490 | 28783 | 48.9 |
| 4日後 | 58538 | 0.135 | -0.248 | 27836 | 28696 | 49.2 |
| 5日後 | 58529 | 0.118 | -0.310 | 27860 | 28856 | 49.1 |
| 6日後 | 58522 | 0.264 | -0.256 | 28456 | 28382 | 50.1 |
| 10日後 | 58482 | 0.148 | -0.586 | 27662 | 29538 | 48.4 |
| 20日後 | 58381 | 0.080 | -1.379 | 26949 | 30523 | 46.9 |
| 30日後 | 58127 | 0.024 | -2.124 | 26202 | 31184 | 45.7 |
| 40日後 | 57942 | -0.119 | -3.065 | 25875 | 31447 | 45.1 |

このパターンがみられた翌営業日の寄り付きで買い、当日終値で売った場合（当日終値の行を参照）、1983～2009年の利益平均は0.192％（利益平均２）の「マイナス」です。これは全取引平均値の－0.054％の下落よりも低めの利益率となっています。

したがって、あて首線のパターンがみられた翌営業日にデイトレードをするなら「売り」と考えられます。

１日後～40日後に売る場合は、全取引平均値よりも低い利益率と

なっています。例えば、２日後で比較すれば、全取引平均値の－0.033％に対して、あて首線は－0.273％となっており、0.240％さらにマイナスです。

したがって、空売りが考えられます。１日後～40日後の利益率はマイナスなので、買い戻しのタイミングは難しくありません。

全期間（1983～2009年）の当日終値、１日後、２日後の全取引平均値はそれぞれ－0.054％、－0.017％、－0.033％です。一方、あて首線パターン出現の場合、当日終値、１日後、２日後の利益率は、それぞれ－0.192％、－0.106％、－0.273％となりました。

当日終値、１日後、２日後のすべてでパターン出現後の利益率がマイナスです。また全取引平均値で比較すると、そのすべてで利益率がより低いマイナスとなっています。

●パターンが出現した翌営業日の日中に下落する
●２日後にはさらにマイナス幅を拡大している

このことから、あて首線パターンが出た場合、翌営業日の始値付近で空売りするのがよいといえます。したがって、統計分析もこのパターンが「売り有利」であることを裏づけました。

ただし、６期間での解析で面白い結果が出たので注意してください。

## バブル期間（1983～1989年）

| 売却日 | 取引回数 | 利益平均1(%) | 利益平均2(%) | 勝ち取引回数 | 負け取引回数 | 勝率(%) |
|---|---|---|---|---|---|---|
| 当日終値 | 5417 | -0.005 | -0.035 | 2084 | 2381 | 46.7 |
| 1日後 | 5417 | 0.221 | 0.177 | 2416 | 2410 | 50.1 |
| 2日後 | 5417 | 0.435 | 0.353 | 2556 | 2478 | 50.8 |
| 3日後 | 5417 | 0.706 | 0.603 | 2673 | 2436 | 52.3 |
| 4日後 | 5417 | 0.762 | 0.642 | 2668 | 2469 | 51.9 |
| 5日後 | 5417 | 0.838 | 0.700 | 2667 | 2484 | 51.8 |
| 6日後 | 5417 | 0.967 | 0.809 | 2703 | 2469 | 52.3 |
| 10日後 | 5417 | 1.158 | 0.916 | 2664 | 2563 | 51.0 |
| 20日後 | 5417 | 2.136 | 1.726 | 2805 | 2491 | 53.0 |
| 30日後 | 5417 | 3.199 | 2.605 | 2905 | 2404 | 54.7 |
| 40日後 | 5417 | 4.427 | 3.710 | 3044 | 2288 | 57.1 |

この期間の当日終値、1日後、2日後の全取引平均値は、それぞれ－0.016％、＋0.082％、＋0.167％です。

一方、あて首線パターン出現の場合、当日終値、1日後、2日後の利益率は、それぞれ－0.035％、＋0.177％、＋0.353％となります。

当日終値の利益率はマイナス、1日後と2日後の利益率はプラスです。全取引平均値と比較すると、当日終値の利益率がより低くなっており、1日後と2日後の利益率がより高くなっています。

1日後と2日後の利益率がプラスであるため、この上昇期に出現したあて首線パターンは「買いサイン」だったといえます。

### 崩壊期間（1990 ～ 1992 年）

| 売却日 | 取引回数 | 利益平均 1(%) | 利益平均 2(%) | 勝ち取引回数 | 負け取引回数 | 勝率 (%) |
|---|---|---|---|---|---|---|
| 当日終値 | 4532 | 0.120 | 0.084 | 1856 | 1889 | 49.6 |
| 1 日後 | 4532 | 0.420 | 0.360 | 2153 | 1936 | 52.7 |
| 2 日後 | 4532 | 0.330 | 0.201 | 2128 | 2134 | 49.9 |
| 3 日後 | 4532 | 0.243 | 0.070 | 2110 | 2201 | 48.9 |
| 4 日後 | 4532 | -0.048 | -0.293 | 2041 | 2299 | 47.0 |
| 5 日後 | 4532 | 0.248 | -0.010 | 2094 | 2260 | 48.1 |
| 6 日後 | 4532 | 0.389 | 0.109 | 2136 | 2228 | 48.9 |
| 10 日後 | 4532 | -0.632 | -1.258 | 1920 | 2509 | 43.4 |
| 20 日後 | 4532 | -0.501 | -1.488 | 1904 | 2552 | 42.7 |
| 30 日後 | 4532 | -1.354 | -2.953 | 1837 | 2624 | 41.2 |
| 40 日後 | 4532 | -3.372 | -6.142 | 1765 | 2719 | 39.4 |

この期間の当日終値、１日後、２日後の全取引平均値は、それぞれ－0.079％、－0.121％、－0.242％です。

一方、あて首線パターン出現の場合、当日終値、１日後、２日後の利益率は、それぞれ＋0.084％、＋0.360％、＋0.201％となります。

当日終値、１日後、２日後のすべての利益率がプラスです。また全取引平均値と比較すると、そのすべての利益率がより高くなっています。

したがって、この時期のあて首線のパターン出現も「買いサイン」でした。相場が下落しているときに利益率がプラスということは、下降トレンド中にあて首線が出現した後でも株価が反転していることを示しています。

### もみ合い期間（1993～1999年）

| 売却日 | 取引回数 | 利益平均1(%) | 利益平均2(%) | 勝ち取引回数 | 負け取引回数 | 勝率(%) |
|---|---|---|---|---|---|---|
| 当日終値 | 9963 | −0.030 | −0.080 | 3888 | 4381 | 47.0 |
| 1日後 | 9963 | 0.156 | 0.079 | 4455 | 4512 | 49.7 |
| 2日後 | 9963 | 0.441 | 0.329 | 4752 | 4581 | 50.9 |
| 3日後 | 9963 | 0.514 | 0.356 | 4808 | 4672 | 50.7 |
| 4日後 | 9963 | 0.630 | 0.427 | 4890 | 4659 | 51.2 |
| 5日後 | 9963 | 0.613 | 0.375 | 4919 | 4677 | 51.3 |
| 6日後 | 9963 | 0.650 | 0.368 | 4934 | 4699 | 51.2 |
| 10日後 | 9963 | 0.566 | 0.125 | 4794 | 4891 | 49.5 |
| 20日後 | 9963 | 0.709 | −0.284 | 4661 | 5128 | 47.6 |
| 30日後 | 9963 | 1.036 | −0.504 | 4566 | 5256 | 46.5 |
| 40日後 | 9963 | 1.333 | −0.688 | 4607 | 5250 | 46.7 |

この期間の当日終値、１日後、２日後の全取引平均値は、それぞれ−0.094％、−0.036％、−0.071％です。

一方、あて首線パターン出現の場合、当日終値、１日後、２日後の利益率は、それぞれ−0.080％、＋0.079％、＋0.329％となります。

当日終値の利益率はマイナス、１日後と２日後の利益率はプラスです。全取引平均値と比較すると、そのすべての利益率がより高くなっています。

したがって、このもみあい期に出現したあて首線パターンも「買いサイン」だったといえます。

### 暴落期間（2000～2002年）

| 売却日 | 取引回数 | 利益平均1(%) | 利益平均2(%) | 勝ち取引回数 | 負け取引回数 | 勝率(%) |
|---|---|---|---|---|---|---|
| 当日終値 | 8377 | 0.016 | -0.039 | 3474 | 3757 | 48.0 |
| 1日後 | 8377 | 0.136 | 0.042 | 3740 | 3889 | 49.0 |
| 2日後 | 8377 | 0.375 | 0.216 | 4036 | 3849 | 51.2 |
| 3日後 | 8377 | 0.329 | 0.111 | 4029 | 3967 | 50.4 |
| 4日後 | 8377 | 0.446 | 0.178 | 4051 | 3989 | 50.4 |
| 5日後 | 8377 | 0.469 | 0.160 | 4078 | 4005 | 50.5 |
| 6日後 | 8377 | 0.480 | 0.121 | 4087 | 4022 | 50.4 |
| 10日後 | 8377 | 0.444 | -0.172 | 4027 | 4146 | 49.3 |
| 20日後 | 8377 | 0.428 | -0.651 | 3930 | 4284 | 47.8 |
| 30日後 | 8377 | -0.144 | -1.921 | 3725 | 4522 | 45.2 |
| 40日後 | 8377 | -0.474 | -2.838 | 3674 | 4590 | 44.5 |

この期間の当日終値、１日後、２日後の全取引平均値は、それぞれ－0.074％、－0.067％、－0.130％です。

一方、あて首線パターン出現の場合、当日終値、１日後、２日後の利益率は、それぞれ－0.039％、＋0.042％、＋0.216％となります。

当日終値の利益率はマイナス、１日後と２日後の利益率はプラスです。全取引平均値と比較すると、そのすべての利益率がより高くなっています。

したがって、この下落期に出現したあて首線パターンも「買いサイン」といえます。

## 暴騰期間（2003～2006年）

| 売却日 | 取引回数 | 利益平均1(%) | 利益平均2(%) | 勝ち取引回数 | 負け取引回数 | 勝率(%) |
|---|---|---|---|---|---|---|
| 当日終値 | 11582 | 0.177 | 0.128 | 5337 | 5156 | 50.9 |
| 1日後 | 11582 | 0.394 | 0.312 | 5911 | 5011 | 54.1 |
| 2日後 | 11582 | 0.417 | 0.284 | 5848 | 5238 | 52.8 |
| 3日後 | 11582 | 0.548 | 0.347 | 5917 | 5292 | 52.8 |
| 4日後 | 11582 | 0.539 | 0.244 | 5934 | 5317 | 52.7 |
| 5日後 | 11582 | 0.811 | 0.510 | 6043 | 5227 | 53.6 |
| 6日後 | 11582 | 0.998 | 0.667 | 6177 | 5121 | 54.7 |
| 10日後 | 11582 | 1.584 | 1.122 | 6325 | 5021 | 55.7 |
| 20日後 | 11582 | 2.131 | 1.227 | 6096 | 5328 | 53.4 |
| 30日後 | 11582 | 3.648 | 2.474 | 6323 | 5127 | 55.2 |
| 40日後 | 11582 | 4.994 | 3.611 | 6438 | 5020 | 56.2 |

この期間の当日終値、1日後、2日後の全取引平均値は、それぞれ−0.025%、＋0.064%、＋0.132%です。

一方、あて首線パターン出現の場合、当日終値、1日後、2日後の利益率は、それぞれ＋0.128%、＋0.312%、＋0.284%となります。

当日終値、1日後、2日後のすべての利益率がプラスです。また全取引平均値と比較すると、そのすべての利益率がより高くなっています。

したがって、この上昇期に出現したあて首線パターンも「買いサイン」だったといえます。

### 金融危機期間（2007 ～ 2009 年）

| 売却日 | 取引回数 | 利益平均 1(%) | 利益平均 2(%) | 勝ち取引回数 | 負け取引回数 | 勝率 (%) |
|---|---|---|---|---|---|---|
| 当日終値 | 18642 | -0.521 | -0.622 | 7337 | 9633 | 43.2 |
| 1 日後 | 18638 | -0.546 | -0.713 | 7667 | 10014 | 43.4 |
| 2 日後 | 18620 | -1.104 | -1.465 | 7465 | 10502 | 41.5 |
| 3 日後 | 18616 | -0.639 | -1.047 | 7929 | 10187 | 43.8 |
| 4 日後 | 18612 | -0.661 | -1.360 | 8227 | 9934 | 45.3 |
| 5 日後 | 18603 | -0.983 | -1.772 | 8031 | 10177 | 44.1 |
| 6 日後 | 18596 | -0.740 | -1.743 | 8390 | 9817 | 46.1 |
| 10 日後 | 18556 | -1.212 | -2.496 | 7907 | 10379 | 43.2 |
| 20 日後 | 18455 | -2.189 | -4.846 | 7517 | 10721 | 41.2 |
| 30 日後 | 18201 | -3.377 | -7.253 | 6820 | 11223 | 37.8 |
| 40 日後 | 18016 | -4.610 | -10.063 | 6322 | 11550 | 35.4 |

この期間の当日終値、１日後、２日後の全取引平均値は、それぞれ－0.051％、－0.106％、－0.214％です。

一方、あて首線パターン出現の場合、当日終値、１日後、２日後の利益率は、それぞれ－0.622％、－0.713％、－1.465％となります。

当日終値、1 日後、2 日後のすべての利益率が大幅マイナスです。全取引平均値と比較すると、利益率がかなり低くなっています。

したがって、この急落期に出現したあて首線パターンは「売りサイン」だったといえます。

**まとめ**

６期間中５期間で買いサイン、１期間で売りサインという結果でした。つまり、この金融危機期間（2007～2009年）のマイナス幅があまりにも大きいため、全期間（1983～2009年）の統計分析結果も売りサインとなっているわけです。

23年間通用していたルールが全く通用しなくなっています。今後、買いサインに戻るのか、売りサインのままかは分かりません。したがって「様子見」とみるのがよいでしょう。

## 24. 差し込み線

「陰線」の翌営業日、下放れで寄り付いてから長い上ヒゲをもつ「陽線」を形成したとき（ただし、終値は前日陰線の振れ幅に収まったとき）のパターンを「差し込み線」と呼びます。

**差し込み線パターン**

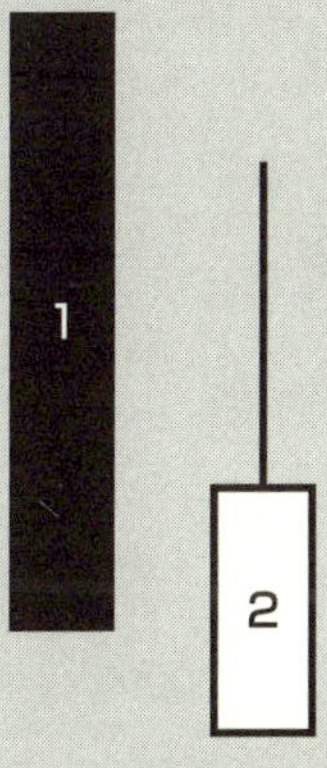


【抽出条件】

①１日目の陰線が始値の0.5%よりも長いこと
（例えば、始値が1000円の場合、実体部分が５円幅よりも長いものを抽出）

②２日目の陽線が始値の0.5%よりも長いこと

③２日目の上ヒゲが実体よりも長いこと
（例えば、実体の幅が５円の場合、上ヒゲ部分が５円幅よりも長いものを抽出）

④２日目の上ヒゲが始値の１%よりも長いこと
（例えば、始値が1000円の場合、上ヒゲ部分が10円幅よりも長いものを抽出）

⑤１日目安値＜２日目高値

⑥１日目の始値と終値の中心＞２日目終値

一般の解説書では“大きく下放れた後の反動による上昇が範囲内で留まっているため、前日値に突っ掛けるのが限界”との判断から“戻り売りのポイント”といわれています。

なお、終値が前日始値と前日終値の中心値を超えてくると「切り込み線」と名前が変わります。

**全期間（1983～2009年）**

| 売却日 | 取引回数 | 利益平均1(%) | 利益平均2(%) | 勝ち取引回数 | 負け取引回数 | 勝率(%) |
|---|---|---|---|---|---|---|
| 当日終値 | 79449 | -0.004 | -0.050 | 33706 | 38102 | 46.9 |
| 1日後 | 79436 | 0.211 | 0.141 | 36871 | 36977 | 49.9 |
| 2日後 | 79398 | 0.268 | 0.131 | 37493 | 38113 | 49.6 |
| 3日後 | 79384 | 0.305 | 0.101 | 37905 | 38431 | 49.7 |
| 4日後 | 79377 | 0.366 | 0.102 | 38083 | 38642 | 49.6 |
| 5日後 | 79359 | 0.439 | 0.123 | 38261 | 38740 | 49.7 |
| 6日後 | 79343 | 0.531 | 0.159 | 38340 | 38886 | 49.6 |
| 10日後 | 79236 | 0.471 | -0.158 | 37756 | 39809 | 48.7 |
| 20日後 | 79032 | 0.622 | -0.657 | 37161 | 40647 | 47.8 |
| 30日後 | 78641 | 0.709 | -1.242 | 36664 | 41054 | 47.2 |
| 40日後 | 78355 | 0.722 | -1.901 | 36160 | 41385 | 46.6 |

このパターンがみられた翌営業日の寄り付きで買い、当日終値で売り手仕舞った場合（当日終値の行を参照）、1983～2009年の利益平均は0.050％（利益平均2）の「マイナス」となっています。これは全取引平均値の－0.054％とほとんど変わりません。

したがって、差し込み線パターンがみられた翌営業日にデイトレードをするなら「様子見」と考えられます。

１日後～10日後に売り手仕舞う場合は、全取引平均値よりも高めの利益となっており、20日後～40日後に売り手仕舞う場合は、全取引平均値よりも低めの利益となっています。例えば、２日後で比較すれば、全取引平均値の－0.033％の下落に対して、差し込み線は＋0.131％となっており、平均よりも0.164％有利です。

全期間（1983～2009年）の当日終値、１日後、２日後の全取引平均値は、それぞれ－0.054％、－0.017％、－0.033％です。一方、差し込み線パターン出現の場合、当日終値、１日後、２日後の利益率は、それぞれ－0.050％、＋0.141％、＋0.131％となりました。

●パターンが出現した翌営業日の日中に下落する
●１日後には利益率がプラスとなっている

このことから、差し込み線パターンが出た場合、翌営業日の終値付近で買うのがよいといえます。一般には“戻り売りのポイント”として知られている差し込み線が、統計分析からは「買い」という結果が出ているわけです。

では６分割した期間で同様に解析してみましょう。特に下降相場での結果に注目です。

## バブル期間（1983～1989年）

| 売却日 | 取引回数 | 利益平均1(%) | 利益平均2(%) | 勝ち取引回数 | 負け取引回数 | 勝率(%) |
|---|---|---|---|---|---|---|
| 当日終値 | 10027 | -0.014 | -0.038 | 3863 | 4725 | 45.0 |
| 1日後 | 10027 | 0.208 | 0.176 | 4478 | 4450 | 50.2 |
| 2日後 | 10027 | 0.378 | 0.315 | 4659 | 4626 | 50.2 |
| 3日後 | 10027 | 0.458 | 0.371 | 4723 | 4739 | 49.9 |
| 4日後 | 10027 | 0.641 | 0.538 | 4809 | 4693 | 50.6 |
| 5日後 | 10027 | 0.672 | 0.549 | 4787 | 4770 | 50.1 |
| 6日後 | 10027 | 0.792 | 0.652 | 4847 | 4750 | 50.5 |
| 10日後 | 10027 | 1.114 | 0.893 | 4868 | 4831 | 50.2 |
| 20日後 | 10027 | 2.164 | 1.773 | 5189 | 4589 | 53.1 |
| 30日後 | 10027 | 3.098 | 2.549 | 5399 | 4455 | 54.8 |
| 40日後 | 10027 | 4.120 | 3.442 | 5549 | 4318 | 56.2 |

この期間の当日終値、１日後、２日後の全取引平均値は、それぞれ－0.016％、＋0.082％、＋0.167％です。

一方、差し込み線パターン出現の場合、当日終値、１日後、２日後の利益率は、それぞれ－0.038％、＋0.176％、＋0.315％となりました。

当日終値の利益率はマイナスですが、１日後と２日後の利益率はプラスとなっています。全取引平均値と比較すると、当日終値の利益率はより低くなっているのに対して、１日後と２日後の利益率はより高くなっています。

したがって、１日後以降に売るのであれば、この上昇期に出現した差し込み線パターンは「買いサイン」といえます。

### 崩壊期間（1990～1992年）

| 売却日 | 取引回数 | 利益平均1(%) | 利益平均2(%) | 勝ち取引回数 | 負け取引回数 | 勝率(%) |
|---|---|---|---|---|---|---|
| 当日終値 | 5063 | 0.200 | 0.170 | 2181 | 2242 | 49.3 |
| 1日後 | 5063 | 0.409 | 0.358 | 2369 | 2242 | 51.4 |
| 2日後 | 5063 | 0.382 | 0.285 | 2392 | 2357 | 50.4 |
| 3日後 | 5063 | 0.396 | 0.250 | 2444 | 2378 | 50.7 |
| 4日後 | 5063 | 0.138 | -0.086 | 2336 | 2534 | 48.0 |
| 5日後 | 5063 | 0.552 | 0.322 | 2387 | 2480 | 49.0 |
| 6日後 | 5063 | 0.365 | 0.075 | 2376 | 2531 | 48.4 |
| 10日後 | 5063 | -0.247 | -0.850 | 2265 | 2695 | 45.7 |
| 20日後 | 5063 | -0.562 | -1.673 | 2154 | 2813 | 43.4 |
| 30日後 | 5063 | -1.059 | -2.593 | 2094 | 2897 | 42.0 |
| 40日後 | 5063 | -2.394 | -4.542 | 1971 | 3023 | 39.5 |

この期間の当日終値、１日後、２日後の全取引平均値は、それぞれ－0.079％、－0.121％、－0.242％です。

一方、差し込み線パターン出現の場合、当日終値、１日後、２日後の利益率は、それぞれ＋0.170％、＋0.358％、＋0.285％となりました。

当日終値、１日後、２日後の利益率はすべてプラスです。また全取引平均値と比較すると、そのすべてで利益率がより高くなっています。

したがって、この下落期に出現した差し込み線パターンも「買いサイン」だったといえます。

### もみ合い期間（1993～1999年）

| 売却日 | 取引回数 | 利益平均1(%) | 利益平均2(%) | 勝ち取引回数 | 負け取引回数 | 勝率(%) |
|---|---|---|---|---|---|---|
| 当日終値 | 12398 | 0.003 | -0.038 | 5039 | 5876 | 46.2 |
| 1日後 | 12398 | 0.237 | 0.180 | 5594 | 5747 | 49.3 |
| 2日後 | 12398 | 0.362 | 0.255 | 5789 | 5917 | 49.5 |
| 3日後 | 12398 | 0.420 | 0.253 | 5845 | 5977 | 49.4 |
| 4日後 | 12398 | 0.443 | 0.237 | 5849 | 6064 | 49.1 |
| 5日後 | 12398 | 0.504 | 0.254 | 5891 | 6033 | 49.4 |
| 6日後 | 12398 | 0.566 | 0.273 | 5889 | 6115 | 49.1 |
| 10日後 | 12398 | 0.516 | 0.029 | 5759 | 6311 | 47.7 |
| 20日後 | 12398 | 1.061 | 0.063 | 5776 | 6398 | 47.4 |
| 30日後 | 12398 | 1.307 | -0.228 | 5699 | 6548 | 46.5 |
| 40日後 | 12398 | 1.674 | -0.373 | 5701 | 6556 | 46.5 |

この期間の当日終値、1日後、2日後の全取引平均値は、それぞれ－0.094％、－0.036％、－0.071％です。

一方、差し込み線パターン出現の場合、当日終値、1日後、2日後の利益率は、それぞれ－0.038％、＋0.180％、＋0.255％となります。

当日終値の利益率はマイナス、1日後と2日後の利益率はプラスです。全取引平均値と比較すると、そのすべてで利益率がより高くなっています。

したがって、このもみ合い期に出現した差し込み線パターンも「買いサイン」だったといえます。

### 暴落期間（2000 ～ 2002 年）

| 売却日 | 取引回数 | 利益平均 1(%) | 利益平均 2(%) | 勝ち取引回数 | 負け取引回数 | 勝率 (%) |
|---|---|---|---|---|---|---|
| 当日終値 | 10511 | 0.001 | -0.051 | 4442 | 4957 | 47.3 |
| 1 日後 | 10511 | 0.165 | 0.090 | 4823 | 4859 | 49.8 |
| 2 日後 | 10511 | 0.375 | 0.240 | 5049 | 4931 | 50.6 |
| 3 日後 | 10511 | 0.389 | 0.187 | 5039 | 4999 | 50.2 |
| 4 日後 | 10511 | 0.319 | 0.055 | 4929 | 5192 | 48.7 |
| 5 日後 | 10511 | 0.306 | -0.011 | 4974 | 5201 | 48.9 |
| 6 日後 | 10511 | 0.351 | -0.029 | 4969 | 5226 | 48.7 |
| 10 日後 | 10511 | 0.220 | -0.401 | 4860 | 5410 | 47.3 |
| 20 日後 | 10511 | -0.231 | -1.464 | 4649 | 5697 | 44.9 |
| 30 日後 | 10511 | -0.335 | -2.162 | 4553 | 5815 | 43.9 |
| 40 日後 | 10511 | -0.863 | -3.388 | 4483 | 5914 | 43.1 |

この期間の当日終値、１日後、２日後の全取引平均値は、それぞれ－0.074％、－0.067％、－0.130％です。

一方、差し込み線パターン出現の場合、当日終値、１日後、２日後の利益率は、それぞれ－0.051％、＋0.090％、＋0.240％となります。

当日終値の利益率はマイナス、１日後と２日後の利益率はプラスです。全取引平均値と比較すると、そのすべてで利益率がより高くなっています。

１日後と２日後の利益率がプラスであるため、この暴落期間に出現した差し込み線パターンも「買いサイン」だったといえます。

**暴騰期間（2003～2006年）**

| 売却日 | 取引回数 | 利益平均1(%) | 利益平均2(%) | 勝ち取引回数 | 負け取引回数 | 勝率(%) |
|---|---|---|---|---|---|---|
| 当日終値 | 19878 | 0.013 | −0.033 | 8716 | 9666 | 47.4 |
| 1日後 | 19878 | 0.168 | 0.096 | 9535 | 9216 | 50.9 |
| 2日後 | 19878 | 0.227 | 0.091 | 9576 | 9523 | 50.1 |
| 3日後 | 19878 | 0.411 | 0.211 | 9941 | 9306 | 51.6 |
| 4日後 | 19878 | 0.479 | 0.208 | 9984 | 9348 | 51.6 |
| 5日後 | 19878 | 0.723 | 0.423 | 10153 | 9279 | 52.2 |
| 6日後 | 19878 | 0.860 | 0.513 | 10257 | 9181 | 52.8 |
| 10日後 | 19878 | 1.207 | 0.676 | 10423 | 9081 | 53.4 |
| 20日後 | 19878 | 1.858 | 0.909 | 10262 | 9374 | 52.3 |
| 30日後 | 19878 | 2.540 | 1.195 | 10367 | 9308 | 52.7 |
| 40日後 | 19878 | 3.296 | 1.667 | 10400 | 9301 | 52.8 |

この期間の当日終値、１日後、２日後の全取引平均値は、それぞれ−0.025％、＋0.064％、＋0.132％です。

一方、差し込み線パターン出現の場合、当日終値、１日後、２日後の利益率は、それぞれ−0.033％、＋0.096％、＋0.091％となります。

当日終値の利益率はマイナス、１日後と２日後の利益率はプラスです。全取引平均値と比較すると、当日終値の利益率はより低く、１日後の利益率はより高く、２日後の利益率はより低くなっています。

１日後と２日後の利益率はプラスであるため、この上昇期に出現した差し込み線パターンも「買いサイン」だったといえます。

### 金融危機期間（2007～2009年）

| 売却日 | 取引回数 | 利益平均1(%) | 利益平均2(%) | 勝ち取引回数 | 負け取引回数 | 勝率(%) |
|---|---|---|---|---|---|---|
| 当日終値 | 21541 | -0.072 | -0.131 | 9447 | 10628 | 47.1 |
| 1日後 | 21528 | 0.212 | 0.118 | 10053 | 10455 | 49.0 |
| 2日後 | 21490 | 0.119 | -0.080 | 10007 | 10750 | 48.2 |
| 3日後 | 21476 | 0.007 | -0.292 | 9900 | 11016 | 47.3 |
| 4日後 | 21469 | 0.165 | -0.210 | 10162 | 10795 | 48.5 |
| 5日後 | 21451 | 0.066 | -0.413 | 10051 | 10964 | 47.8 |
| 6日後 | 21435 | 0.210 | -0.354 | 9984 | 11070 | 47.4 |
| 10日後 | 21328 | -0.254 | -1.259 | 9561 | 11470 | 45.5 |
| 20日後 | 21124 | -0.823 | -3.064 | 9114 | 11764 | 43.7 |
| 30日後 | 20733 | -1.594 | -5.218 | 8536 | 12017 | 41.5 |
| 40日後 | 20447 | -2.434 | -7.497 | 8042 | 12259 | 39.6 |

この期間の当日終値、１日後、２日後の全取引平均値は、それぞれ－0.051％、－0.106％、－0.214％です。

一方、差し込み線パターン出現の場合、当日終値、１日後、２日後の利益率は、それぞれ－0.131％、＋0.118％、－0.080％となります。

当日終値の利益率はマイナス、１日後の利益率はプラス、２日後の利益率はマイナスです。全取引平均値と比較すると、当日終値の利益率はより低く、１日後と２日後の利益率はより高くなっています。

１日後の利益率はマイナス、２日後の利益率はプラスと、プラスとマイナスが混在するため、この下落期に出現した差し込み線パターンは「様子見」とするのがよいでしょう。

## まとめ

６期間中５期間で買いサイン、１期間で様子見でした。ただし、様子見となった金融危機期間（2007～2009年）も、全取引平均値と比較すると１日後と２日後の利益率が高くなっており、他期間との傾向の変化も小さいため、差し込み線パターンが買いサインとなる可能性は続くと考えられます。

差し込み線は戻り売りのポイントとして知られているローソク足パターンです。しかし、統計分析では逆の「買い」という結果が出ました。

## 25. 切り込み線

「大陰線」の翌営業日、下放れで寄り付いたから「大陽線」を形成し、前日大陰線の中心を上回ったパターンを「切り込み線」と呼びます。

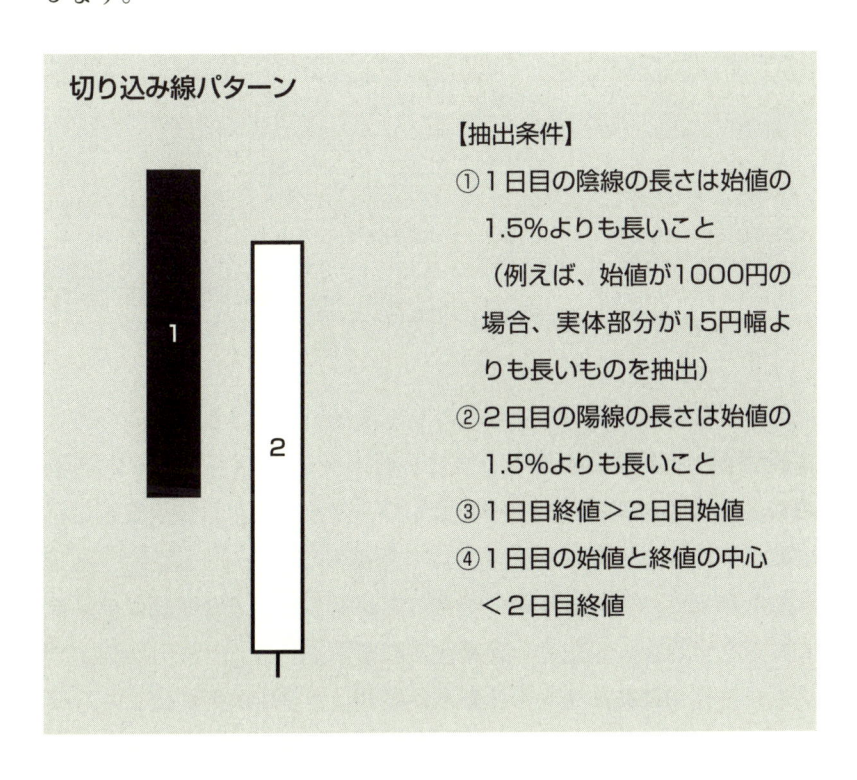

**切り込み線パターン**

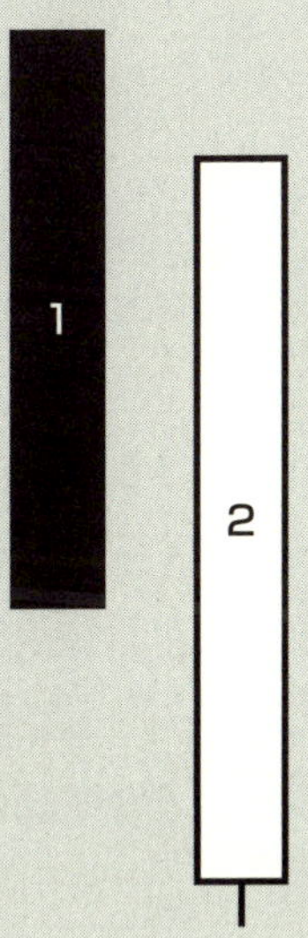


【抽出条件】

①1日目の陰線の長さは始値の1.5%よりも長いこと
（例えば、始値が1000円の場合、実体部分が15円幅よりも長いものを抽出）

②2日目の陽線の長さは始値の1.5%よりも長いこと

③1日目終値＞2日目始値

④1日目の始値と終値の中心＜2日目終値

前日の大陰線で下げた分を当日の上昇で戻した形です。通説では“長期の下降相場に出現すれば、買い転換のサイン”といわれています。それでは、統計分析の結果はどうでしょうか。

**全期間（1983～2009年）**

| 売却日 | 取引回数 | 利益平均1(%) | 利益平均2(%) | 勝ち取引回数 | 負け取引回数 | 勝率(%) |
|---|---|---|---|---|---|---|
| 当日終値 | 80643 | -0.143 | -0.198 | 31419 | 40562 | 43.6 |
| 1日後 | 80633 | -0.099 | -0.190 | 33455 | 41454 | 44.7 |
| 2日後 | 80599 | -0.152 | -0.314 | 33669 | 43094 | 43.9 |
| 3日後 | 80585 | -0.137 | -0.370 | 34237 | 43236 | 44.2 |
| 4日後 | 80576 | -0.126 | -0.429 | 34422 | 43510 | 44.2 |
| 5日後 | 80551 | -0.114 | -0.484 | 34673 | 43477 | 44.4 |
| 6日後 | 80542 | -0.083 | -0.510 | 35132 | 43311 | 44.8 |
| 10日後 | 80445 | -0.112 | -0.799 | 35333 | 43432 | 44.9 |
| 20日後 | 80271 | -0.188 | -1.621 | 34975 | 44096 | 44.2 |
| 30日後 | 79789 | -0.145 | -2.325 | 34624 | 44204 | 43.9 |
| 40日後 | 79626 | 0.003 | -2.810 | 34682 | 44139 | 44.0 |

切り込み線パターンがみられた翌営業日の寄り付きで買い、当日終値で売り手仕舞った場合（当日終値の行を参照）、1983～2009年の利益平均は0.198％（利益平均２）の「マイナス」となりました。全取引平均値の－0.054％よりも低い利益率です。

したがって、切り込み線のパターンがみられた翌営業日にデイトレードをするなら「売り」と考えられます。

１日後～40日後に売り手仕舞った場合は、全取引平均値よりも低い利益率となっています。例えば、２日後で比較すれば、全取引平均値の－0.033％に対して、切り込み線は－0.314％となっており、平均よりも0.281％不利です。

したがって、空売りが考えられます。1日後～40日後のどのタイミングで売っても利益率はマイナスなので、買い戻しのタイミングは難しくありません。

全期間（1983～2009年）の当日終値、1日後、2日後の全取引平均値は、それぞれ－0.054％、－0.017％、－0.033％です。一方、切り込み線パターン出現の場合、当日終値、1日後、2日後の利益率は、それぞれ－0.198％、－0.190％、－0.314％となりました。

当日終値、1日後、2日後のすべてで利益率がマイナスです。また全取引平均値と比較すると、そのすべてで利益率がより低くなっています。

- ●パターンが出現した翌営業日の日中に下落する
- ●2日後にはさらにマイナス幅が大きくなっている

このことから切り込み線パターンが出た場合、翌営業日の始値付近で空売りするのがよいといえます。つまり、通説とは逆に、統計分析では「売り」有利という結果が出たわけです。

6分割した期間でも同様に解析してみましょう。特に長期の下降相場期に注目です。

### バブル期間（1983～1989年）

| 売却日 | 取引回数 | 利益平均1(%) | 利益平均2(%) | 勝ち取引回数 | 負け取引回数 | 勝率(%) |
|---|---|---|---|---|---|---|
| 当日終値 | 9724 | -0.191 | -0.233 | 3527 | 4858 | 42.1 |
| 1日後 | 9724 | -0.150 | -0.208 | 3742 | 5051 | 42.6 |
| 2日後 | 9724 | -0.165 | -0.259 | 3758 | 5305 | 41.5 |
| 3日後 | 9724 | -0.096 | -0.224 | 3929 | 5316 | 42.5 |
| 4日後 | 9724 | 0.034 | -0.125 | 4092 | 5188 | 44.1 |
| 5日後 | 9724 | 0.175 | -0.012 | 4142 | 5185 | 44.4 |
| 6日後 | 9724 | 0.246 | 0.030 | 4109 | 5263 | 43.8 |
| 10日後 | 9724 | 0.421 | 0.094 | 4237 | 5200 | 44.9 |
| 20日後 | 9724 | 1.350 | 0.804 | 4566 | 4980 | 47.8 |
| 30日後 | 9724 | 2.189 | 1.431 | 4723 | 4828 | 49.5 |
| 40日後 | 9724 | 3.290 | 2.328 | 4965 | 4617 | 51.8 |

この期間の当日終値、1日後、2日後の全取引平均値は、それぞれ－0.016％、＋0.082％、＋0.167％です。

一方、切り込み線パターン出現の場合、当日終値、1日後、2日後の利益率は、それぞれ－0.233％、－0.208％、－0.259％となりました。

当日終値、1日後、2日後の利益率はすべてマイナスです。全取引平均値と比較すると、そのすべてで利益率がより低くなっています。

したがって、この上昇期に出現した切り込み線パターンは「売りサイン」だったといえます。

**崩壊期間（1990～1992年）**

| 売却日 | 取引回数 | 利益平均1(%) | 利益平均2(%) | 勝ち取引回数 | 負け取引回数 | 勝率(%) |
|---|---|---|---|---|---|---|
| 当日終値 | 5215 | -0.110 | -0.146 | 1995 | 2468 | 44.7 |
| 1日後 | 5215 | -0.133 | -0.191 | 2131 | 2601 | 45.0 |
| 2日後 | 5215 | -0.543 | -0.671 | 1958 | 2956 | 39.8 |
| 3日後 | 5215 | -0.766 | -0.958 | 1911 | 3036 | 38.6 |
| 4日後 | 5215 | -1.066 | -1.375 | 1874 | 3105 | 37.6 |
| 5日後 | 5215 | -0.830 | -1.154 | 1939 | 3087 | 38.6 |
| 6日後 | 5215 | -1.029 | -1.421 | 1949 | 3085 | 38.7 |
| 10日後 | 5215 | -1.550 | -2.215 | 1948 | 3136 | 38.3 |
| 20日後 | 5215 | -1.883 | -3.278 | 2069 | 3053 | 40.4 |
| 30日後 | 5215 | -1.830 | -3.607 | 2067 | 3080 | 40.2 |
| 40日後 | 5215 | -2.517 | -4.795 | 2024 | 3139 | 39.2 |

この期間の当日終値、1日後、2日後の全取引平均値は、それぞれ－0.079％、－0.121％、－0.242％です。

一方、切り込み線パターン出現の場合、当日終値、1日後、2日後の利益率は、それぞれ－0.146％、－0.191％、－0.671％となりました。

当日終値、1日後、2日後の利益率はすべてマイナスです。全取引平均値と比較すると、そのすべてで利益率がより低くなっています。

したがって、この下落期に出現した切り込み線パターンも「売りサイン」だったといえます。

### もみ合い期間（1993～1999年）

| 売却日 | 取引回数 | 利益平均1(%) | 利益平均2(%) | 勝ち取引回数 | 負け取引回数 | 勝率(%) |
|---|---|---|---|---|---|---|
| 当日終値 | 13201 | -0.125 | -0.175 | 5045 | 6363 | 44.2 |
| 1日後 | 13201 | -0.080 | -0.156 | 5419 | 6666 | 44.8 |
| 2日後 | 13201 | -0.080 | -0.212 | 5498 | 6966 | 44.1 |
| 3日後 | 13201 | -0.162 | -0.365 | 5435 | 7167 | 43.1 |
| 4日後 | 13201 | -0.347 | -0.607 | 5376 | 7341 | 42.3 |
| 5日後 | 13201 | -0.358 | -0.674 | 5431 | 7354 | 42.5 |
| 6日後 | 13201 | -0.337 | -0.698 | 5470 | 7323 | 42.8 |
| 10日後 | 13201 | -0.358 | -0.903 | 5477 | 7391 | 42.6 |
| 20日後 | 13201 | -0.157 | -1.248 | 5502 | 7456 | 42.5 |
| 30日後 | 13201 | 0.036 | -1.687 | 5649 | 7385 | 43.3 |
| 40日後 | 13201 | 0.013 | -2.448 | 5609 | 7452 | 42.9 |

この期間の当日終値、1日後、2日後の全取引平均値は、それぞれ－0.094％、－0.036％、－0.071％です。

一方、切り込み線パターン出現の場合、当日終値、1日後、2日後の利益率は、それぞれ－0.175％、－0.156％、－0.212％となりました。

当日終値、1日後、2日後の利益率はすべてマイナスです。全取引平均値と比較すると、そのすべてで利益率がより低くなっています。

したがって、このもみ合い期に出現した切り込み線パターンも「売りサイン」だったといえます。

**暴落期間（2000～2002年）**

| 売却日 | 取引回数 | 利益平均1(%) | 利益平均2(%) | 勝ち取引回数 | 負け取引回数 | 勝率(%) |
|---|---|---|---|---|---|---|
| 当日終値 | 11082 | -0.018 | -0.073 | 4460 | 5339 | 45.5 |
| 1日後 | 11082 | -0.079 | -0.168 | 4536 | 5661 | 44.5 |
| 2日後 | 11082 | -0.216 | -0.393 | 4591 | 5885 | 43.8 |
| 3日後 | 11082 | -0.241 | -0.494 | 4686 | 5894 | 44.3 |
| 4日後 | 11082 | -0.449 | -0.801 | 4572 | 6099 | 42.8 |
| 5日後 | 11082 | -0.496 | -0.962 | 4672 | 5998 | 43.8 |
| 6日後 | 11082 | -0.431 | -0.946 | 4722 | 6044 | 43.9 |
| 10日後 | 11082 | -0.543 | -1.345 | 4758 | 6093 | 43.8 |
| 20日後 | 11082 | -1.003 | -2.552 | 4573 | 6295 | 42.1 |
| 30日後 | 11082 | -1.303 | -3.709 | 4490 | 6432 | 41.1 |
| 40日後 | 11082 | -1.516 | -4.604 | 4510 | 6443 | 41.2 |

この期間の当日終値、１日後、２日後の全取引平均値は、それぞれ－0.074％、－0.067％、－0.130％です。

一方、切り込み線パターン出現の場合、当日終値、１日後、２日後の利益率は、それぞれ－0.073％、－0.168％、－0.393％となりました。

当日終値、１日後、２日後の利益率はすべてマイナスです。全取引平均値と比較すると、当日終値の利益率がより高めで、１日後と２日後の利益率がより低くなっています。

したがって、暴落期の切り込み線の出現も「売りサイン」だったといえます。

**暴騰期間（2003～2006年）**

| 売却日 | 取引回数 | 利益平均1(％) | 利益平均2(％) | 勝ち取引回数 | 負け取引回数 | 勝率(％) |
|---|---|---|---|---|---|---|
| 当日終値 | 19317 | −0.127 | −0.181 | 7716 | 9951 | 43.7 |
| 1日後 | 19317 | −0.178 | −0.283 | 8279 | 9923 | 45.5 |
| 2日後 | 19317 | −0.178 | −0.345 | 8260 | 10330 | 44.4 |
| 3日後 | 19317 | 0.170 | −0.050 | 8567 | 10131 | 45.8 |
| 4日後 | 19317 | 0.292 | 0.014 | 8840 | 9974 | 47.0 |
| 5日後 | 19317 | 0.436 | 0.121 | 9041 | 9779 | 48.0 |
| 6日後 | 19317 | 0.621 | 0.258 | 9431 | 9473 | 49.9 |
| 10日後 | 19317 | 0.882 | 0.297 | 9429 | 9538 | 49.7 |
| 20日後 | 19317 | 1.229 | 0.018 | 9306 | 9774 | 48.8 |
| 30日後 | 19317 | 1.748 | 0.005 | 9274 | 9845 | 48.5 |
| 40日後 | 19317 | 2.710 | 0.707 | 9467 | 9664 | 49.5 |

この期間の当日終値、1日後、2日後の全取引平均値は、それぞれ−0.025％、＋0.064％、＋0.132％です。

一方、切り込み線パターン出現の場合、当日終値、1日後、2日後の利益率は、それぞれ−0.181％、−0.283％、−0.345％となりました。

当日終値、1日後、2日後の利益率はすべてマイナスです。全取引平均値と比較すると、そのすべてで利益率がより低くなっています。

したがって、この上昇期に出現した切り込み線パターンも「売りサイン」だったといえます。

### 金融危機期間（2007 ～ 2009 年）

| 売却日 | 取引回数 | 利益平均 1(%) | 利益平均 2(%) | 勝ち取引回数 | 負け取引回数 | 勝率 (%) |
|---|---|---|---|---|---|---|
| 当日終値 | 22071 | -0.216 | -0.286 | 8661 | 11567 | 42.8 |
| 1 日後 | 22061 | -0.021 | -0.130 | 9336 | 11533 | 44.7 |
| 2 日後 | 22027 | -0.047 | -0.253 | 9586 | 11641 | 45.2 |
| 3 日後 | 22013 | -0.212 | -0.518 | 9692 | 11678 | 45.4 |
| 4 日後 | 22004 | -0.048 | -0.438 | 9653 | 11788 | 45.0 |
| 5 日後 | 21979 | -0.223 | -0.720 | 9427 | 12064 | 43.9 |
| 6 日後 | 21970 | -0.304 | -0.886 | 9428 | 12114 | 43.8 |
| 10 日後 | 21873 | -0.528 | -1.497 | 9459 | 12066 | 43.9 |
| 20 日後 | 21699 | -1.335 | -3.525 | 8944 | 12523 | 41.7 |
| 30 日後 | 21217 | -2.026 | -5.522 | 8411 | 12611 | 40.0 |
| 40 日後 | 21054 | -2.576 | -7.195 | 8094 | 12805 | 38.7 |

この期間の当日終値、１日後、２日後の全取引平均値は、それぞれ－0.051％、－0.106％、－0.214％です。

一方、切り込み線パターン出現の場合、当日終値、１日後、２日後の利益率は、それぞれ－0.286％、－0.130％、－0.253％となりました。

当日終値、１日後、２日後の利益率はすべてマイナスです。また全取引平均値と比較すると、そのすべてで利益率がより低くなっています。

したがって、この下落期に出現した切り込み線パターンも「売りサイン」だったといえます。

### まとめ

全期間で切り込み線は売りサインでした。株価の上昇期、もみ合い期、下落期にかかわらず、パターン出現後に株価は下方向に進む傾向があるわけです。

下降相場である1990～1992年の崩壊期間、2000～2002年の暴落期間、2007～2009年の金融危機期間でも売り有利という統計分析は、通説と全く逆の結果となりました。

# 26. かぶせ線

「大陽線」の翌営業日、その大陽線の終値よりも高く始値を付けたものの、終値は前日大陽線の中心値以下で付けて「大陰線」を形成したパターンを「かぶせ線」と呼びます。

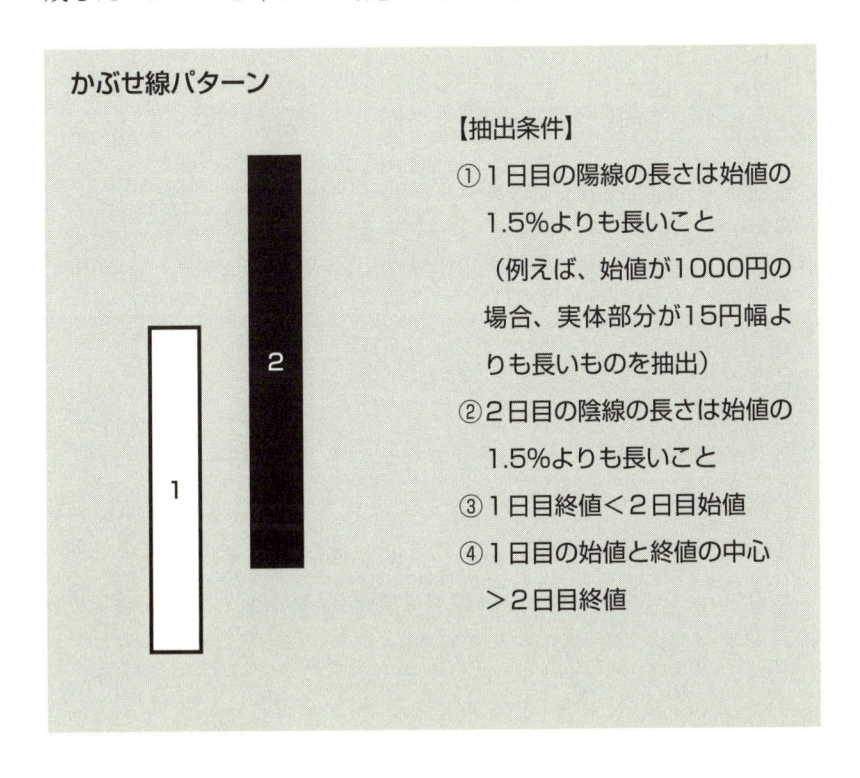

**かぶせ線パターン**

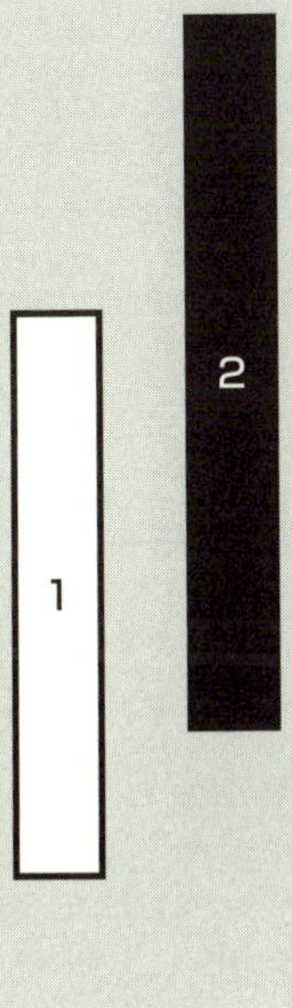


【抽出条件】

①１日目の陽線の長さは始値の1.5%よりも長いこと
（例えば、始値が1000円の場合、実体部分が15円幅よりも長いものを抽出）

②２日目の陰線の長さは始値の1.5%よりも長いこと

③１日目終値＜２日目始値

④１日目の始値と終値の中心＞２日目終値

通説では“かぶせ線は売りサイン”といわれています。その理由は“そこまでの買い勢力を押し戻すほどの売り勢力が現れたから”です。

**全期間（1983～2009年）**

| 売却日 | 取引回数 | 利益平均1(%) | 利益平均2(%) | 勝ち取引回数 | 負け取引回数 | 勝率(%) |
|---|---|---|---|---|---|---|
| 当日終値 | 102768 | -0.211 | -0.263 | 39896 | 50835 | 44.0 |
| 1日後 | 102727 | -0.061 | -0.139 | 44839 | 49607 | 47.5 |
| 2日後 | 102710 | -0.025 | -0.177 | 45825 | 51206 | 47.2 |
| 3日後 | 102657 | -0.005 | -0.226 | 45848 | 52363 | 46.7 |
| 4日後 | 102632 | 0.067 | -0.210 | 46022 | 52736 | 46.6 |
| 5日後 | 102614 | 0.105 | -0.236 | 46341 | 52831 | 46.7 |
| 6日後 | 102568 | 0.114 | -0.299 | 46281 | 53265 | 46.5 |
| 10日後 | 102472 | 0.155 | -0.479 | 46151 | 53987 | 46.1 |
| 20日後 | 102149 | 0.293 | -1.008 | 46507 | 54059 | 46.2 |
| 30日後 | 101730 | 0.563 | -1.313 | 46043 | 54407 | 45.8 |
| 40日後 | 101480 | 0.621 | -1.956 | 45770 | 54589 | 45.6 |

このパターンがみられた翌営業日の寄り付きで買い、当日終値で売り手仕舞った場合（当日終値の行を参照）、1983～2009年の利益平均は0.263％（利益平均２）の「マイナス」となっています。これは全取引平均値の－0.054％よりも低い利益率です。

したがって、かぶせ線のパターンがみられた翌営業日にデイトレードをするなら「売り」と考えられます。

１日後～40日後に売り手仕舞った場合は、全取引平均値よりも低い利益率となっています。例えば、２日後で比較すれば、全取引平均値の－0.033％に対して、かぶせ線は－0.177％となっており、平均よりも0.144％不利です。

したがって、空売りが考えられます。１日後～40日後のどれも利益率がマイナスであるため、買い戻しのタイミングも難しくありません。

ただし、当日終値での下落幅が0.263％なので、２日後に買い戻すよりも当日終値で買い戻したほうが利益幅は大きくなります。つまり、かぶせ線パターンが出現したらデイトレで売りです。

全期間（1983～2009年）の当日終値、１日後、２日後の全取引平均値は、それぞれ－0.054％、－0.017％、－0.033％です。一方、かぶせ線パターン出現の場合、当日終値、１日後、２日後の利益率は、それぞれ－0.263％、－0.139％、－0.177％となりました。

当日終値、１日後、２日後の利益率は、すべてマイナスです。全取引平均値で比較すると、そのすべてで利益率はより低くなっています。

●パターンが出現した翌営業日の日中に下落する
●１日後以降に利益率のマイナス幅が縮小している

このことから、かぶせ線パターンが出た場合、翌営業日の始値付近で空売りをして、当日中に買い戻すのがよいといえます。

６分割した期間でも同様に解析してみましょう。

## バブル期間（1983～1989年）

| 売却日 | 取引回数 | 利益平均1(%) | 利益平均2(%) | 勝ち取引回数 | 負け取引回数 | 勝率(%) |
|---|---|---|---|---|---|---|
| 当日終値 | 16138 | -0.163 | -0.193 | 5711 | 8098 | 41.4 |
| 1日後 | 16138 | 0.112 | 0.076 | 6908 | 7546 | 47.8 |
| 2日後 | 16138 | 0.222 | 0.159 | 7064 | 7931 | 47.1 |
| 3日後 | 16138 | 0.305 | 0.214 | 7170 | 8101 | 47.0 |
| 4日後 | 16138 | 0.428 | 0.314 | 7171 | 8143 | 46.8 |
| 5日後 | 16138 | 0.505 | 0.368 | 7236 | 8158 | 47.0 |
| 6日後 | 16138 | 0.510 | 0.349 | 7296 | 8240 | 47.0 |
| 10日後 | 16138 | 0.850 | 0.611 | 7477 | 8156 | 47.8 |
| 20日後 | 16138 | 1.964 | 1.546 | 8027 | 7775 | 50.8 |
| 30日後 | 16138 | 3.041 | 2.465 | 8494 | 7374 | 53.5 |
| 40日後 | 16138 | 4.138 | 3.404 | 8747 | 7131 | 55.1 |

この期間の当日終値、１日後、２日後の全取引平均値は、それぞれ－0.016％、＋0.082％、＋0.167％です。

一方、かぶせ線パターン出現の場合、当日終値、１日後、２日後の利益率は、それぞれ－0.193％、＋0.076％、＋0.159％となりました。

当日終値の利益率がマイナス、１日後と２日後の利益率がプラスです。全取引平均値と比較すると、そのすべてで利益率が低めとなっています。

しかし、１日後と２日後の利益率はプラスであるため、この上昇期に出現したかぶせ線パターンは「買いサイン」だったといえます。

### 崩壊期間（1990～1992 年）

| 売却日 | 取引回数 | 利益平均 1(%) | 利益平均 2(%) | 勝ち取引回数 | 負け取引回数 | 勝率 (%) |
|---|---|---|---|---|---|---|
| 当日終値 | 6517 | −0.186 | −0.225 | 2440 | 3127 | 43.8 |
| 1 日後 | 6517 | −0.064 | −0.118 | 2781 | 3140 | 47.0 |
| 2 日後 | 6517 | −0.053 | −0.164 | 2873 | 3213 | 47.2 |
| 3 日後 | 6517 | −0.060 | −0.230 | 2935 | 3259 | 47.4 |
| 4 日後 | 6517 | −0.060 | −0.275 | 2923 | 3309 | 46.9 |
| 5 日後 | 6517 | −0.263 | −0.536 | 2827 | 3444 | 45.1 |
| 6 日後 | 6517 | −0.295 | −0.638 | 2766 | 3531 | 43.9 |
| 10 日後 | 6517 | −0.713 | −1.288 | 2660 | 3709 | 41.8 |
| 20 日後 | 6517 | −1.733 | −2.984 | 2527 | 3881 | 39.4 |
| 30 日後 | 6517 | −2.332 | −4.093 | 2507 | 3932 | 38.9 |
| 40 日後 | 6517 | −3.688 | −6.203 | 2373 | 4070 | 36.8 |

この期間の当日終値、1日後、2日後の全取引平均値は、それぞれ−0.079%、−0.121%、−0.242%です。

一方、かぶせ線パターン出現の場合、当日終値、1日後、2日後の利益率は、それぞれ−0.225%、−0.118%、−0.164%となりました。

当日終値、1日後、2日後のすべてで利益率がマイナスです。全取引平均値と比較すると、当日終値の利益率がより低く、1日後と2日後の利益率がより高くなっています。

1日後と2日後の利益率はマイナスであることから、この崩壊期に出現したかぶせ線パターンは「売りサイン」だったといえます。

### もみ合い期間（1993～1999年）

| 売却日 | 取引回数 | 利益平均1(%) | 利益平均2(%) | 勝ち取引回数 | 負け取引回数 | 勝率(%) |
|---|---|---|---|---|---|---|
| 当日終値 | 18862 | −0.202 | −0.253 | 7098 | 9067 | 43.9 |
| 1日後 | 18862 | 0.053 | −0.012 | 8365 | 8725 | 48.9 |
| 2日後 | 18862 | 0.112 | −0.010 | 8453 | 9225 | 47.8 |
| 3日後 | 18862 | 0.134 | −0.040 | 8430 | 9490 | 47.0 |
| 4日後 | 18862 | 0.220 | 0.010 | 8452 | 9608 | 46.8 |
| 5日後 | 18862 | 0.201 | −0.065 | 8419 | 9744 | 46.4 |
| 6日後 | 18862 | 0.183 | −0.137 | 8471 | 9822 | 46.3 |
| 10日後 | 18862 | 0.373 | −0.125 | 8500 | 9903 | 46.2 |
| 20日後 | 18862 | 0.832 | −0.141 | 8675 | 9872 | 46.8 |
| 30日後 | 18862 | 1.189 | −0.290 | 8597 | 10009 | 46.2 |
| 40日後 | 18862 | 1.292 | −0.780 | 8591 | 10070 | 46.0 |

この期間の当日終値、1日後、2日後の全取引平均値は、それぞれ−0.094％、−0.036％、−0.071％です。

一方、かぶせ線パターン出現の場合、当日終値、1日後、2日後の利益率は、それぞれ−0.253％、−0.012％、−0.010％となりました。

当日終値、1日後、2日後のすべてで利益率がマイナスです。全取引平均値と比較すると、当日終値の利益率がより低く、1日後と2日後の利益率はより高くなっています。しかし、利益率は1日後、2日後とも、ほとんどゼロとなっています。

したがって、このもみ合い期に出現したかぶせ線パターンは「様子見」だったといえます。

**暴落期間（2000～2002 年）**

| 売却日 | 取引回数 | 利益平均 1(%) | 利益平均 2(%) | 勝ち取引 回数 | 負け取引 回数 | 勝率 (%) |
|---|---|---|---|---|---|---|
| 当日終値 | 13307 | -0.164 | -0.221 | 5226 | 6343 | 45.2 |
| 1 日後 | 13307 | 0.024 | -0.060 | 5885 | 6179 | 48.8 |
| 2 日後 | 13307 | 0.020 | -0.140 | 5879 | 6597 | 47.1 |
| 3 日後 | 13307 | 0.097 | -0.128 | 5963 | 6670 | 47.2 |
| 4 日後 | 13307 | 0.158 | -0.135 | 5946 | 6808 | 46.6 |
| 5 日後 | 13307 | 0.157 | -0.200 | 6004 | 6807 | 46.9 |
| 6 日後 | 13307 | 0.101 | -0.315 | 5902 | 6959 | 45.9 |
| 10 日後 | 13307 | -0.095 | -0.782 | 5824 | 7140 | 44.9 |
| 20 日後 | 13307 | -0.595 | -1.936 | 5722 | 7334 | 43.8 |
| 30 日後 | 13307 | -0.863 | -2.827 | 5487 | 7614 | 41.9 |
| 40 日後 | 13307 | -1.275 | -4.017 | 5410 | 7704 | 41.3 |

この期間の当日終値、１日後、２日後の全取引平均値は、それぞれ－0.074％、－0.067％、－0.130％です。

一方、かぶせ線パターン出現の場合、当日終値、１日後、２日後の利益率は、それぞれ－0.221％、－0.060％、－0.140％となりました。

当日終値、１日後、２日後のすべてで利益率がマイナスです。全取引平均値と比較すると、当日終値の利益率がより低く、１日後の利益率がより高く、２日後の利益率がより低くなっています。

しかし、１日後と２日後の利益率はマイナスであることから、この下落期に出現したかぶせ線パターンは「売りサイン」だったといえます。

**暴騰期間（2003～2006年）**

| 売却日 | 取引回数 | 利益平均1(%) | 利益平均2(%) | 勝ち取引回数 | 負け取引回数 | 勝率(%) |
|---|---|---|---|---|---|---|
| 当日終値 | 22976 | -0.267 | -0.320 | 8926 | 11886 | 42.9 |
| 1日後 | 22976 | -0.132 | -0.216 | 9966 | 11416 | 46.6 |
| 2日後 | 22976 | -0.098 | -0.279 | 10402 | 11528 | 47.4 |
| 3日後 | 22976 | -0.001 | -0.230 | 10409 | 11732 | 47.0 |
| 4日後 | 22976 | 0.168 | -0.107 | 10525 | 11711 | 47.3 |
| 5日後 | 22976 | 0.255 | -0.072 | 10672 | 11657 | 47.8 |
| 6日後 | 22976 | 0.318 | -0.085 | 10712 | 11618 | 48.0 |
| 10日後 | 22976 | 0.689 | 0.116 | 11053 | 11460 | 49.1 |
| 20日後 | 22976 | 1.383 | 0.247 | 11327 | 11341 | 50.0 |
| 30日後 | 22976 | 2.496 | 0.966 | 11515 | 11199 | 50.7 |
| 40日後 | 22976 | 3.224 | 1.276 | 11634 | 11113 | 51.1 |

この期間の当日終値、1日後、2日後の全取引平均値は、それぞれ－0.025％、＋0.064％、＋0.132％です。

一方、かぶせ線パターン出現の場合、当日終値、1日後、2日後の利益率は、それぞれ－0.320％、－0.216％、－0.279％となりました。

当日終値、1日後、2日後のすべてで利益率がマイナスです。全取引平均値と比較すると、そのすべてで利益率がより低くなっています。

したがって、この上昇期に出現したかぶせ線パターンも「売りサイン」だったといえます。

**金融危機期間（2007～2009年）**

| 売却日 | 取引回数 | 利益平均1(%) | 利益平均2(%) | 勝ち取引回数 | 負け取引回数 | 勝率(%) |
|---|---|---|---|---|---|---|
| 当日終値 | 24816 | -0.225 | -0.294 | 10451 | 12231 | 46.1 |
| 1日後 | 24775 | -0.234 | -0.348 | 10889 | 12508 | 46.5 |
| 2日後 | 24758 | -0.236 | -0.449 | 11104 | 12630 | 46.8 |
| 3日後 | 24705 | -0.357 | -0.700 | 10878 | 13032 | 45.5 |
| 4日後 | 24680 | -0.398 | -0.843 | 10920 | 13100 | 45.5 |
| 5日後 | 24662 | -0.312 | -0.865 | 11093 | 12966 | 46.1 |
| 6日後 | 24616 | -0.284 | -0.962 | 11053 | 13033 | 45.9 |
| 10日後 | 24520 | -0.631 | -1.674 | 10547 | 13559 | 43.8 |
| 20日後 | 24197 | -1.273 | -3.570 | 10137 | 13798 | 42.4 |
| 30日後 | 23778 | -1.927 | -5.326 | 9346 | 14225 | 39.7 |
| 40日後 | 23528 | -2.626 | -7.418 | 8933 | 14431 | 38.2 |

この期間の当日終値、1日後、2日後の全取引平均値は、それぞれ－0.051％、－0.106％、－0.214％です。

一方、かぶせ線パターン出現の場合、当日終値、1日後、2日後の利益率は、それぞれ－0.294％、－0.348％、－0.449％となりました。

当日終値、1日後、2日後のすべてで利益率がマイナスです。全取引平均値と比較すると、そのすべてで利益率がより低くなっています。

したがって、この下落期に出現したかぶせ線パターンも「売りサイン」だったといえます。

## まとめ

6期間中4期間で売りサイン、1期間で買いサイン、1期間で様子見となっています。2000年以降は売りサインとなっていることから、今後もかぶせ線の出現は売りサインと考えられます。

また6期間すべてで共通するのは、かぶせ線の出現した翌営業日に株価を下げていることです。したがって、デイトレードの売りが有効と考えられます。

統計分析から、通説が正しいことを証明できました。根拠（データ）を自分の目で確認する習慣をつけることで、自信を持って売り買いができるようになるでしょう。

## 27. 首吊り線

「陽線」の翌営業日、上放れで寄り付いた後、一度長い下ヒゲを形成してから最終的に「陽線」で引けたパターンを「首吊り線」と呼びます。

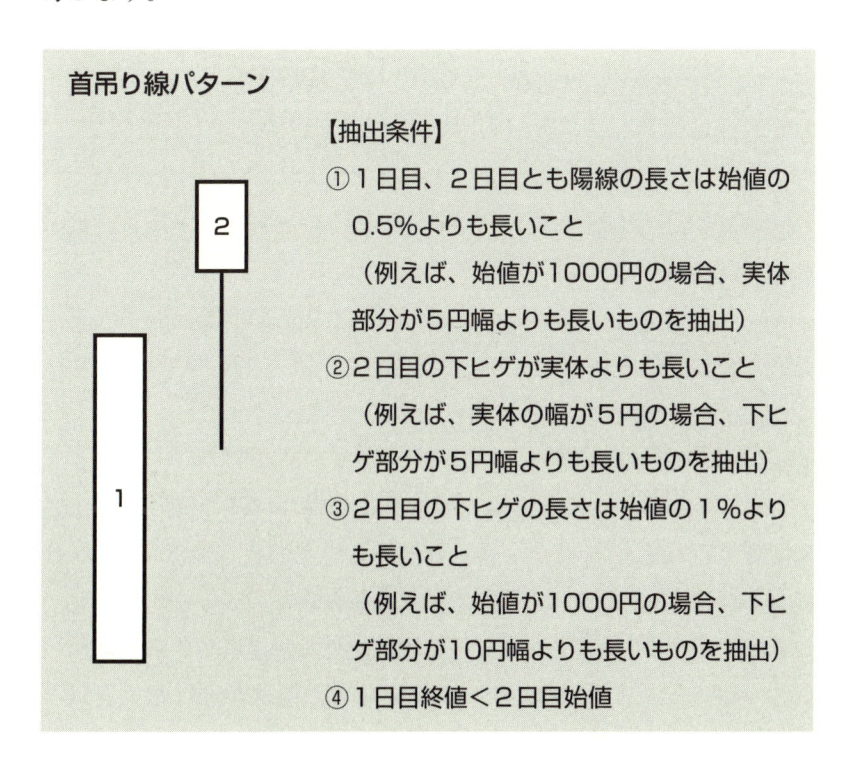

**首吊り線パターン**

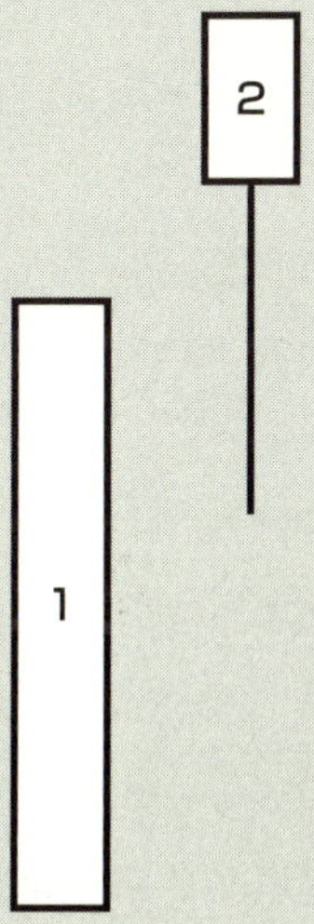


【抽出条件】

①１日目、２日目とも陽線の長さは始値の0.5%よりも長いこと
（例えば、始値が1000円の場合、実体部分が５円幅よりも長いものを抽出）

②２日目の下ヒゲが実体よりも長いこと
（例えば、実体の幅が５円の場合、下ヒゲ部分が５円幅よりも長いものを抽出）

③２日目の下ヒゲの長さは始値の１%よりも長いこと
（例えば、始値が1000円の場合、下ヒゲ部分が10円幅よりも長いものを抽出）

④１日目終値＜２日目始値

“この状況での新規の買いは首つりもの”という意味で首吊り線と名づけられたといいます。値上がり率ランキングの上位のチャートには頻繁に現れるパターンです。

では、本当に新規買いをしてはいけないのでしょうか。統計分析をしてみましょう。

**全期間（1983～2009年）**

| 売却日 | 取引回数 | 利益平均1(%) | 利益平均2(%) | 勝ち取引回数 | 負け取引回数 | 勝率(%) |
|---|---|---|---|---|---|---|
| 当日終値 | 56750 | −0.063 | −0.113 | 23061 | 28901 | 44.4 |
| 1日後 | 56728 | −0.051 | −0.131 | 23976 | 29089 | 45.2 |
| 2日後 | 56713 | −0.178 | −0.335 | 23818 | 30361 | 44.0 |
| 3日後 | 56691 | −0.215 | −0.441 | 23845 | 30777 | 43.7 |
| 4日後 | 56659 | −0.296 | −0.595 | 23616 | 31315 | 43.0 |
| 5日後 | 56642 | −0.353 | −0.718 | 23644 | 31423 | 42.9 |
| 6日後 | 56627 | −0.311 | −0.728 | 23849 | 31336 | 43.2 |
| 10日後 | 56556 | −0.207 | −0.875 | 24516 | 30958 | 44.2 |
| 20日後 | 56215 | 0.129 | −1.163 | 24999 | 30450 | 45.1 |
| 30日後 | 56101 | 0.158 | −1.807 | 24889 | 30611 | 44.8 |
| 40日後 | 55978 | 0.429 | −2.142 | 25156 | 30304 | 45.4 |

首吊り線パターンがみられた翌営業日の寄り付きで買い、当日終値で売り手仕舞った場合（当日終値の行を参照）、1983～2009年の利益平均は0.113％（利益平均２）の「マイナス」となっています。これは全取引平均値の－0.054％よりも低めの利益率です。

したがって、首吊り線パターンがみられた翌営業日にデイトレードをするなら「売り」と考えられます。

１日後～40日後に売り手仕舞った場合は、全取引平均値よりも低めの利益率となっています。例えば、２日後で比較すれば、全取引平均値の－0.033％に対して、首吊り線は－0.335％となっており、平均よりも0.302％さらにマイナスです。

したがって、株価下落の可能性が高く、空売り有利と考えられます。１日後～40日後のすべてで利益率がマイナスなので、買い戻しのタイミングも難しくありません。

全期間（1983～2009年）の当日終値、１日後、２日後の全取引平均値は、それぞれ－0.054％、－0.017％、－0.033％です。一方、首吊り線パターン出現の場合、当日終値、１日後、２日後の利益率は、それぞれ－0.113％、－0.131％、－0.335となりました。

当日終値、１日後、２日後の利益率はすべてマイナスです。全取引平均値は、そのすべてで利益率がより低くなっています。

●パターンが出現した翌営業日の日中に下落する
●１日後以降もさらに利益率がマイナスとなっている

このことから、首吊り線パターンが出た場合、翌営業日の始値付近で空売りするのがよいといえます。

６分割した期間でも同様に解析してみましょう。

### バブル期間（1983～1989年）

| 売却日 | 取引回数 | 利益平均1(%) | 利益平均2(%) | 勝ち取引回数 | 負け取引回数 | 勝率(%) |
|---|---|---|---|---|---|---|
| 当日終値 | 7365 | −0.133 | −0.170 | 2673 | 3859 | 40.9 |
| 1日後 | 7365 | 0.012 | −0.034 | 2920 | 3817 | 43.3 |
| 2日後 | 7365 | −0.161 | −0.254 | 2901 | 4009 | 42.0 |
| 3日後 | 7365 | −0.140 | −0.275 | 2936 | 4067 | 41.9 |
| 4日後 | 7365 | −0.122 | −0.289 | 2947 | 4128 | 41.7 |
| 5日後 | 7365 | −0.103 | −0.301 | 3027 | 4065 | 42.7 |
| 6日後 | 7365 | 0.026 | −0.205 | 3095 | 3993 | 43.7 |
| 10日後 | 7365 | 0.397 | 0.062 | 3219 | 3947 | 44.9 |
| 20日後 | 7365 | 1.347 | 0.807 | 3521 | 3690 | 48.8 |
| 30日後 | 7365 | 2.374 | 1.665 | 3746 | 3502 | 51.7 |
| 40日後 | 7365 | 3.160 | 2.272 | 3848 | 3404 | 53.1 |

この期間の当日終値、１日後、２日後の全取引平均値は、それぞれ−0.016％、＋0.082％、＋0.167％です。

一方、首吊り線パターン出現の場合、当日終値、１日後、２日後の利益率は、それぞれ−0.170％、−0.034％、−0.254％となりました。

当日終値、１日後、２日後の利益率がすべてマイナスです。また全取引平均値と比較すると、そのすべてで利益率がより低くなっています。

したがって、株価の上昇トレンドの続いていた時期ですが、出現した首吊り線パターンは「売りサイン」だったといえます。

### 崩壊期間（1990～1992年）

| 売却日 | 取引回数 | 利益平均 1(%) | 利益平均 2(%) | 勝ち取引回数 | 負け取引回数 | 勝率(%) |
|---|---|---|---|---|---|---|
| 当日終値 | 3770 | -0.082 | -0.116 | 1462 | 1856 | 44.1 |
| 1日後 | 3770 | -0.150 | -0.199 | 1504 | 1949 | 43.6 |
| 2日後 | 3770 | -0.258 | -0.359 | 1507 | 2031 | 42.6 |
| 3日後 | 3770 | -0.190 | -0.337 | 1565 | 2026 | 43.6 |
| 4日後 | 3770 | -0.226 | -0.421 | 1561 | 2054 | 43.2 |
| 5日後 | 3770 | -0.466 | -0.732 | 1503 | 2133 | 41.3 |
| 6日後 | 3770 | -0.650 | -1.002 | 1528 | 2112 | 42.0 |
| 10日後 | 3770 | -0.628 | -1.104 | 1555 | 2117 | 42.3 |
| 20日後 | 3770 | -1.378 | -2.505 | 1545 | 2155 | 41.8 |
| 30日後 | 3770 | -2.861 | -4.643 | 1400 | 2323 | 37.6 |
| 40日後 | 3770 | -2.997 | -5.234 | 1445 | 2282 | 38.8 |

この期間の当日終値、1日後、2日後の全取引平均値は、それぞれ－0.079％、－0.121％、－0.242％です。

一方、首吊り線パターン出現の場合、当日終値、1日後、2日後の利益率は、それぞれ－0.116％、－0.199％、－0.359％となりました。

当日終値、1日後、2日後のすべてで利益率がマイナスです。全取引平均値と比較すると、そのすべてで利益率がより低くなっています。

期待される利益率はマイナスであることから、この下落期に出現した首吊り線パターンも「売りサイン」だったといえます。

### もみ合い期間（1993～1999年）

| 売却日 | 取引回数 | 利益平均1(%) | 利益平均2(%) | 勝ち取引回数 | 負け取引回数 | 勝率(%) |
|---|---|---|---|---|---|---|
| 当日終値 | 8666 | −0.104 | −0.155 | 3422 | 4394 | 43.8 |
| 1日後 | 8666 | −0.036 | −0.105 | 3566 | 4447 | 44.5 |
| 2日後 | 8666 | −0.129 | −0.270 | 3593 | 4625 | 43.7 |
| 3日後 | 8666 | −0.199 | −0.401 | 3578 | 4747 | 43.0 |
| 4日後 | 8666 | −0.173 | −0.431 | 3585 | 4762 | 42.9 |
| 5日後 | 8666 | −0.127 | −0.429 | 3521 | 4870 | 42.0 |
| 6日後 | 8666 | −0.077 | −0.407 | 3544 | 4867 | 42.1 |
| 10日後 | 8666 | 0.164 | −0.305 | 3671 | 4806 | 43.3 |
| 20日後 | 8666 | 0.908 | −0.000 | 3889 | 4646 | 45.6 |
| 30日後 | 8666 | 0.953 | −0.516 | 3952 | 4615 | 46.1 |
| 40日後 | 8666 | 1.213 | −0.788 | 3944 | 4643 | 45.9 |

この期間の当日終値、1日後、2日後の全取引平均値は、それぞれ−0.094％、−0.036％、−0.071％です。

一方、首吊り線パターン出現の場合、当日終値、1日後、2日後の利益率は、それぞれ−0.155％、−0.105％、−0.270％となりました。

当日終値、1日後、2日後のすべてで利益率がマイナスです。また全取引平均値と比較すると、そのすべてで利益率がより低くなっています。

したがって、このもみ合い期に出現した首吊り線パターンも「売りサイン」だったといえます。

### 暴落期間（2000～2002年）

| 売却日 | 取引回数 | 利益平均1(%) | 利益平均2(%) | 勝ち取引回数 | 負け取引回数 | 勝率(%) |
|---|---|---|---|---|---|---|
| 当日終値 | 7387 | −0.097 | −0.153 | 3019 | 3686 | 45.0 |
| 1日後 | 7387 | −0.131 | −0.219 | 3089 | 3773 | 45.0 |
| 2日後 | 7387 | −0.391 | −0.569 | 3009 | 4021 | 42.8 |
| 3日後 | 7387 | −0.572 | −0.820 | 2973 | 4095 | 42.1 |
| 4日後 | 7387 | −0.644 | −0.962 | 2954 | 4212 | 41.2 |
| 5日後 | 7387 | −0.755 | −1.135 | 2969 | 4183 | 41.5 |
| 6日後 | 7387 | −0.808 | −1.240 | 2966 | 4204 | 41.4 |
| 10日後 | 7387 | −1.100 | −1.841 | 2985 | 4271 | 41.1 |
| 20日後 | 7387 | −1.617 | −3.100 | 2886 | 4393 | 39.6 |
| 30日後 | 7387 | −1.840 | −4.083 | 2908 | 4380 | 39.9 |
| 40日後 | 7387 | −2.082 | −5.057 | 2934 | 4375 | 40.1 |

この期間の当日終値、1日後、2日後の全取引平均値は、それぞれ−0.074%、−0.067%、−0.130%です。

一方、首吊り線パターン出現の場合、当日終値、1日後、2日後の利益率は、それぞれ−0.153%、−0.219%、−0.569%となりました。

当日終値、1日後、2日後のすべてで利益率がマイナスです。また全取引平均値と比較すると、そのすべてで利益率がより低くなっています。

したがって、この下落期に出現した首吊り線パターンも「売りサイン」だったといえます。

### 暴騰期間（2003～2006年）

| 売却日 | 取引回数 | 利益平均1(%) | 利益平均2(%) | 勝ち取引回数 | 負け取引回数 | 勝率(%) |
|---|---|---|---|---|---|---|
| 当日終値 | 13956 | -0.066 | -0.118 | 5765 | 7228 | 44.4 |
| 1日後 | 13956 | 0.018 | -0.061 | 6047 | 7102 | 46.0 |
| 2日後 | 13956 | -0.011 | -0.169 | 6087 | 7339 | 45.3 |
| 3日後 | 13956 | 0.029 | -0.186 | 6153 | 7329 | 45.6 |
| 4日後 | 13956 | 0.020 | -0.252 | 6132 | 7407 | 45.3 |
| 5日後 | 13956 | 0.031 | -0.290 | 6178 | 7437 | 45.4 |
| 6日後 | 13956 | 0.133 | -0.240 | 6226 | 7438 | 45.6 |
| 10日後 | 13956 | 0.545 | -0.016 | 6558 | 7144 | 47.9 |
| 20日後 | 13956 | 1.709 | 0.702 | 6913 | 6885 | 50.1 |
| 30日後 | 13956 | 2.548 | 1.164 | 7020 | 6801 | 50.8 |
| 40日後 | 13956 | 3.309 | 1.562 | 7108 | 6728 | 51.4 |

この期間の当日終値、１日後、２日後の全取引平均値は、それぞれ－0.025％、＋0.064％、＋0.132％です。

一方、首吊り線パターン出現の場合、当日終値、１日後、２日後の利益率は、それぞれ－0.118％、－0.061％、－0.169％となりました。

当日終値、１日後、２日後のすべてで利益率がマイナスです。また全取引平均値と比較すると、そのすべてで利益率がより低くなっています。

したがって、この上昇期に出現した首吊り線パターンも「売りサイン」だったといえます。

## 金融危機期間（2007 ～ 2009 年）

| 売却日 | 取引回数 | 利益平均 1(%) | 利益平均 2(%) | 勝ち取引回数 | 負け取引回数 | 勝率 (%) |
|---|---|---|---|---|---|---|
| 当日終値 | 15589 | 0.017 | -0.039 | 6715 | 7869 | 46.0 |
| 1 日後 | 15567 | -0.087 | -0.195 | 6845 | 7990 | 46.1 |
| 2 日後 | 15552 | -0.242 | -0.444 | 6713 | 8328 | 44.6 |
| 3 日後 | 15530 | -0.318 | -0.620 | 6630 | 8507 | 43.8 |
| 4 日後 | 15498 | -0.585 | -1.011 | 6429 | 8743 | 42.4 |
| 5 日後 | 15481 | -0.728 | -1.263 | 6438 | 8726 | 42.5 |
| 6 日後 | 15466 | -0.688 | -1.290 | 6478 | 8717 | 42.6 |
| 10 日後 | 15395 | -0.869 | -1.916 | 6519 | 8666 | 42.9 |
| 20 日後 | 15054 | -1.168 | -3.260 | 6236 | 8674 | 41.8 |
| 30 日後 | 14940 | -1.896 | -5.213 | 5853 | 8983 | 39.5 |
| 40 日後 | 14817 | -1.985 | -6.383 | 5867 | 8865 | 39.8 |

この期間の当日終値、１日後、２日後の全取引平均値は、それぞれ－0.051％、－0.106％、－0.214％です。

一方、首吊り線パターン出現の場合、当日終値、１日後、２日後の利益率は、それぞれ－0.039％、－0.195％、－0.444％となりました。

当日終値、１日後、２日後のすべてで利益率がマイナスです。全取引平均値と比較すると、当日終値の利益率はより高いものの、１日後と２日後の利益率はより低くなっています。

したがって、この下落期に出現した首吊り線パターンも「売りサイン」だったといえます。

**まとめ**

全期間で首吊り線パターンの出現は売りサインでした。全取引平均値との比較でも、大きな傾向変化は見当たりません。

# 28. 三兵三羽崩れ

上放れ陽線が３本並んだ後、陰線が３本目の陽線を包む形で上げ止まり、下放れ陰線がさらに２本並んだ形を「三兵三羽崩れ」といいます。

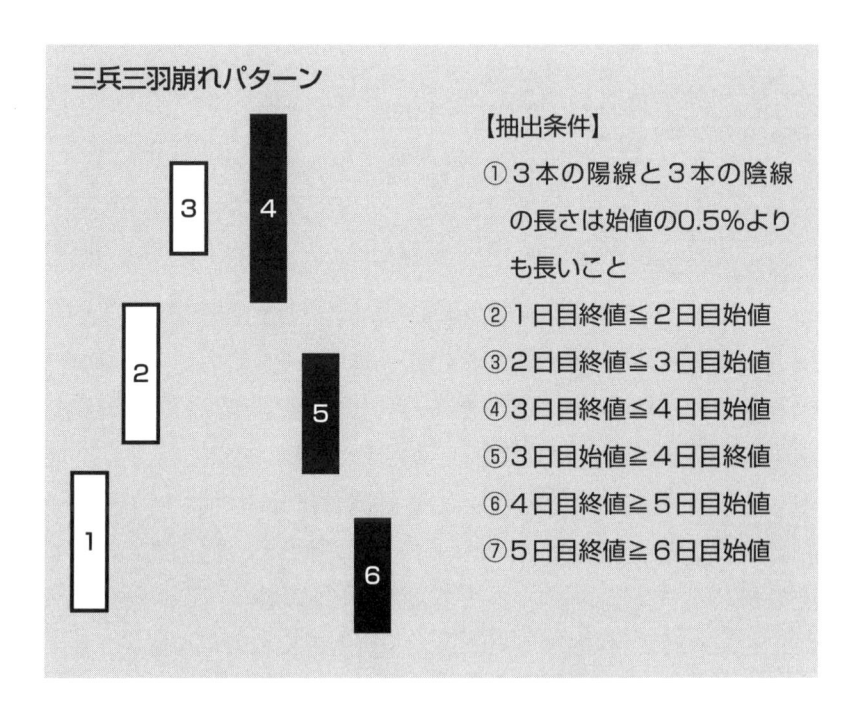

**三兵三羽崩れパターン**

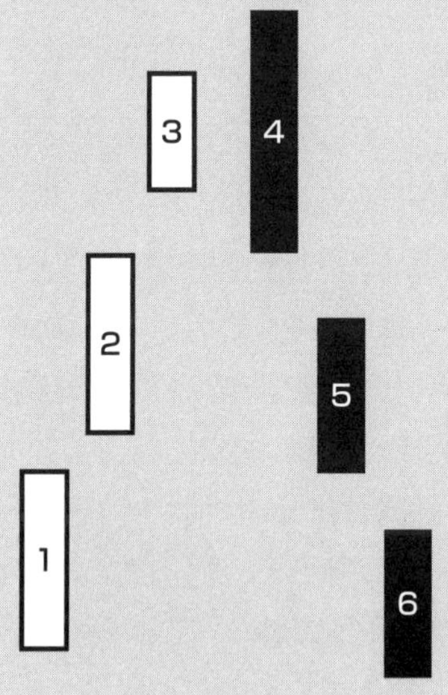


【抽出条件】

①３本の陽線と３本の陰線の長さは始値の0.5%よりも長いこと

②１日目終値≦２日目始値

③２日目終値≦３日目始値

④３日目終値≦４日目始値

⑤３日目始値≧４日目終値

⑥４日目終値≧５日目始値

⑦５日目終値≧６日目始値

通説では“三兵三羽崩れで天井を表す”といわれています。つまり“売りサイン”です。では、統計分析の結果はどうでしょうか。

**全期間（1983～2009年）**

| 売却日 | 取引回数 | 利益平均1(%) | 利益平均2(%) | 勝ち取引回数 | 負け取引回数 | 勝率(%) |
|---|---|---|---|---|---|---|
| 当日終値 | 300 | 0.338 | 0.289 | 140 | 130 | 51.9 |
| 1日後 | 300 | 0.884 | 0.827 | 155 | 127 | 55.0 |
| 2日後 | 300 | 0.993 | 0.858 | 159 | 129 | 55.2 |
| 3日後 | 300 | 1.317 | 1.107 | 167 | 124 | 57.4 |
| 4日後 | 300 | 1.190 | 0.918 | 167 | 125 | 57.2 |
| 5日後 | 300 | 1.443 | 1.144 | 166 | 129 | 56.3 |
| 6日後 | 300 | 1.964 | 1.599 | 157 | 134 | 54.0 |
| 10日後 | 300 | 1.801 | 1.244 | 146 | 148 | 49.7 |
| 20日後 | 299 | 1.348 | 0.038 | 144 | 151 | 48.8 |
| 30日後 | 299 | 1.168 | -1.242 | 132 | 160 | 45.2 |
| 40日後 | 299 | -0.026 | -3.061 | 142 | 154 | 48.0 |

このパターンがみられた翌営業日の寄り付きで買い、当日終値で売り手仕舞った場合（当日終値の行を参照）、1983～2009年の利益平均は0.289％（利益平均２）の「プラス」となっています。全取引平均値は－0.054％ですので、かなり高い利益率です。

したがって、三兵三羽崩れのパターンがみられた翌営業日にデイトレードをするなら「買い」と考えられます。

１日後～20日後に売り手仕舞った場合も、全取引平均値よりも高い利益となっています。例えば、２日後で比較すれば、全取引平均値の－0.033％に対して、三兵三羽崩れは＋0.858％となっており、平均よりも0.891％有利です。

したがって、三兵三羽崩れが出現したら買い有利といえます。ただし、27年間で300回しか出現していません。１年当たり10～11回しか見ることのできないパターンです。出現回数が少ないため、統計分析的にデータの信頼度は低くなります。

２日で0.858％の利益は、年間240日では178.8％の利益に相当します（計算：1.00858の120乗＝2.788）。大きな買い機会といえるでしょう。出現確率が少ないのが残念です。

全期間（1983～2009年）の当日終値、１日後、２日後の全取引平均値は、それぞれ－0.054％、－0.017％、－0.033％です。一方、三兵三羽崩れパターン出現の場合、当日終値、１日後、２日後の利益率は、それぞれ＋0.289％、＋0.827％、＋0.858％となります。

パターン出現後から大きく反発していると分かります。三兵三羽崩れのパターンが出た場合、翌営業日の始値付近で買いとするのがよいといえます。

６分割した期間でも同様に解析してみましょう。どの期間もパターン出現回数が少ないためデータの信頼性は低くなります。しかし、６つの期間での傾向に大きな違いがなければ、信頼度は高まります。

### バブル期間（1983～1989年）

| 売却日 | 取引回数 | 利益平均1(%) | 利益平均2(%) | 勝ち取引回数 | 負け取引回数 | 勝率(%) |
|---|---|---|---|---|---|---|
| 当日終値 | 27 | 0.706 | 0.700 | 15 | 9 | 62.5 |
| 1日後 | 27 | 0.920 | 0.875 | 16 | 10 | 61.5 |
| 2日後 | 27 | 1.115 | 1.018 | 17 | 9 | 65.4 |
| 3日後 | 27 | 0.125 | -0.035 | 14 | 12 | 53.8 |
| 4日後 | 27 | 0.224 | 0.050 | 12 | 13 | 48.0 |
| 5日後 | 27 | -0.431 | -0.683 | 11 | 15 | 42.3 |
| 6日後 | 27 | -0.415 | -0.768 | 13 | 14 | 48.1 |
| 10日後 | 27 | -0.255 | -0.555 | 12 | 15 | 44.4 |
| 20日後 | 27 | 0.988 | 0.437 | 14 | 13 | 51.9 |
| 30日後 | 27 | 4.523 | 3.770 | 11 | 15 | 42.3 |
| 40日後 | 27 | 2.914 | 1.663 | 11 | 15 | 42.3 |

この期間の当日終値、１日後、２日後の全取引平均値は、それぞれ－0.016％、＋0.082％、＋0.167％です。

一方、三兵三羽崩れパターン出現の場合、当日終値、１日後、２日後の利益率は、それぞれ＋0.700％、＋0.875％、＋1.018％となりました。

当日終値、１日後、２日後の利益率はすべてプラスです。また全取引平均値と比較すると、そのすべての利益率がより高めとなっています。

したがって、この上昇期に出現した三兵三羽崩れパターンは「買いサイン」だったといえます。

### 崩壊期間（1990〜1992年）

| 売却日 | 取引回数 | 利益平均1(%) | 利益平均2(%) | 勝ち取引回数 | 負け取引回数 | 勝率(%) |
|---|---|---|---|---|---|---|
| 当日終値 | 13 | -0.791 | -0.819 | 3 | 9 | 25.0 |
| 1日後 | 13 | 0.253 | 0.233 | 8 | 3 | 72.7 |
| 2日後 | 13 | 0.881 | 0.817 | 9 | 4 | 69.2 |
| 3日後 | 13 | 0.566 | 0.468 | 9 | 4 | 69.2 |
| 4日後 | 13 | 1.575 | 1.473 | 10 | 2 | 83.3 |
| 5日後 | 13 | 1.647 | 1.581 | 8 | 5 | 61.5 |
| 6日後 | 13 | 0.388 | 0.345 | 6 | 7 | 46.2 |
| 10日後 | 13 | 3.900 | 3.628 | 6 | 7 | 46.2 |
| 20日後 | 13 | 1.542 | 0.668 | 7 | 6 | 53.8 |
| 30日後 | 13 | -1.857 | -3.714 | 5 | 8 | 38.5 |
| 40日後 | 13 | -2.443 | -4.065 | 7 | 6 | 53.8 |

この期間の当日終値、１日後、２日後の全取引平均値は、それぞれ－0.079％、－0.121％、－0.242％です。

一方、三兵三羽崩れパターン出現の場合、当日終値、１日後、２日後の利益率は、それぞれ－0.819％、＋0.233％、＋0.817％となりました。

当日終値の利益率はマイナス、１日後と２日後の利益率はプラスです。全取引平均値と比較すると、当日終値の利益率はより低く、１日後と２日後の利益率はより高くなっています。

当日終値の利益率のみ、先ほどのバブル期と傾向が異なるとはいえ、１日後と２日後の利益率はプラスとなるため、この下落期に出現した三兵三羽崩れパターンも「買いサイン」といえます。

### もみ合い期間（1993～1999年）

| 売却日 | 取引回数 | 利益平均1(%) | 利益平均2(%) | 勝ち取引回数 | 負け取引回数 | 勝率(%) |
|---|---|---|---|---|---|---|
| 当日終値 | 69 | -0.034 | -0.069 | 24 | 34 | 41.4 |
| 1日後 | 69 | 0.971 | 0.936 | 36 | 28 | 56.3 |
| 2日後 | 69 | 0.599 | 0.501 | 33 | 32 | 50.8 |
| 3日後 | 69 | 0.444 | 0.076 | 33 | 35 | 48.5 |
| 4日後 | 69 | 1.252 | 0.781 | 40 | 27 | 59.7 |
| 5日後 | 69 | 1.892 | 1.431 | 42 | 26 | 61.8 |
| 6日後 | 69 | 2.130 | 1.425 | 40 | 27 | 59.7 |
| 10日後 | 69 | 1.475 | 0.419 | 39 | 30 | 56.5 |
| 20日後 | 69 | 2.809 | 1.688 | 35 | 34 | 50.7 |
| 30日後 | 69 | 2.760 | 0.766 | 29 | 38 | 43.3 |
| 40日後 | 69 | -1.425 | -4.783 | 30 | 37 | 44.8 |

この期間の当日終値、1日後、2日後の全取引平均値は、それぞれ－0.094％、－0.036％、－0.071％です。

一方、三兵三羽崩れパターン出現の場合、当日終値、1日後、2日後の利益率は、それぞれ－0.069％、＋0.936％、＋0.501％となりました。

当日終値の利益率はマイナス、1日後と2日後の利益率はプラスです。全取引平均値と比較すると、そのすべてで利益率がより高くなっています。

したがって、このもみ合い期間に出現した三兵三羽崩れパターンも「買いサイン」だったといえます。

**暴落期間（2000～2002年）**

| 売却日 | 取引回数 | 利益平均1(%) | 利益平均2(%) | 勝ち取引回数 | 負け取引回数 | 勝率(%) |
|---|---|---|---|---|---|---|
| 当日終値 | 47 | 0.869 | 0.841 | 20 | 21 | 48.8 |
| 1日後 | 47 | 1.393 | 1.357 | 27 | 17 | 61.4 |
| 2日後 | 47 | 1.842 | 1.698 | 28 | 18 | 60.9 |
| 3日後 | 47 | 1.824 | 1.669 | 31 | 14 | 68.9 |
| 4日後 | 47 | 1.166 | 0.938 | 29 | 16 | 64.4 |
| 5日後 | 47 | 1.280 | 1.096 | 29 | 17 | 63.0 |
| 6日後 | 47 | 1.294 | 1.071 | 23 | 20 | 53.5 |
| 10日後 | 47 | -0.396 | -1.006 | 19 | 27 | 41.3 |
| 20日後 | 47 | -0.698 | -1.841 | 19 | 25 | 43.2 |
| 30日後 | 47 | -1.408 | -3.253 | 18 | 27 | 40.0 |
| 40日後 | 47 | -2.323 | -5.548 | 20 | 27 | 42.6 |

この期間の当日終値、１日後、２日後の全取引平均値は、それぞれ－0.074％、－0.067％、－0.130％です。

一方、三兵三羽崩れパターン出現の場合、当日終値、１日後、２日後の利益率は、それぞれ＋0.841％、＋1.357％、＋1.698％となりました。

当日終値、１日後、２日後の利益率は、すべてプラスです。また全取引平均値と比較すると、そのすべてで利益率がより高くなっています。

暴落期間でありながら、２日後の利益率は1.698％と高いのが特徴です。この下落期に出現した三兵三羽崩れパターンも「買いサイン」だったといえます。

**暴騰期間（2003～2006年）**

| 売却日 | 取引回数 | 利益平均1(%) | 利益平均2(%) | 勝ち取引回数 | 負け取引回数 | 勝率(%) |
|---|---|---|---|---|---|---|
| 当日終値 | 85 | 0.364 | 0.322 | 46 | 32 | 59.0 |
| 1日後 | 85 | 0.595 | 0.543 | 40 | 39 | 50.6 |
| 2日後 | 85 | 0.670 | 0.525 | 47 | 34 | 58.0 |
| 3日後 | 85 | 1.090 | 0.950 | 48 | 34 | 58.5 |
| 4日後 | 85 | 0.721 | 0.465 | 45 | 39 | 53.6 |
| 5日後 | 85 | 1.251 | 0.957 | 46 | 38 | 54.8 |
| 6日後 | 85 | 1.859 | 1.519 | 45 | 37 | 54.9 |
| 10日後 | 85 | 2.360 | 1.954 | 41 | 42 | 49.4 |
| 20日後 | 85 | 2.447 | 1.261 | 39 | 45 | 46.4 |
| 30日後 | 85 | 1.264 | -0.630 | 38 | 45 | 45.8 |
| 40日後 | 85 | 2.136 | -0.256 | 44 | 41 | 51.8 |

この期間の当日終値、1日後、2日後の全取引平均値は、それぞれ－0.025％、＋0.064％、＋0.132％です。

一方、三兵三羽崩れパターン出現の場合、当日終値、1日後、2日後の利益率は、それぞれ＋0.322％、＋0.543％、＋0.525％となりました。

当日終値、1日後、2日後の利益率は、すべてプラスです。また全取引平均値と比較すると、そのすべてで利益率がより高くなっています。

したがって、この上昇期に出現した三兵三羽崩れパターンも、もちろん「買いサイン」といえます。

### 金融危機期間（2007～2009年）

| 売却日 | 取引回数 | 利益平均1(%) | 利益平均2(%) | 勝ち取引回数 | 負け取引回数 | 勝率(%) |
|---|---|---|---|---|---|---|
| 当日終値 | 59 | 0.391 | 0.277 | 32 | 25 | 56.1 |
| 1日後 | 59 | 0.914 | 0.794 | 28 | 30 | 48.3 |
| 2日後 | 59 | 1.212 | 1.023 | 25 | 32 | 43.9 |
| 3日後 | 59 | 2.973 | 2.755 | 32 | 25 | 56.1 |
| 4日後 | 59 | 2.168 | 1.990 | 31 | 28 | 52.5 |
| 5日後 | 59 | 2.138 | 1.854 | 30 | 28 | 51.7 |
| 6日後 | 59 | 3.891 | 3.700 | 30 | 29 | 50.8 |
| 10日後 | 59 | 3.603 | 3.277 | 29 | 27 | 51.8 |
| 20日後 | 58 | -0.220 | -2.523 | 30 | 28 | 51.7 |
| 30日後 | 58 | 0.339 | -4.679 | 31 | 27 | 53.4 |
| 40日後 | 58 | -0.495 | -5.083 | 30 | 28 | 51.7 |

この期間の当日終値、１日後、２日後の全取引平均値は、それぞれ－0.051％、－0.106％、－0.214％です。

一方、三兵三羽崩れパターン出現の場合、当日終値、１日後、２日後の利益率は、それぞれ＋0.277％、＋0.794％、＋1.023％となりました。

当日終値、１日後、２日後の利益率は、すべてプラスです。また全取引平均値と比較すると、そのすべてで利益率がより高くなっています。

したがって、この急落期に出現した三兵三羽崩れパターンでさえ「買いサイン」だったといえます。

**まとめ**

全期間で買いサインでした。三兵三羽崩れパターンは出現回数が少ないとはいえ、6期間すべてで傾向が同じであり、今後も注目されるパターンです。

通説では“三兵三羽崩れは売りサイン”といわれています。しかし、統計分析では、全く逆の結果となったわけです。統計分析で裏をとることの重要性を感じます。

## 29. 三川明け烏

下放れ陰線が３本並んだ後、陽線が３本目の陰線を包む形で下げ止まり、上放れ陽線がさらに２本並んだ形を「三川明け烏《がらす》」といいます。

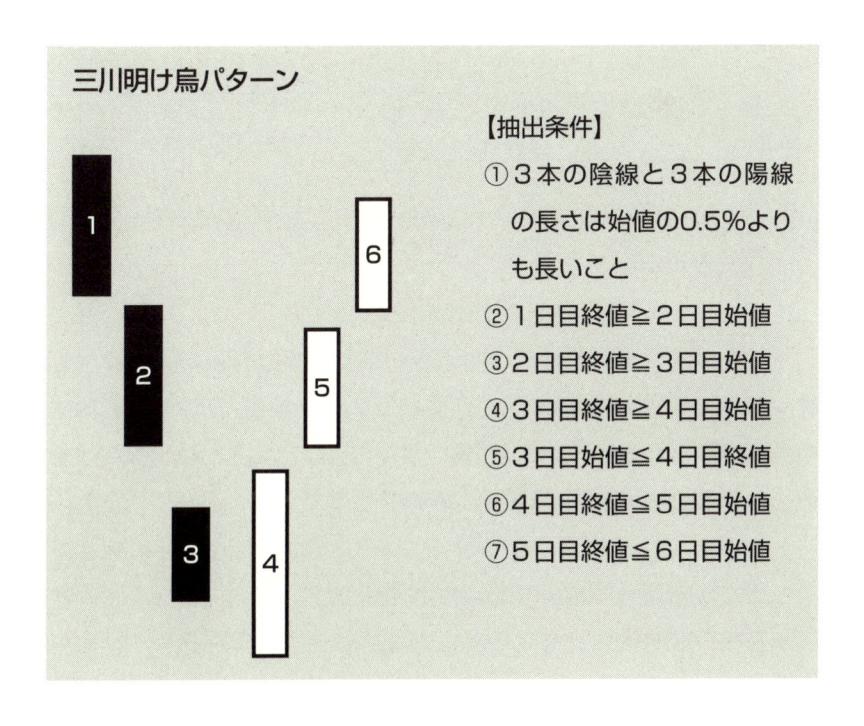

**三川明け烏パターン**

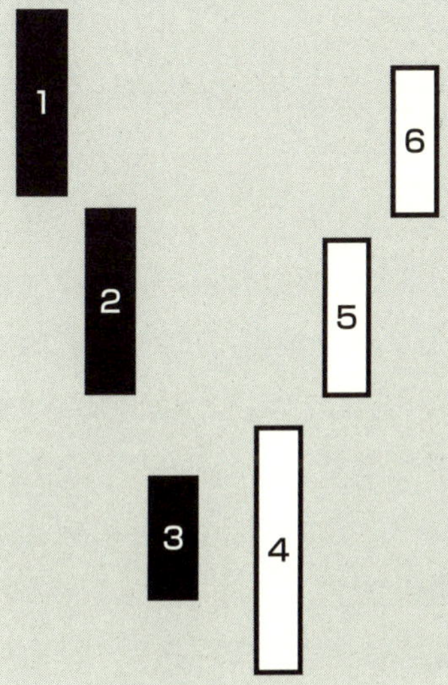


**【抽出条件】**

①３本の陰線と３本の陽線の長さは始値の0.5%よりも長いこと

②1日目終値≧2日目始値

③2日目終値≧3日目始値

④3日目終値≧4日目始値

⑤3日目始値≦4日目終値

⑥4日目終値≦5日目始値

⑦5日目終値≦6日目始値

一般的に“三川明け烏は買いサイン”といわれています。果たしてそのとおりか、統計分析で確認してみましょう。

**全期間（1983～2009年）**

| 売却日 | 取引回数 | 利益平均1(%) | 利益平均2(%) | 勝ち取引回数 | 負け取引回数 | 勝率(%) |
|---|---|---|---|---|---|---|
| 当日終値 | 248 | 0.310 | 0.256 | 101 | 128 | 44.1 |
| 1日後 | 248 | 0.656 | 0.568 | 113 | 124 | 47.7 |
| 2日後 | 248 | 0.294 | 0.113 | 113 | 125 | 47.5 |
| 3日後 | 248 | 0.270 | 0.030 | 120 | 125 | 49.0 |
| 4日後 | 248 | 0.036 | -0.233 | 113 | 131 | 46.3 |
| 5日後 | 248 | 0.742 | 0.393 | 110 | 131 | 45.6 |
| 6日後 | 248 | 0.959 | 0.620 | 110 | 131 | 45.6 |
| 10日後 | 248 | 1.298 | 0.682 | 119 | 124 | 49.0 |
| 20日後 | 248 | 1.966 | 0.517 | 119 | 127 | 48.4 |
| 30日後 | 248 | 3.357 | 1.076 | 128 | 116 | 52.5 |
| 40日後 | 248 | 2.864 | -0.418 | 120 | 124 | 49.2 |

三川明け烏パターンがみられた翌営業日の寄り付きで買い、当日終値で売り手仕舞った場合（当日終値の行を参照）、1983～2009年の利益平均は0.256％（利益平均２）の「プラス」です。これは全取引平均値の－0.054％よりも高めの利益率です。

したがって、三川明け烏パターンがみられた翌営業日にデイトレードをするなら「買い」を示唆しています。

１日後～40日後に売り手仕舞った場合は、４日後を除き、全取引平均値よりも高めの利益率となっています。例えば、２日後で比較すれば、全取引平均値の－0.033％に対して、三川明け烏は＋0.113％

となっており、平均よりも0.146％有利です。

株価は上がる可能性が高いことから、買いから相場に入るのがよいでしょう。ただし、１日後での上昇幅が0.568％なので、２日後に売却するよりも１日後で売却したほうが、利益幅は大きくなります。つまり、三川明け烏が出現したら買い、１日後に売りです。

ただし、先ほどの三兵三羽崩れと同様、出現回数が少ないため、統計分析的にはデータの信頼度が低いといえます。27年間で248回しか出現していません。１年当たり９回程度しか見ることのできないパターンです。

全期間（1983～2009年）の当日終値、１日後、２日後の全取引平均値は、それぞれ－0.054％、－0.017％、－0.033％です。一方、三川明け烏パターン出現の場合、当日終値、１日後、２日後の利益率は、それぞれ＋0.256％、＋0.568％、＋0.113％となります。

●パターンが出現した翌営業日の日中に上昇する

●１日後はさらにプラスとなっている

このことから、三川明け烏パターンが出た場合、翌営業日の始値付近で買いとするのがよいといえます。

６分割した期間でも同様に解析してみましょう。

### バブル期間（1983～1989年）

| 売却日 | 取引回数 | 利益平均1(%) | 利益平均2(%) | 勝ち取引回数 | 負け取引回数 | 勝率(%) |
|---|---|---|---|---|---|---|
| 当日終値 | 19 | -0.611 | -0.664 | 6 | 13 | 31.6 |
| 1日後 | 19 | -0.427 | -0.479 | 6 | 13 | 31.6 |
| 2日後 | 19 | -1.536 | -1.700 | 5 | 13 | 27.8 |
| 3日後 | 19 | -1.304 | -1.508 | 7 | 12 | 36.8 |
| 4日後 | 19 | -0.597 | -0.718 | 8 | 11 | 42.1 |
| 5日後 | 19 | -1.376 | -1.576 | 7 | 11 | 38.9 |
| 6日後 | 19 | -0.651 | -0.890 | 8 | 11 | 42.1 |
| 10日後 | 19 | 0.580 | 0.315 | 10 | 8 | 55.6 |
| 20日後 | 19 | 1.884 | 1.639 | 9 | 9 | 50.0 |
| 30日後 | 19 | 4.472 | 3.762 | 10 | 9 | 52.6 |
| 40日後 | 19 | 4.793 | 2.590 | 12 | 7 | 63.2 |

この期間の当日終値、1日後、2日後の全取引平均値は、それぞれ－0.016%、＋0.082%、＋0.167%です。

一方、三川明け烏パターン出現の場合、当日終値、1日後、2日後の利益率は、それぞれ－0.664%、－0.479%、－1.700%となりました。

当日終値、1日後、2日後の利益率はすべてマイナスです。全取引平均値と比較すると、そのすべてで利益率がより低くなっています。

したがって、この上昇期に出現した三川明け烏パターンは「売りサイン」だったといえます。

**崩壊期間（1990～1992年）**

| 売却日 | 取引回数 | 利益平均 1(%) | 利益平均 2(%) | 勝ち取引回数 | 負け取引回数 | 勝率(%) |
|---|---|---|---|---|---|---|
| 当日終値 | 13 | -0.226 | -0.242 | 4 | 9 | 30.8 |
| 1日後 | 13 | -0.038 | -0.051 | 4 | 9 | 30.8 |
| 2日後 | 13 | 1.328 | 1.313 | 6 | 5 | 54.5 |
| 3日後 | 13 | 0.606 | 0.558 | 5 | 7 | 41.7 |
| 4日後 | 13 | 0.581 | 0.492 | 4 | 9 | 30.8 |
| 5日後 | 13 | 2.657 | 2.582 | 7 | 6 | 53.8 |
| 6日後 | 13 | 1.805 | 1.614 | 7 | 5 | 58.3 |
| 10日後 | 13 | 3.157 | 2.636 | 10 | 3 | 76.9 |
| 20日後 | 13 | 2.659 | 2.044 | 9 | 4 | 69.2 |
| 30日後 | 13 | 2.641 | 2.109 | 8 | 5 | 61.5 |
| 40日後 | 13 | 2.062 | 0.894 | 7 | 5 | 58.3 |

この期間の当日終値、１日後、２日後の全取引平均値は、それぞれ－0.079％、－0.121％、－0.242％です。

一方、三川明け鳥パターン出現の場合、当日終値、１日後、２日後の利益率は、それぞれ－0.242％、－0.051％、＋1.313％となりました。

当日終値と１日後の利益率はマイナス、２日後の利益率はプラスです。全取引平均値と比較すると、当日終値の利益率はより低く、１日後と２日後の利益率はより高くなっています。

１日後と２日後の利益率がプラスとマイナスに分かれているため、この下落期に出現した三川明け鳥パターンは「様子見」だったといえます。

## もみ合い期間（1993～1999年）

| 売却日 | 取引回数 | 利益平均1(%) | 利益平均2(%) | 勝ち取引回数 | 負け取引回数 | 勝率(%) |
|---|---|---|---|---|---|---|
| 当日終値 | 40 | -0.388 | -0.485 | 19 | 18 | 51.4 |
| 1日後 | 40 | -0.430 | -0.586 | 20 | 19 | 51.3 |
| 2日後 | 40 | -0.812 | -1.099 | 18 | 21 | 46.2 |
| 3日後 | 40 | -1.013 | -1.379 | 18 | 22 | 45.0 |
| 4日後 | 40 | -1.864 | -2.261 | 15 | 25 | 37.5 |
| 5日後 | 40 | -2.103 | -2.588 | 11 | 29 | 27.5 |
| 6日後 | 40 | -0.674 | -1.017 | 15 | 25 | 37.5 |
| 10日後 | 40 | -0.214 | -0.768 | 14 | 26 | 35.0 |
| 20日後 | 40 | 2.271 | 1.220 | 15 | 25 | 37.5 |
| 30日後 | 40 | 2.692 | 0.457 | 21 | 18 | 53.8 |
| 40日後 | 40 | 1.625 | -0.136 | 20 | 20 | 50.0 |

この期間の当日終値、１日後、２日後の全取引平均値は、それぞれ－0.094％、－0.036％、－0.071％です。

一方、三川明け烏パターン出現の場合、当日終値、１日後、２日後の利益率は、それぞれ－0.485％、－0.586％、－1.099％となりました。

当日終値、１日後、２日後の利益率は、すべてマイナスです。全取引平均値と比較すると、そのすべてで利益率がより低くなっています。

したがって、このもみ合い期に出現した三川明け烏パターンは「売りサイン」だったといえます。

### 暴落期間（2000 ～ 2002 年）

| 売却日 | 取引回数 | 利益平均1(%) | 利益平均2(%) | 勝ち取引回数 | 負け取引回数 | 勝率(%) |
|---|---|---|---|---|---|---|
| 当日終値 | 36 | -0.427 | -0.498 | 11 | 22 | 33.3 |
| 1日後 | 36 | -1.040 | -1.198 | 11 | 22 | 33.3 |
| 2日後 | 36 | -1.550 | -1.850 | 13 | 22 | 37.1 |
| 3日後 | 36 | -0.988 | -1.363 | 12 | 23 | 34.3 |
| 4日後 | 36 | 0.211 | -0.061 | 17 | 19 | 47.2 |
| 5日後 | 36 | 2.123 | 1.890 | 14 | 20 | 41.2 |
| 6日後 | 36 | 2.520 | 2.187 | 17 | 18 | 48.6 |
| 10日後 | 36 | 0.084 | -0.915 | 17 | 17 | 50.0 |
| 20日後 | 36 | -0.883 | -4.011 | 17 | 19 | 47.2 |
| 30日後 | 36 | -1.465 | -8.368 | 15 | 20 | 42.9 |
| 40日後 | 36 | -1.241 | -7.909 | 12 | 23 | 34.3 |

この期間の当日終値、１日後、２日後の全取引平均値は、それぞれ－0.074％、－0.067％、－0.130％です。

一方、三川明け烏パターン出現の場合、当日終値、１日後、２日後の利益率は、それぞれ－0.498％、－1.198％、－1.850％となりました。

当日終値、１日後、２日後の利益率は、すべてマイナスです。また全取引平均値と比較すると、そのすべてで利益率がより低くなっています。

したがって、この下落期に出現した三川明け烏パターンも「売りサイン」だったといえます。

**暴騰期間（2003～2006年）**

| 売却日 | 取引回数 | 利益平均1(%) | 利益平均2(%) | 勝ち取引回数 | 負け取引回数 | 勝率(%) |
|---|---|---|---|---|---|---|
| 当日終値 | 90 | 1.459 | 1.422 | 42 | 39 | 51.9 |
| 1日後 | 90 | 2.401 | 2.332 | 49 | 37 | 57.0 |
| 2日後 | 90 | 2.012 | 1.905 | 47 | 40 | 54.0 |
| 3日後 | 90 | 1.940 | 1.774 | 51 | 38 | 57.3 |
| 4日後 | 90 | 0.969 | 0.653 | 44 | 44 | 50.0 |
| 5日後 | 90 | 1.922 | 1.535 | 47 | 40 | 54.0 |
| 6日後 | 90 | 1.648 | 1.306 | 39 | 46 | 45.9 |
| 10日後 | 90 | 2.306 | 1.663 | 45 | 43 | 51.1 |
| 20日後 | 90 | 3.577 | 2.369 | 47 | 42 | 52.8 |
| 30日後 | 90 | 4.673 | 3.361 | 50 | 38 | 56.8 |
| 40日後 | 90 | 4.814 | 2.546 | 46 | 42 | 52.3 |

この期間の当日終値、1日後、2日後の全取引平均値は、それぞれ－0.025％、＋0.064％、＋0.132％です。

一方、三川明け烏パターン出現の場合、当日終値、1日後、2日後の利益率は、それぞれ＋1.422％、＋2.332％、＋1.905％となりました。

当日終値、1日後、2日後の利益率は、すべてプラスです。また全取引平均値と比較すると、そのすべてで利益率がより高くなっています。

したがって、この上昇期に出現した三川明け烏パターンは「買いサイン」だったといえます。

### 金融危機期間（2007～2009年）

| 売却日 | 取引回数 | 利益平均1(%) | 利益平均2(%) | 勝ち取引回数 | 負け取引回数 | 勝率(%) |
|---|---|---|---|---|---|---|
| 当日終値 | 50 | −0.181 | −0.226 | 19 | 27 | 41.3 |
| 1日後 | 50 | 0.198 | 0.146 | 23 | 24 | 48.9 |
| 2日後 | 50 | −0.159 | −0.353 | 24 | 24 | 50.0 |
| 3日後 | 50 | −0.295 | −0.530 | 27 | 23 | 54.0 |
| 4日後 | 50 | −0.148 | −0.335 | 25 | 23 | 52.1 |
| 5日後 | 50 | 0.208 | −0.175 | 24 | 25 | 49.0 |
| 6日後 | 50 | 0.292 | −0.116 | 24 | 26 | 48.0 |
| 10日後 | 50 | 1.356 | 0.859 | 23 | 27 | 46.0 |
| 20日後 | 50 | 0.726 | −0.942 | 22 | 28 | 44.0 |
| 30日後 | 50 | 4.752 | 2.969 | 24 | 26 | 48.0 |
| 40日後 | 50 | 2.773 | −2.071 | 23 | 27 | 46.0 |

この期間の当日終値、１日後、２日後の全取引平均値は、それぞれ－0.051％、－0.106％、－0.214％です。

一方、三川明け烏パターン出現の場合、当日終値、１日後、２日後の利益率は、それぞれ－0.226％、＋0.146％、－0.353％となりました。

当日終値の利益率はマイナス、１日後の利益率はプラス、２日後の利益率はマイナスです。全取引平均値と比較すると、当日終値は低めの利益率、１日後は高めの利益率、２日後は低めの利益率となっています。

１日後と２日後の利益率にプラスとマイナスが混在するため、この下落期に出現した三川明け烏パターンは「様子見」だったといえます。

**まとめ**

６期間中３期間で売りサイン、１期間で買いサイン、２期間で様子見となりました。三川明け烏パターン出現後の株価の動きは、期間によってかなりのばらつきがあります。したがって、三川明け烏が出現しても様子見とするのがよいでしょう。

# 30. 三空叩き込み

3つの空（窓）を空けながら4日間連続で下落したときのパターンを「三空叩き込み」と呼びます。

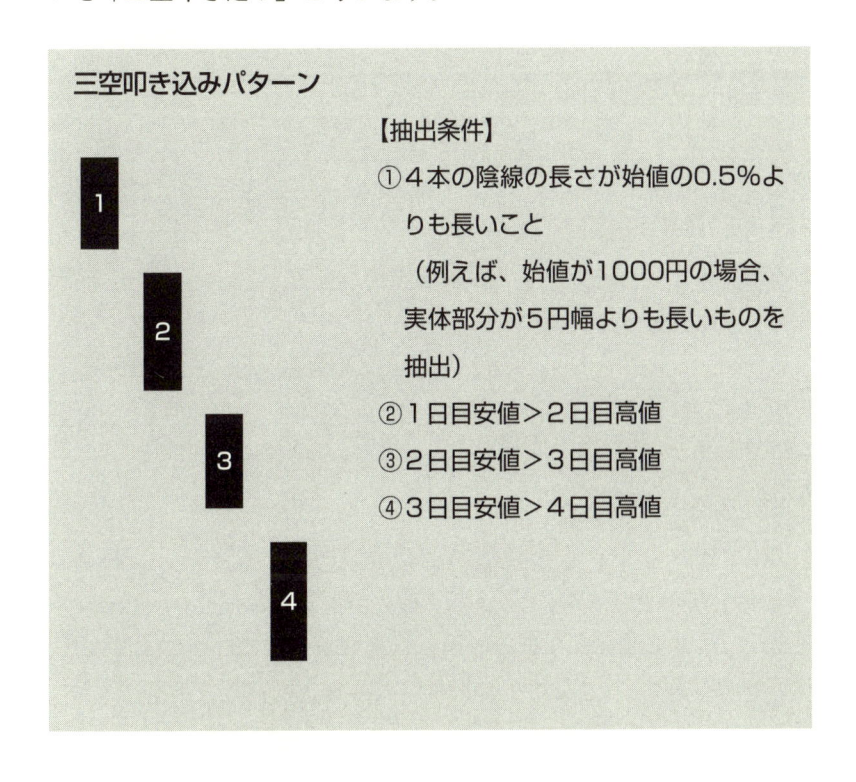

**三空叩き込みパターン**

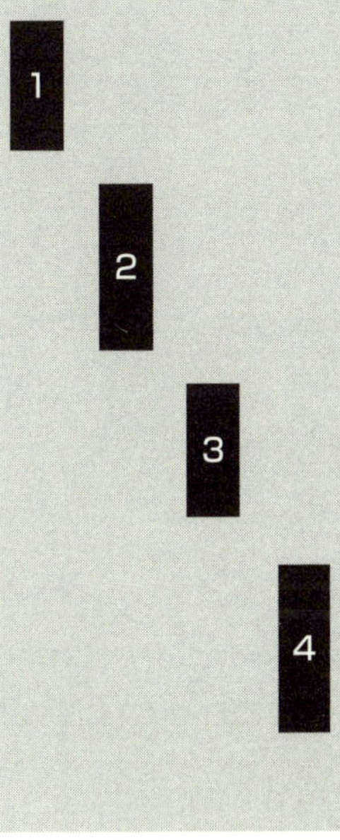


【抽出条件】

①４本の陰線の長さが始値の0.5%よりも長いこと
（例えば、始値が1000円の場合、実体部分が５円幅よりも長いものを抽出）

②１日目安値＞２日目高値

③２日目安値＞３日目高値

④３日目安値＞４日目高値

空とは下落中の場合、前日の安値よりも下放れで始値を付け、当日高値と前日安値との間にできる空間をいいます。窓と呼ばれることもあります。

通説では「三空叩き込みに買い向かえ」といわれています。統計分析で確認してみましょう。

**全期間（1983～2009年）**

| 売却日 | 取引回数 | 利益平均1(%) | 利益平均2(%) | 勝ち取引回数 | 負け取引回数 | 勝率(%) |
|---|---|---|---|---|---|---|
| 当日終値 | 1039 | 0.467 | 0.404 | 467 | 422 | 52.5 |
| 1日後 | 1039 | 0.954 | 0.846 | 548 | 424 | 56.4 |
| 2日後 | 1039 | 1.398 | 1.214 | 541 | 447 | 54.8 |
| 3日後 | 1039 | 2.361 | 2.120 | 580 | 427 | 57.6 |
| 4日後 | 1039 | 3.090 | 2.772 | 604 | 411 | 59.5 |
| 5日後 | 1039 | 3.485 | 3.121 | 617 | 396 | 60.9 |
| 6日後 | 1039 | 3.815 | 3.396 | 613 | 412 | 59.8 |
| 10日後 | 1039 | 3.917 | 3.326 | 623 | 402 | 60.8 |
| 20日後 | 1037 | 5.775 | 4.688 | 616 | 406 | 60.3 |
| 30日後 | 1029 | 4.808 | 2.851 | 557 | 461 | 54.7 |
| 40日後 | 1025 | 3.824 | 1.038 | 555 | 465 | 54.4 |

このパターンがみられた翌営業日の寄り付きで買い、当日終値で手仕舞い売りをした場合（当日終値の行を参照）、1983～2009年の利益平均は、0.404％（利益平均２）の「プラス」となりました。全取引平均値が－0.054％ですので、かなり高い利益率です。

したがって、三空叩き込みのパターンがみられた翌営業日にデイトレードをするなら「買い」と考えられます。

１日後～40日後に手仕舞い売りをする場合も、全取引平均値よりも高めの利益率となっています。例えば、２日後で比較すれば、全取引平均値の－0.033％に対して、三空叩き込みは＋1.214％となっており、平均よりも1.247％有利です。

２日で1.214％の利益は、年間240日では338.8％の利益に相当します（1.001214の120乗＝4.388）。

このパターンの出現回数は27年間に1039回あります。統計分析のデータ数としても十分です。

全期間（1983～2009年）の当日終値、１日後、２日後の全取引平均値は、それぞれ－0.054％、－0.017％、－0.033％です。一方、三空叩き込みパターン出現の場合、当日終値、１日後、２日後の利益率は、それぞれ＋0.404％、＋0.846％、＋1.214％となりました。

- ●パターンが出現した翌営業日の日中に上昇する
- ●１日後以降もさらに利益率がプラスとなっている

パターン出現後から大きく反発していることが統計分析から分かります。したがって、三空叩き込みのパターンが出た場合、翌営業日の始値付近で買うのがよいでしょう。

６分割した期間でも同様に解析してみました。

## バブル期間（1983～1989年）

| 売却日 | 取引回数 | 利益平均1(%) | 利益平均2(%) | 勝ち取引回数 | 負け取引回数 | 勝率(%) |
|---|---|---|---|---|---|---|
| 当日終値 | 60 | 1.264 | 1.251 | 37 | 12 | 75.5 |
| 1日後 | 60 | 1.721 | 1.692 | 37 | 15 | 71.2 |
| 2日後 | 60 | 3.410 | 3.405 | 42 | 11 | 79.2 |
| 3日後 | 60 | 3.083 | 3.007 | 39 | 19 | 67.2 |
| 4日後 | 60 | 3.333 | 3.180 | 42 | 16 | 72.4 |
| 5日後 | 60 | 3.701 | 3.565 | 43 | 15 | 74.1 |
| 6日後 | 60 | 4.607 | 4.496 | 43 | 16 | 72.9 |
| 10日後 | 60 | 5.166 | 5.070 | 41 | 17 | 70.7 |
| 20日後 | 60 | 4.299 | 4.160 | 38 | 21 | 64.4 |
| 30日後 | 60 | 6.138 | 5.930 | 39 | 21 | 65.0 |
| 40日後 | 60 | 8.205 | 7.881 | 41 | 19 | 68.3 |

この期間の当日終値、１日後、２日後の全取引平均値は、それぞれ－0.016％、＋0.082％、＋0.167％です。

一方、三空叩き込みパターン出現の場合、当日終値、１日後、２日後の利益率は、それぞれ＋1.251％、＋1.692％、＋3.405％となりました。

当日終値、１日後、２日後の利益率は、すべてプラスです。全取引平均値と比較すると、そのすべてで利益率がより高くなっています。

したがって、この上昇期に出現した三空叩き込みパターンは「買いサイン」だったといえます。

### 崩壊期間（1990～1992年）

| 売却日 | 取引回数 | 利益平均 1(%) | 利益平均 2(%) | 勝ち取引回数 | 負け取引回数 | 勝率(%) |
|---|---|---|---|---|---|---|
| 当日終値 | 159 | -0.175 | -0.229 | 56 | 61 | 47.9 |
| 1日後 | 159 | 0.679 | 0.561 | 77 | 69 | 52.7 |
| 2日後 | 159 | 0.636 | 0.442 | 80 | 71 | 53.0 |
| 3日後 | 159 | 1.851 | 1.629 | 80 | 72 | 52.6 |
| 4日後 | 159 | 3.247 | 3.014 | 86 | 68 | 55.8 |
| 5日後 | 159 | 4.797 | 4.624 | 93 | 62 | 60.0 |
| 6日後 | 159 | 5.491 | 5.331 | 94 | 64 | 59.5 |
| 10日後 | 159 | 5.792 | 5.431 | 101 | 56 | 64.3 |
| 20日後 | 159 | 10.316 | 9.808 | 104 | 55 | 65.4 |
| 30日後 | 159 | 10.656 | 9.766 | 103 | 54 | 65.6 |
| 40日後 | 159 | 8.344 | 6.615 | 100 | 58 | 63.3 |

この期間の当日終値、1日後、2日後の全取引平均値は、それぞれ－0.079％、－0.121％、－0.242％です。

一方、三空叩き込みパターン出現の場合、当日終値、1日後、2日後の利益率は、それぞれ－0.229％、＋0.561％、＋0.442％となりました。

当日終値の利益率はマイナス、1日後と2日後の利益率はプラスです。全取引平均値と比較すると、当日終値の利益率はより低く、1日後と2日後の利益率はより高くなっています。

当日終値の利益率のみ先ほどのバブル期間と傾向が異なるものの、この下落期に出現した三空叩き込みパターンも「買いサイン」だったといえます。

### もみ合い期間（1993～1999年）

| 売却日 | 取引回数 | 利益平均1(%) | 利益平均2(%) | 勝ち取引回数 | 負け取引回数 | 勝率(%) |
|---|---|---|---|---|---|---|
| 当日終値 | 261 | 0.007 | -0.052 | 104 | 114 | 47.7 |
| 1日後 | 261 | 1.016 | 0.948 | 136 | 109 | 55.5 |
| 2日後 | 261 | 1.655 | 1.486 | 142 | 107 | 57.0 |
| 3日後 | 261 | 2.380 | 2.151 | 148 | 104 | 58.7 |
| 4日後 | 261 | 2.845 | 2.512 | 157 | 94 | 62.5 |
| 5日後 | 261 | 2.809 | 2.440 | 157 | 91 | 63.3 |
| 6日後 | 261 | 3.057 | 2.716 | 155 | 101 | 60.5 |
| 10日後 | 261 | 2.859 | 2.333 | 149 | 109 | 57.8 |
| 20日後 | 261 | 4.495 | 3.812 | 146 | 106 | 57.9 |
| 30日後 | 261 | 4.155 | 2.994 | 138 | 122 | 53.1 |
| 40日後 | 261 | 2.902 | 0.966 | 131 | 128 | 50.6 |

この期間の当日終値、１日後、２日後の全取引平均値は、それぞれ－0.094％、－0.036％、－0.071％です。

一方、三空叩き込みパターン出現の場合、当日終値、１日後、２日後の利益率は、それぞれ－0.052％、＋0.948％、＋1.486％となりました。

当日終値の利益率はマイナス、１日後と２日後の利益率はプラスです。全取引平均値と比較すると、そのすべてで利益率がより高くなっています。

したがって、このもみ合い期間に出現した三空叩き込みパターンも「買いサイン」だったといえます。

### 暴落期間（2000～2002年）

| 売却日 | 取引回数 | 利益平均1(%) | 利益平均2(%) | 勝ち取引回数 | 負け取引回数 | 勝率(%) |
|---|---|---|---|---|---|---|
| 当日終値 | 157 | 0.756 | 0.718 | 78 | 59 | 56.9 |
| 1日後 | 157 | 1.216 | 1.111 | 94 | 52 | 64.4 |
| 2日後 | 157 | 1.104 | 0.950 | 77 | 68 | 53.1 |
| 3日後 | 157 | 2.266 | 2.081 | 89 | 62 | 58.9 |
| 4日後 | 157 | 2.574 | 2.298 | 90 | 64 | 58.4 |
| 5日後 | 157 | 2.951 | 2.576 | 84 | 73 | 53.5 |
| 6日後 | 157 | 3.008 | 2.369 | 83 | 73 | 53.2 |
| 10日後 | 157 | 1.563 | 0.949 | 78 | 76 | 50.6 |
| 20日後 | 157 | 2.309 | 0.694 | 82 | 73 | 52.9 |
| 30日後 | 157 | -1.811 | -4.848 | 57 | 97 | 37.0 |
| 40日後 | 157 | -1.838 | -5.451 | 66 | 91 | 42.0 |

この期間の当日終値、1日後、2日後の全取引平均値は、それぞれ－0.074％、－0.067％、－0.130％です。

一方、三空叩き込みパターン出現の場合、当日終値、1日後、2日後の利益率は、それぞれ＋0.718％、＋1.111％、＋0.950％となりました。

当日終値、1日後、2日後の利益率は、すべてプラスです。また、全取引平均値と比較すると、そのすべてで利益率がより高くなっています。暴落期でも2日後の利益率が0.950％と高いのが三空叩き込みパターン出現後の特徴です。

したがって、この下落期に出現した三空叩き込みパターンも「買いサイン」だったといえます。

### 暴騰期間（2003～2006年）

| 売却日 | 取引回数 | 利益平均1(%) | 利益平均2(%) | 勝ち取引回数 | 負け取引回数 | 勝率(%) |
|---|---|---|---|---|---|---|
| 当日終値 | 111 | 2.005 | 1.976 | 65 | 38 | 63.1 |
| 1日後 | 111 | 2.665 | 2.611 | 72 | 33 | 68.6 |
| 2日後 | 111 | 3.345 | 3.284 | 71 | 36 | 66.4 |
| 3日後 | 111 | 4.069 | 3.993 | 66 | 43 | 60.6 |
| 4日後 | 111 | 4.840 | 4.653 | 71 | 38 | 65.1 |
| 5日後 | 111 | 4.796 | 4.601 | 74 | 33 | 69.2 |
| 6日後 | 111 | 4.174 | 3.965 | 72 | 35 | 67.3 |
| 10日後 | 111 | 5.396 | 5.295 | 82 | 29 | 73.9 |
| 20日後 | 111 | 4.734 | 4.346 | 62 | 47 | 56.9 |
| 30日後 | 111 | 4.740 | 3.953 | 66 | 41 | 61.7 |
| 40日後 | 111 | 5.137 | 4.186 | 67 | 44 | 60.4 |

この期間の当日終値、1日後、2日後の全取引平均値は、それぞれ－0.025％、＋0.064％、＋0.132％です。

一方、三空叩き込みパターン出現の場合、当日終値、1日後、2日後の利益率は、それぞれ＋1.976％、＋2.611％、＋3.284％となりました。

当日終値、1日後、2日後の利益率は、すべてプラスです。また全取引平均値と比較すると、そのすべてで利益率がより高くなっています。

もちろん、この上昇期に出現した三空叩き込みパターンも「買いサイン」となりました。

### 金融危機期間（2007 ～ 2009 年）

| 売却日 | 取引回数 | 利益平均 1(%) | 利益平均 2(%) | 勝ち取引 回数 | 負け取引 回数 | 勝率 (%) |
|---|---|---|---|---|---|---|
| 当日終値 | 288 | 0.322 | 0.213 | 125 | 137 | 47.7 |
| 1 日後 | 288 | 0.090 | -0.088 | 130 | 145 | 47.3 |
| 2 日後 | 288 | 0.564 | 0.269 | 128 | 152 | 45.7 |
| 3 日後 | 288 | 1.906 | 1.516 | 157 | 125 | 55.7 |
| 4 日後 | 288 | 2.833 | 2.374 | 157 | 129 | 54.9 |
| 5 日後 | 288 | 3.153 | 2.580 | 165 | 120 | 57.9 |
| 6 日後 | 288 | 3.779 | 3.122 | 165 | 121 | 57.7 |
| 10 日後 | 288 | 4.370 | 3.308 | 171 | 113 | 60.2 |
| 20 日後 | 286 | 7.173 | 5.227 | 183 | 102 | 64.2 |
| 30 日後 | 278 | 5.661 | 2.147 | 153 | 124 | 55.2 |
| 40 日後 | 274 | 4.057 | -0.873 | 149 | 123 | 54.8 |

この期間の当日終値、1日後、2日後の全取引平均値は、それぞれ－0.051％、－0.106％、－0.214％です。

一方、三空叩き込みパターン出現の場合、当日終値、1日後、2日後の利益率は、それぞれ＋0.213％、－0.088％、＋0.269％となりました。

当日終値の利益率はプラス、1日後の利益率はマイナス、2日後の利益率はプラスです。全取引平均値と比較すると、そのすべてで利益率がより高くなっています。

1日後の利益率はマイナス、2日後の利益率はプラスとブレているため、この下落期に出現した三空叩き込みパターンは「様子見」だったといえます。

## まとめ

６期間中５期間で買いサイン、１期間で様子見です。ただし、全取引平均値と比較すると、傾向がほとんど変わっていないため、再現性が期待されます。

統計分析では、三空叩き込みの出現後に株価を上げる可能性が高いという通説どおりの結果となりました。

## 31．三空踏み上げ

3つの空（窓）を空けながら4日間連続で上昇したときのパターンを「三空踏み上げ」と呼びます。

**三空踏み上げパターン**

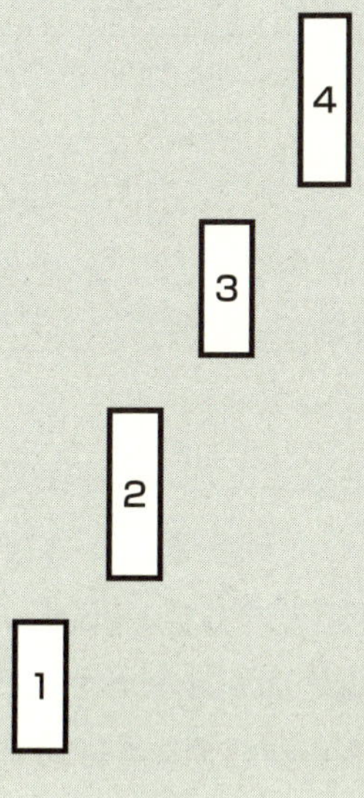


【抽出条件】

①４本の陽線の長さが始値の0.5%よりも長いこと
（例えば、始値が1000円の場合、実体部分が５円幅よりも長いものを抽出）

②１日目高値＜２日目安値

③２日目高値＜３日目安値

④３日目高値＜４日目安値

自分の購入した銘柄がこのように上昇すれば、うれしくて当然です。しかし、通説では“三空踏み上げは売り転換を示す”といわれています。実際にはどうなのか、統計分析で確認してみましょう。

**全期間（1983～2009年）**

| 売却日 | 取引回数 | 利益平均1(%) | 利益平均2(%) | 勝ち取引回数 | 負け取引回数 | 勝率(%) |
|---|---|---|---|---|---|---|
| 当日終値 | 1641 | -0.735 | -0.934 | 586 | 821 | 41.6 |
| 1日後 | 1641 | -0.935 | -1.272 | 622 | 905 | 40.7 |
| 2日後 | 1640 | -1.307 | -1.922 | 623 | 957 | 39.4 |
| 3日後 | 1639 | -1.489 | -2.215 | 609 | 988 | 38.1 |
| 4日後 | 1638 | -1.511 | -2.380 | 609 | 992 | 38.0 |
| 5日後 | 1638 | -1.510 | -2.503 | 612 | 988 | 38.3 |
| 6日後 | 1638 | -1.624 | -2.690 | 607 | 997 | 37.8 |
| 10日後 | 1636 | -0.847 | -2.166 | 640 | 973 | 39.7 |
| 20日後 | 1632 | -0.519 | -2.775 | 697 | 916 | 43.2 |
| 30日後 | 1631 | -1.110 | -4.406 | 668 | 944 | 41.4 |
| 40日後 | 1631 | -0.423 | -4.358 | 688 | 930 | 42.5 |

このパターンがみられた翌営業日の寄り付きで買い、当日終値で売り手仕舞った場合（当日終値の行を参照）、1983～2009年の利益平均は0.934％（利益平均２）の「マイナス」となっています。これは全取引平均値の－0.054％よりもかなり低めの利益率です。

したがって、三空踏み上げのパターンがみられた翌営業日にデイトレードをするなら「売り」と考えられます。前出の三空叩き込みパターンとちょうど反対の結果です。

１日後～40日後に売り手仕舞った場合も、全取引平均値よりもかなり低い利益率となっています。例えば、２日後で比較すれば、全取引平均値の－0.033％に対して、三空踏み上げは－1.922％となっており、平均よりも1.889％さらにマイナスです。

したがって、パターン出現後に株価が下落する可能性は高く、相場には空売りから入ることが考えられます。１日後～40日後のどれも利益率はマイナスですから、どのタイミングで買い戻しても構いません。

三空踏み上げの出現回数は27年間で1641回と統計分析を行ううえでのデータ数も問題ありません。

全期間（1983～2009年）の当日終値、１日後、２日後の全取引平均値は、それぞれ－0.054％、－0.017％、－0.033％です。一方、三空踏み上げパターン出現の場合、当日終値、１日後、２日後の利益率は、それぞれ－0.934％、－1.272％、－1.922％となりました。

当日終値、１日後、２日後の利益率はすべてマイナスです。全取引平均と比較すると、そのすべてで利益率はより低くなっています。

●パターンが出現した翌営業日の日中に下落する
●１日後以降もさらに利益率がマイナスとなっている

このことから、三空踏み上げパターンが出た場合、翌営業日の始値付近での空売りが有利と考えられます。先ほどの三空叩き込みとちょうど反対の動きです。

６分割した期間でも同様に解析してみましょう。

### バブル期間（1983～1989年）

| 売却日 | 取引回数 | 利益平均1(%) | 利益平均2(%) | 勝ち取引回数 | 負け取引回数 | 勝率(%) |
|---|---|---|---|---|---|---|
| 当日終値 | 259 | -0.113 | -0.208 | 92 | 125 | 42.4 |
| 1日後 | 259 | -0.564 | -0.813 | 95 | 147 | 39.3 |
| 2日後 | 259 | -0.462 | -0.855 | 97 | 150 | 39.3 |
| 3日後 | 259 | -0.368 | -0.812 | 101 | 149 | 40.4 |
| 4日後 | 259 | -0.657 | -1.200 | 99 | 151 | 39.6 |
| 5日後 | 259 | -1.333 | -2.060 | 90 | 159 | 36.1 |
| 6日後 | 259 | -1.566 | -2.478 | 91 | 161 | 36.1 |
| 10日後 | 259 | -0.342 | -1.490 | 93 | 160 | 36.8 |
| 20日後 | 259 | 0.202 | -1.288 | 110 | 143 | 43.5 |
| 30日後 | 259 | 0.198 | -1.664 | 121 | 135 | 47.3 |
| 40日後 | 259 | 1.419 | -0.567 | 120 | 138 | 46.5 |

この期間の当日終値、1日後、2日後の全取引平均値は、それぞれ－0.016％、＋0.082％、＋0.167％です。

一方、三空踏み上げパターン出現の場合、当日終値、1日後、2日後の利益率は、それぞれ－0.208％、－0.813％、－0.855％となりました。

当日終値、1日後、2日後のすべてで利益率がマイナスです。また全取引平均値と比較すると、そのすべてで利益率がより低くなっています。

したがって、株価が全体的に上昇したときでさえ、三空踏み上げパターンは「売りサイン」だったといえます。

### 崩壊期間（1990～1992年）

| 売却日 | 取引回数 | 利益平均1(%) | 利益平均2(%) | 勝ち取引回数 | 負け取引回数 | 勝率(%) |
|---|---|---|---|---|---|---|
| 当日終値 | 156 | 0.001 | -0.036 | 60 | 70 | 46.2 |
| 1日後 | 156 | 0.073 | 0.010 | 71 | 76 | 48.3 |
| 2日後 | 156 | 0.295 | 0.143 | 69 | 78 | 46.9 |
| 3日後 | 156 | 0.466 | 0.260 | 76 | 75 | 50.3 |
| 4日後 | 156 | 0.742 | 0.449 | 82 | 73 | 52.9 |
| 5日後 | 156 | 1.065 | 0.738 | 84 | 68 | 55.3 |
| 6日後 | 156 | 0.269 | -0.144 | 77 | 77 | 50.0 |
| 10日後 | 156 | -1.024 | -1.575 | 65 | 90 | 41.9 |
| 20日後 | 156 | -0.605 | -1.532 | 70 | 84 | 45.5 |
| 30日後 | 156 | -2.810 | -4.850 | 68 | 85 | 44.4 |
| 40日後 | 156 | -2.387 | -4.934 | 66 | 88 | 42.9 |

この期間の当日終値、1日後、2日後の全取引平均値は、それぞれ－0.079％、－0.121％、－0.242％です。

一方、三空踏み上げパターン出現の場合、当日終値、1日後、2日後の利益率は、それぞれ－0.036％、＋0.010％、＋0.143％となりました。

当日終値の利益率がマイナス、1日後と2日後の利益率がプラスです。全取引平均値と比較すると、そのすべてで利益率はより高くなっています。

1日後と2日後の利益率がプラスとなっていることから、この下落期に出現した三空踏み上げパターンは「買いサイン」だったといえます。

### もみ合い期間（1993～1999年）

| 売却日 | 取引回数 | 利益平均1(%) | 利益平均2(%) | 勝ち取引回数 | 負け取引回数 | 勝率(%) |
|---|---|---|---|---|---|---|
| 当日終値 | 421 | -0.518 | -0.643 | 140 | 219 | 39.0 |
| 1日後 | 421 | -0.856 | -1.121 | 156 | 228 | 40.6 |
| 2日後 | 421 | -0.993 | -1.435 | 158 | 240 | 39.7 |
| 3日後 | 421 | -0.838 | -1.329 | 158 | 253 | 38.4 |
| 4日後 | 421 | -0.619 | -1.204 | 156 | 253 | 38.1 |
| 5日後 | 421 | -0.682 | -1.357 | 163 | 250 | 39.5 |
| 6日後 | 421 | -0.743 | -1.447 | 159 | 256 | 38.3 |
| 10日後 | 421 | 0.661 | -0.203 | 182 | 234 | 43.8 |
| 20日後 | 421 | 0.903 | -0.655 | 190 | 224 | 45.9 |
| 30日後 | 421 | 0.765 | -1.176 | 185 | 233 | 44.3 |
| 40日後 | 421 | 1.721 | -0.799 | 193 | 223 | 46.4 |

この期間の当日終値、１日後、２日後の全取引平均値は、それぞれ－0.094％、－0.036％、－0.071％です。

一方、三空踏み上げパターン出現の場合、当日終値、１日後、２日後の利益率は、それぞれ－0.643％、－1.121％、－1.435％となりました。

当日終値、１日後、２日後のすべてで利益率がマイナスです。また全取引平均値と比較すると、そのすべてで利益率がより低くなっています。

したがって、このもみ合い期に出現した三空踏み上げパターンは「売りサイン」だったといえます。

### 暴落期間（2000～2002年）

| 売却日 | 取引回数 | 利益平均1(%) | 利益平均2(%) | 勝ち取引回数 | 負け取引回数 | 勝率(%) |
|---|---|---|---|---|---|---|
| 当日終値 | 168 | −1.384 | −1.638 | 54 | 94 | 36.5 |
| 1日後 | 168 | −1.545 | −1.983 | 53 | 103 | 34.0 |
| 2日後 | 168 | −1.694 | −2.327 | 60 | 105 | 36.4 |
| 3日後 | 168 | −1.646 | −2.371 | 59 | 107 | 35.5 |
| 4日後 | 168 | −1.325 | −2.203 | 58 | 107 | 35.2 |
| 5日後 | 168 | −2.077 | −3.129 | 57 | 107 | 34.8 |
| 6日後 | 168 | −1.938 | −2.961 | 54 | 111 | 32.7 |
| 10日後 | 168 | −2.446 | −3.893 | 55 | 112 | 32.9 |
| 20日後 | 168 | −4.315 | −7.786 | 61 | 106 | 36.5 |
| 30日後 | 168 | −6.160 | −12.190 | 54 | 111 | 32.7 |
| 40日後 | 168 | −6.039 | −11.986 | 54 | 113 | 32.3 |

この期間の当日終値、1日後、2日後の全取引平均値は、それぞれ−0.074%、−0.067%、−0.130%です。

一方、三空踏み上げパターン出現の場合、当日終値、1日後、2日後の利益率は、それぞれ−1.638%、−1.983%、−2.327%となりました。

当日終値、1日後、2日後のすべてで利益率がマイナスです。また全取引平均値と比較すると、そのすべてで利益率がより低くなっています。

したがって、この下落期に出現した三空踏み上げパターンも「売りサイン」だったといえます。

**暴騰期間（2003～2006年）**

| 売却日 | 取引回数 | 利益平均1(%) | 利益平均2(%) | 勝ち取引回数 | 負け取引回数 | 勝率(%) |
|---|---|---|---|---|---|---|
| 当日終値 | 343 | -1.526 | -1.936 | 114 | 182 | 38.5 |
| 1日後 | 343 | -1.532 | -2.057 | 124 | 196 | 38.8 |
| 2日後 | 343 | -2.665 | -3.717 | 120 | 214 | 35.9 |
| 3日後 | 343 | -3.376 | -4.671 | 106 | 225 | 32.0 |
| 4日後 | 343 | -3.454 | -4.979 | 115 | 223 | 34.0 |
| 5日後 | 343 | -3.269 | -5.027 | 113 | 222 | 33.7 |
| 6日後 | 343 | -3.572 | -5.376 | 117 | 216 | 35.1 |
| 10日後 | 343 | -2.075 | -4.075 | 131 | 205 | 39.0 |
| 20日後 | 343 | -0.074 | -3.314 | 155 | 185 | 45.6 |
| 30日後 | 343 | 0.355 | -4.101 | 147 | 192 | 43.4 |
| 40日後 | 343 | 0.833 | -4.306 | 153 | 187 | 45.0 |

この期間の当日終値、１日後、２日後の全取引平均値は、それぞれ－0.025％、＋0.064％、＋0.132％です。

一方、三空踏み上げパターン出現の場合、当日終値、１日後、２日後の利益率は、それぞれ－1.936％、－2.057％、－3.717％となりました。

当日終値、１日後、２日後のすべてで利益率がマイナスです。全取引平均値と比較すると、そのすべてで利益率がより低くなっています。

したがって、この上昇期に出現した三空踏み上げパターンも「売りサイン」だったといえます。

### 金融危機期間（2007～2009年）

| 売却日 | 取引回数 | 利益平均1(%) | 利益平均2(%) | 勝ち取引回数 | 負け取引回数 | 勝率(%) |
|---|---|---|---|---|---|---|
| 当日終値 | 294 | −0.690 | −0.894 | 126 | 131 | 49.0 |
| 1日後 | 294 | −0.861 | −1.253 | 123 | 155 | 44.2 |
| 2日後 | 293 | −1.547 | −2.331 | 119 | 170 | 41.2 |
| 3日後 | 292 | −2.159 | −3.087 | 109 | 179 | 37.8 |
| 4日後 | 291 | −2.585 | −3.690 | 99 | 185 | 34.9 |
| 5日後 | 291 | −1.849 | −2.954 | 105 | 182 | 36.6 |
| 6日後 | 291 | −1.485 | −2.720 | 109 | 176 | 38.2 |
| 10日後 | 289 | −1.014 | −2.681 | 114 | 172 | 39.9 |
| 20日後 | 285 | −1.526 | −4.338 | 111 | 174 | 38.9 |
| 30日後 | 284 | −2.928 | −7.212 | 93 | 188 | 33.1 |
| 40日後 | 284 | −2.398 | −8.324 | 102 | 181 | 36.0 |

この期間の当日終値、1日後、2日後の全取引平均値は、それぞれ−0.051%、−0.106%、−0.214%です。

一方、三空踏み上げのパターン出現の場合、当日終値、1日後、2日後の利益率は、それぞれ−0.894%、−1.253%、−2.331%となります。

当日終値、1日後、2日後のすべてで利益率がマイナスです。全取引平均値と比較すると、そのすべてで利益率がより低くなっています。

したがって、この下落期に出現した三空踏み上げパターンでも「売りサイン」だったといえます。

### まとめ

6期間5期間で売りサイン、1期間のみ買いサインとなりました。結果をみると、三空踏み上げパターンが出現した当日終値、1日後、2日後に、株価下落の可能性が高くなっています。

崩壊期間（1990～1992年）のみ傾向が変化しましたが、以降は売りサインに戻りました。

## 32. 前日5%以上アップ

前日の「値上がり率ランキング」を参考に購入銘柄を選定するデイトレーダーも増えています。前日の値上がり率が５％以上だった銘柄について分析してみましょう。

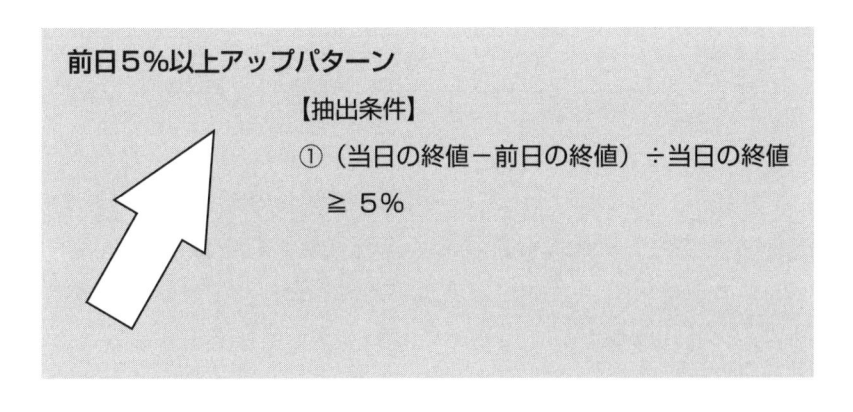

**前日5%以上アップパターン**

【抽出条件】

①（当日の終値－前日の終値）÷当日の終値≧5%

ローソク足チャートとともに、株式投資家なら常に注目している情報、それは「値上がり率ランキング」ではないでしょうか。大きく値上がりした銘柄の翌営業日以降の値動きを統計分析で確認してみましょう。

**全期間（1983～2009年）**

| 売却日 | 取引回数 | 利益平均1(%) | 利益平均2(%) | 勝ち取引回数 | 負け取引回数 | 勝率(%) |
|---|---|---|---|---|---|---|
| 当日終値 | 534064 | -0.160 | -0.252 | 179531 | 238377 | 43.0 |
| 1日後 | 533966 | -0.093 | -0.238 | 201205 | 259919 | 43.6 |
| 2日後 | 533788 | -0.252 | -0.511 | 203491 | 280871 | 42.0 |
| 3日後 | 533664 | -0.316 | -0.671 | 205454 | 290033 | 41.5 |
| 4日後 | 533519 | -0.358 | -0.802 | 206717 | 295544 | 41.2 |
| 5日後 | 533386 | -0.399 | -0.926 | 206409 | 300059 | 40.8 |
| 6日後 | 533285 | -0.436 | -1.044 | 206572 | 302877 | 40.5 |
| 10日後 | 532851 | -0.321 | -1.210 | 212589 | 303160 | 41.2 |
| 20日後 | 531119 | 0.043 | -1.598 | 220604 | 299397 | 42.4 |
| 30日後 | 529628 | 0.125 | -2.277 | 221003 | 299674 | 42.4 |
| 40日後 | 528731 | 0.562 | -2.507 | 224759 | 296370 | 43.1 |

前日５％アップパターンがみられた翌営業日の寄り付きで買い、当日終値で売り手仕舞った場合（当日終値の行を参照）、1983～2009年の利益平均は0.252％（利益平均２）の「マイナス」となりました。これは全取引平均値の－0.054％よりもかなり低めの利益率です。

したがって、前日５％アップパターンがみられた翌営業日にデイトレードをするなら「売り」と考えられます。

１日後～40日後に売り手仕舞った場合も、全取引平均値よりも低い利益率となっています。例えば、２日後で比較すると、全取引平均値の－0.033％に対して、前日５％アップは－0.511％となっており、平均よりも0.478％さらにマイナスです。

したがって、統計分析によれば、前日５％アップした翌営業日は反落する可能性が高いと分かります。つまり、空売りが有利と考えられるわけです。

１日後～40日後のすべてで利益率がマイナスであることから、買い戻しのタイミングも難しくありません。

全期間（1983～2009年）の当日終値、１日後、２日後の全取引平均値は、それぞれ－0.054％、－0.017％、－0.033％です。一方、前日５％アップパターン出現の場合、当日終値、１日後、２日後の利益率は、それぞれ－0.252％、－0.238％、－0.511％となりました。

当日終値、１日後、２日後の利益率はすべてマイナスです。全取引平均値と比較すると、そのすべてで利益率がより低くなっています。

●パターンが出現した翌営業日の日中に下落する
●２日後にはさらに利益率がマイナスとなっている

このことから、前日５％アップのパターンが出た場合、翌営業日の始値付近で空売りするのがよいといえます。

６分割した期間でも同様に解析してみましょう。

## バブル期間（1983～1989年）

| 売却日 | 取引回数 | 利益平均1(%) | 利益平均2(%) | 勝ち取引回数 | 負け取引回数 | 勝率(%) |
|---|---|---|---|---|---|---|
| 当日終値 | 74745 | -0.225 | -0.280 | 24454 | 37324 | 39.6 |
| 1日後 | 74745 | -0.106 | -0.183 | 27193 | 39063 | 41.0 |
| 2日後 | 74745 | -0.265 | -0.407 | 27055 | 42224 | 39.1 |
| 3日後 | 74745 | -0.297 | -0.495 | 27289 | 43071 | 38.8 |
| 4日後 | 74745 | -0.260 | -0.506 | 27687 | 43358 | 39.0 |
| 5日後 | 74745 | -0.194 | -0.474 | 27815 | 43637 | 38.9 |
| 6日後 | 74745 | -0.173 | -0.498 | 28129 | 43595 | 39.2 |
| 10日後 | 74745 | -0.036 | -0.496 | 28660 | 43739 | 39.6 |
| 20日後 | 74745 | 0.837 | 0.113 | 31611 | 41428 | 43.3 |
| 30日後 | 74745 | 1.922 | 0.985 | 34039 | 39285 | 46.4 |
| 40日後 | 74745 | 2.878 | 1.733 | 35825 | 37716 | 48.7 |

この期間の当日終値、１日後、２日後の全取引平均値は、それぞれ－0.016％、＋0.082％、＋0.167％です。

一方、前日５％アップパターン出現の場合、当日終値、１日後、２日後の利益率は、それぞれ－0.280％、－0.183％、－0.407％となりました。

当日終値、１日後、２日後のすべてで利益率がマイナスです。また、全取引平均値と比較すると、そのすべてで利益率がより低くなっています。

したがって、株価が全体的に上昇したバブル期間でさえ、前日５％アップパターンは「売りサイン」だったといえます。

### 崩壊期間（1990～1992年）

| 売却日 | 取引回数 | 利益平均1(%) | 利益平均2(%) | 勝ち取引回数 | 負け取引回数 | 勝率(%) |
|---|---|---|---|---|---|---|
| 当日終値 | 37099 | 0.074 | 0.035 | 13093 | 15583 | 45.7 |
| 1日後 | 37099 | 0.113 | 0.046 | 14517 | 17345 | 45.6 |
| 2日後 | 37099 | 0.054 | -0.076 | 15006 | 18737 | 44.5 |
| 3日後 | 37099 | 0.068 | -0.124 | 15445 | 19113 | 44.7 |
| 4日後 | 37099 | 0.100 | -0.165 | 15587 | 19412 | 44.5 |
| 5日後 | 37099 | 0.021 | -0.323 | 15368 | 19898 | 43.6 |
| 6日後 | 37099 | -0.170 | -0.617 | 15103 | 20357 | 42.6 |
| 10日後 | 37099 | -0.069 | -0.664 | 15535 | 20440 | 43.2 |
| 20日後 | 37099 | -0.682 | -2.013 | 15961 | 20425 | 43.9 |
| 30日後 | 37099 | -2.574 | -4.669 | 14342 | 22182 | 39.3 |
| 40日後 | 37099 | -2.594 | -5.047 | 14425 | 22155 | 39.4 |

この期間の当日終値、１日後、２日後の全取引平均値は、それぞれ－0.079％、－0.121％、－0.242％です。

一方、前日５％アップパターン出現の場合、当日終値、１日後、２日後の利益率は、それぞれ＋0.035％、＋0.046％、－0.076％となりました。

全取引平均値と比較すると、そのすべてで利益率が高くなっているとはいえ、当日終値と１日後の利益率がプラス、２日後の利益率がマイナスです。

１日後の売りはほぼゼロの利益率、２日後の売りはマイナスの利益率であることから、この下落期に出現した前日５％アップパターンも「売りサイン」だったといえます。

### もみ合い期間（1993～1999年）

| 売却日 | 取引回数 | 利益平均1(%) | 利益平均2(%) | 勝ち取引回数 | 負け取引回数 | 勝率(%) |
|---|---|---|---|---|---|---|
| 当日終値 | 121378 | -0.151 | -0.224 | 38135 | 50902 | 42.8 |
| 1日後 | 121378 | -0.076 | -0.194 | 44222 | 57193 | 43.6 |
| 2日後 | 121378 | -0.231 | -0.450 | 45182 | 62853 | 41.8 |
| 3日後 | 121378 | -0.360 | -0.657 | 45421 | 65932 | 40.8 |
| 4日後 | 121378 | -0.447 | -0.818 | 45477 | 67740 | 40.2 |
| 5日後 | 121378 | -0.416 | -0.846 | 45675 | 68750 | 39.9 |
| 6日後 | 121378 | -0.417 | -0.911 | 45961 | 69297 | 39.9 |
| 10日後 | 121378 | -0.252 | -0.943 | 47968 | 69169 | 41.0 |
| 20日後 | 121378 | 0.439 | -0.815 | 50405 | 68328 | 42.5 |
| 30日後 | 121378 | 0.883 | -0.982 | 51877 | 67409 | 43.5 |
| 40日後 | 121378 | 1.166 | -1.273 | 52201 | 67410 | 43.6 |

この期間の当日終値、１日後、２日後の全取引平均値は、それぞれ－0.094％、－0.036％、－0.071％です。

一方、前日５％アップパターン出現の場合、当日終値、１日後、２日後の利益率は、それぞれ－0.224％、－0.194％、－0.450％となりました。

当日終値、１日後、２日後のすべてで利益率がマイナスです。また全取引平均値と比較すると、そのすべてで利益率がより低くなっています。

したがって、このもみ合い期に出現した前日５％アップパターンも「売りサイン」だったといえます。

### 暴落期間（2000～2002年）

| 売却日 | 取引回数 | 利益平均1(%) | 利益平均2(%) | 勝ち取引回数 | 負け取引回数 | 勝率(%) |
|---|---|---|---|---|---|---|
| 当日終値 | 84653 | -0.207 | -0.307 | 25841 | 34495 | 42.8 |
| 1日後 | 84653 | -0.248 | -0.408 | 29589 | 39322 | 42.9 |
| 2日後 | 84653 | -0.610 | -0.902 | 29574 | 44101 | 40.1 |
| 3日後 | 84653 | -0.795 | -1.200 | 30152 | 46020 | 39.6 |
| 4日後 | 84653 | -0.942 | -1.447 | 30346 | 47489 | 39.0 |
| 5日後 | 84653 | -1.009 | -1.601 | 30443 | 48380 | 38.6 |
| 6日後 | 84653 | -1.132 | -1.813 | 30395 | 49202 | 38.2 |
| 10日後 | 84653 | -1.271 | -2.259 | 31115 | 49986 | 38.4 |
| 20日後 | 84653 | -1.817 | -3.638 | 30795 | 51566 | 37.4 |
| 30日後 | 84653 | -2.014 | -4.578 | 31058 | 51672 | 37.5 |
| 40日後 | 84653 | -2.243 | -5.678 | 31418 | 51623 | 37.8 |

この期間の当日終値、１日後、２日後の全取引平均値は、それぞれ－0.074％、－0.067％、－0.130％です。

一方、前日５％アップパターン出現の場合、当日終値、１日後、２日後の利益率は、それぞれ－0.307％、－0.408％、－0.902％となりました。

当日終値、１日後、２日後のすべてで利益率がマイナスです。また全取引平均値と比較すると、そのすべてで利益率がより低くなっています。

したがって、この下落期に出現した前日５％アップパターンも「売りサイン」だったといえます。

### 暴騰期間（2003～2006年）

| 売却日 | 取引回数 | 利益平均1(%) | 利益平均2(%) | 勝ち取引回数 | 負け取引回数 | 勝率(%) |
|---|---|---|---|---|---|---|
| 当日終値 | 99468 | -0.314 | -0.431 | 34472 | 48939 | 41.3 |
| 1日後 | 99468 | -0.103 | -0.270 | 38309 | 50631 | 43.1 |
| 2日後 | 99468 | -0.231 | -0.534 | 39299 | 52917 | 42.6 |
| 3日後 | 99468 | -0.187 | -0.597 | 39717 | 54077 | 42.3 |
| 4日後 | 99468 | -0.118 | -0.608 | 40195 | 54620 | 42.4 |
| 5日後 | 99468 | -0.082 | -0.643 | 40336 | 55053 | 42.3 |
| 6日後 | 99468 | -0.017 | -0.657 | 40859 | 54961 | 42.6 |
| 10日後 | 99468 | 0.599 | -0.284 | 43046 | 53728 | 44.5 |
| 20日後 | 99468 | 1.736 | 0.154 | 45785 | 51900 | 46.9 |
| 30日後 | 99468 | 2.364 | 0.204 | 46125 | 51877 | 47.1 |
| 40日後 | 99468 | 3.462 | 0.871 | 47018 | 51209 | 47.9 |

この期間の当日終値、1日後、2日後の全取引平均値は、それぞれ－0.025％、＋0.064％、＋0.132％です。

一方、前日５％アップパターン出現の場合、当日終値、1日後、2日後の利益率は、それぞれ－0.431％、－0.270％、－0.534％となりました。

当日終値、1日後、2日後のすべてで利益率がマイナスです。また全取引平均値と比較すると、そのすべてで利益率がより低くなっています。

したがって、この上昇期に出現した前日５％アップパターンも「売りサイン」だったといえます。

## 金融危機期間（2007～2009年）

| 売却日 | 取引回数 | 利益平均 1(%) | 利益平均 2(%) | 勝ち取引回数 | 負け取引回数 | 勝率(%) |
|---|---|---|---|---|---|---|
| 当日終値 | 116314 | -0.036 | -0.159 | 43442 | 50985 | 46.0 |
| 1日後 | 116216 | -0.043 | -0.255 | 47259 | 56171 | 45.7 |
| 2日後 | 116038 | -0.118 | -0.477 | 47235 | 59850 | 44.1 |
| 3日後 | 115914 | -0.165 | -0.648 | 47299 | 61595 | 43.4 |
| 4日後 | 115769 | -0.254 | -0.878 | 47274 | 62713 | 43.0 |
| 5日後 | 115636 | -0.477 | -1.249 | 46589 | 64145 | 42.1 |
| 6日後 | 115535 | -0.568 | -1.453 | 45930 | 65289 | 41.3 |
| 10日後 | 115101 | -0.770 | -2.175 | 46043 | 65934 | 41.1 |
| 20日後 | 113369 | -0.777 | -3.462 | 45819 | 65588 | 41.1 |
| 30日後 | 111878 | -1.385 | -5.550 | 43378 | 67041 | 39.3 |
| 40日後 | 110981 | -1.079 | -6.493 | 43676 | 66058 | 39.8 |

この期間の当日終値、１日後、２日後の全取引平均値はそれぞれ−0.051%、−0.106%、−0.214%です。

一方、前日５%アップのパターン出現の場合、当日終値、１日後、２日後の利益率は、それぞれ−0.159%、−0.255%、−0.477%となりました。

当日終値、１日後、２日後のすべてで利益率がマイナスです。また全取引平均値と比較すると、そのすべてで利益率がより低くなっています。

したがって、この下落期に出現した前日５%アップパターンも「売りサイン」だったといえます。

**まとめ**

６期間中すべてで売りサインとなりました。

株価が５％以上の上昇となった翌日に、保有銘柄はすぐに利益を確定したいところです。

## 33．前日５％以上ダウン

前日の「値下がり率ランキング」を参考に購入銘柄を選定するデイトレーダーも増えています。前日の値下がり率が５％以上だった銘柄についても分析してみましょう。

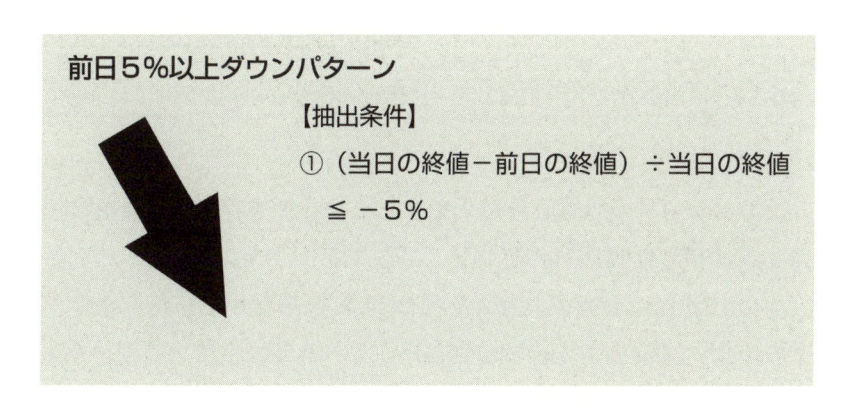

**前日５％以上ダウンパターン**

**【抽出条件】**

①（当日の終値－前日の終値）÷当日の終値
　≦ －5％

大きく値下がりした銘柄の翌営業日以降の値動きを統計分析で確認します。

## 全期間（1983～2009年）

| 売却日 | 取引回数 | 利益平均1(%) | 利益平均2(%) | 勝ち取引回数 | 負け取引回数 | 勝率(%) |
|---|---|---|---|---|---|---|
| 当日終値 | 528557 | 0.169 | 0.093 | 192530 | 191830 | 50.1 |
| 1日後 | 528490 | 0.468 | 0.341 | 234624 | 204418 | 53.4 |
| 2日後 | 528409 | 0.774 | 0.557 | 252295 | 215476 | 53.9 |
| 3日後 | 528308 | 0.943 | 0.647 | 258309 | 223248 | 53.6 |
| 4日後 | 528237 | 1.128 | 0.754 | 262262 | 227465 | 53.6 |
| 5日後 | 528172 | 1.239 | 0.790 | 263769 | 231371 | 53.3 |
| 6日後 | 528085 | 1.351 | 0.839 | 266242 | 232599 | 53.4 |
| 10日後 | 527762 | 1.501 | 0.716 | 265791 | 241359 | 52.4 |
| 20日後 | 526715 | 1.784 | 0.293 | 259267 | 254478 | 50.5 |
| 30日後 | 523882 | 2.014 | -0.204 | 253022 | 260781 | 49.2 |
| 40日後 | 522206 | 2.243 | -0.736 | 252424 | 261140 | 49.2 |

このパターンがみられた翌営業日の寄り付きで買い、当日終値で売り手仕舞った場合（当日終値の行を参照）、1983～2009年の利益平均は0.093％（利益平均２）の「プラス」となりました。全取引平均値は－0.054％ですので、利益率がより高くなっています。

したがって、前日５％ダウンパターンがみられた翌営業日にデイトレードをするなら「買い」と考えられます。

１日後～30日後に売り手仕舞った場合、全取引平均値よりも高めの利益率となりました。例えば、２日後で比較すれば、全取引平均値の－0.033％に対して、前日５％ダウンは＋0.557％となっており、平均よりも0.590％有利です。

２日で0.590％の優位さは、年間240日では102.6％の優位さに相当します（計算：1.00590の120乗＝2.026）。

全期間（1983～2009年）の当日終値、1日後、2日後の全取引平均値は、それぞれ－0.054％、－0.017％、－0.033％です。一方、前日5％ダウンパターン出現の場合、当日終値、1日後、2日後の利益率は、それぞれ＋0.093％、＋0.341％、＋0.557％となります。

●パターンが出現した翌営業日の日中に上昇する
●1日後以降もさらに利益率がプラスとなっている

したがって、前日5％ダウンパターンが出た場合、翌営業日の始値付近で買うのが有利と考えられます。

6分割した期間でも同様に解析してみましょう。

### バブル期間（1983～1989年）

| 売却日 | 取引回数 | 利益平均1(%) | 利益平均2(%) | 勝ち取引回数 | 負け取引回数 | 勝率(%) |
|---|---|---|---|---|---|---|
| 当日終値 | 45299 | 0.303 | 0.271 | 16601 | 15401 | 51.9 |
| 1日後 | 45299 | 0.844 | 0.800 | 21974 | 15473 | 58.7 |
| 2日後 | 45299 | 1.002 | 0.925 | 22751 | 17204 | 56.9 |
| 3日後 | 45299 | 1.101 | 1.001 | 22811 | 18197 | 55.6 |
| 4日後 | 45299 | 1.110 | 0.974 | 22777 | 18845 | 54.7 |
| 5日後 | 45299 | 1.091 | 0.928 | 22580 | 19506 | 53.7 |
| 6日後 | 45299 | 1.191 | 1.007 | 22654 | 19706 | 53.5 |
| 10日後 | 45299 | 1.319 | 1.042 | 22307 | 20783 | 51.8 |
| 20日後 | 45299 | 1.977 | 1.478 | 22581 | 21321 | 51.4 |
| 30日後 | 45299 | 3.005 | 2.298 | 23447 | 20764 | 53.0 |
| 40日後 | 45299 | 4.145 | 3.280 | 24456 | 19964 | 55.1 |

この期間の当日終値、１日後、２日後の全取引平均値は、それぞれ－0.016％、＋0.082％、＋0.167％です。

一方、前日５％ダウンパターン出現の場合、当日終値、１日後、２日後の利益率は、それぞれ＋0.271％、＋0.800％、＋0.925％となりました。

当日終値、１日後、２日後の利益率はすべてプラスです。全取引平均値と比較すると、そのすべてで利益率がより高くなっています。

したがって、この上昇期に出現した前日５％ダウンパターンは「買いサイン」だったといえます。

## 崩壊期間（1990 ～ 1992 年）

| 売却日 | 取引回数 | 利益平均 1(%) | 利益平均 2(%) | 勝ち取引回数 | 負け取引回数 | 勝率 (%) |
|---|---|---|---|---|---|---|
| 当日終値 | 41628 | -0.007 | -0.055 | 13893 | 14419 | 49.1 |
| 1 日後 | 41628 | 0.416 | 0.324 | 18441 | 15333 | 54.6 |
| 2 日後 | 41628 | 0.886 | 0.704 | 20322 | 16185 | 55.7 |
| 3 日後 | 41628 | 1.052 | 0.814 | 20984 | 16708 | 55.7 |
| 4 日後 | 41628 | 1.199 | 0.926 | 21083 | 17239 | 55.0 |
| 5 日後 | 41628 | 1.339 | 1.024 | 21091 | 17756 | 54.3 |
| 6 日後 | 41628 | 1.542 | 1.202 | 21327 | 17870 | 54.4 |
| 10 日後 | 41628 | 1.166 | 0.537 | 20384 | 19604 | 51.0 |
| 20 日後 | 41628 | 2.345 | 1.315 | 20295 | 20382 | 49.9 |
| 30 日後 | 41628 | 2.277 | 0.810 | 20481 | 20406 | 50.1 |
| 40 日後 | 41628 | 1.238 | -0.866 | 20024 | 20942 | 48.9 |

この期間の当日終値、１日後、２日後の全取引平均値は、それぞれ－0.079%、－0.121%、－0.242%です。

一方、前日５%ダウンパターン出現の場合、当日終値、１日後、２日後の利益率は、それぞれ－0.055%、＋0.324%、＋0.704%となりました。

当日終値の利益率はマイナス、１日後と２日後の利益率はプラスです。全取引平均値と比較すると、そのすべてで利益率がより高くなっています。

したがって、この下落期に出現した前日５%ダウンパターンも「買いサイン」だったといえます。

### もみ合い期間（1993 ～ 1999 年）

| 売却日 | 取引回数 | 利益平均1(％) | 利益平均2(％) | 勝ち取引回数 | 負け取引回数 | 勝率(％) |
|---|---|---|---|---|---|---|
| 当日終値 | 119492 | 0.004 | -0.059 | 37337 | 40559 | 47.9 |
| 1 日後 | 119492 | 0.454 | 0.360 | 50147 | 43461 | 53.6 |
| 2 日後 | 119492 | 0.766 | 0.606 | 54964 | 47193 | 53.8 |
| 3 日後 | 119492 | 0.946 | 0.735 | 56954 | 49401 | 53.6 |
| 4 日後 | 119492 | 1.132 | 0.869 | 58195 | 50482 | 53.5 |
| 5 日後 | 119492 | 1.251 | 0.943 | 58901 | 51409 | 53.4 |
| 6 日後 | 119492 | 1.339 | 0.991 | 59616 | 51931 | 53.4 |
| 10 日後 | 119492 | 1.312 | 0.746 | 58388 | 55641 | 51.2 |
| 20 日後 | 119492 | 1.917 | 0.813 | 57784 | 58427 | 49.7 |
| 30 日後 | 119492 | 2.359 | 0.685 | 56758 | 60336 | 48.5 |
| 40 日後 | 119492 | 2.788 | 0.603 | 56905 | 60478 | 48.5 |

この期間の当日終値、１日後、２日後の全取引平均値は、それぞれ－0.094％、－0.036％、－0.071％です。

一方、前日５％ダウンパターン出現の場合、当日終値、１日後、２日後の利益率は、それぞれ－0.059％、＋0.360％、＋0.606％となりました。

当日終値の利益率はマイナス、１日後と２日後の利益率はプラスです。全取引平均値と比較すると、そのすべてで利益率がより高くなっています。

したがって、このもみ合い期に出現した前日５％ダウンパターンも「買いサイン」だったといえます。

## 暴落期間（2000～2002年）

| 売却日 | 取引回数 | 利益平均1(%) | 利益平均2(%) | 勝ち取引回数 | 負け取引回数 | 勝率(%) |
|---|---|---|---|---|---|---|
| 当日終値 | 92931 | 0.163 | 0.088 | 30902 | 31415 | 49.6 |
| 1日後 | 92931 | 0.530 | 0.407 | 39703 | 33650 | 54.1 |
| 2日後 | 92931 | 0.839 | 0.639 | 43000 | 36566 | 54.0 |
| 3日後 | 92931 | 1.064 | 0.801 | 44685 | 37970 | 54.1 |
| 4日後 | 92931 | 1.228 | 0.901 | 45771 | 38892 | 54.1 |
| 5日後 | 92931 | 1.301 | 0.916 | 46140 | 39635 | 53.8 |
| 6日後 | 92931 | 1.310 | 0.854 | 46089 | 40594 | 53.2 |
| 10日後 | 92931 | 1.490 | 0.783 | 46271 | 42260 | 52.3 |
| 20日後 | 92931 | 1.536 | 0.271 | 45312 | 44684 | 50.3 |
| 30日後 | 92931 | 1.093 | -0.976 | 43305 | 47311 | 47.8 |
| 40日後 | 92931 | 1.067 | -1.717 | 43226 | 47671 | 47.6 |

この期間の当日終値、1日後、2日後の全取引平均値は、それぞれ－0.074％、－0.067％、－0.130％です。

一方、前日5％ダウンパターン出現の場合、当日終値、1日後、2日後の利益率は、それぞれ＋0.088％、＋0.407％、＋0.639％となりました。

当日終値、1日後、2日後の利益率は、すべてプラスです。また全取引平均値と比較すると、そのすべてで利益率がより高くなっています。

暴落期でも2日後の利益率が＋0.639％と高いのが特徴です。したがって、この時期に出現した5％ダウンパターンも「買いサイン」だったといえます。

**暴騰期間（2003～2006年）**

| 売却日 | 取引回数 | 利益平均1(%) | 利益平均2(%) | 勝ち取引回数 | 負け取引回数 | 勝率(%) |
|---|---|---|---|---|---|---|
| 当日終値 | 86776 | 0.418 | 0.335 | 36984 | 32724 | 53.1 |
| 1日後 | 86776 | 0.862 | 0.738 | 42953 | 32973 | 56.6 |
| 2日後 | 86776 | 1.274 | 1.087 | 45432 | 33716 | 57.4 |
| 3日後 | 86776 | 1.439 | 1.178 | 45885 | 34963 | 56.8 |
| 4日後 | 86776 | 1.706 | 1.352 | 46512 | 35456 | 56.7 |
| 5日後 | 86776 | 1.854 | 1.413 | 46411 | 36239 | 56.2 |
| 6日後 | 86776 | 2.212 | 1.743 | 47789 | 35222 | 57.6 |
| 10日後 | 86776 | 2.884 | 2.265 | 49394 | 34685 | 58.7 |
| 20日後 | 86776 | 3.397 | 2.211 | 47960 | 37115 | 56.4 |
| 30日後 | 86776 | 4.546 | 2.931 | 47607 | 37737 | 55.8 |
| 40日後 | 86776 | 5.897 | 3.972 | 48864 | 36642 | 57.1 |

この期間の当日終値、１日後、２日後の全取引平均値は、それぞれ－0.025％、＋0.064％、＋0.132％です。

一方、前日５％ダウンパターン出現の場合、当日終値、１日後、２日後の利益率は、それぞれ＋0.335％、＋0.738％、＋1.087％となりました。

当日終値、１日後、２日後の利益率は、すべてプラスです。また全取引平均値と比較すると、そのすべてで利益率がより高くなっています。

もちろん、この上昇期に出現した前日５％ダウンパターンも「買いサイン」だったといえます。

### 金融危機期間（2007～2009年）

| 売却日 | 取引回数 | 利益平均1(%) | 利益平均2(%) | 勝ち取引回数 | 負け取引回数 | 勝率(%) |
|---|---|---|---|---|---|---|
| 当日終値 | 141834 | 0.174 | 0.071 | 56667 | 57012 | 49.8 |
| 1日後 | 141767 | 0.101 | -0.095 | 61224 | 63207 | 49.2 |
| 2日後 | 141686 | 0.326 | -0.024 | 65556 | 64355 | 50.5 |
| 3日後 | 141585 | 0.478 | -0.015 | 66731 | 65724 | 50.4 |
| 4日後 | 141514 | 0.689 | 0.072 | 67655 | 66275 | 50.5 |
| 5日後 | 141449 | 0.828 | 0.080 | 68348 | 66571 | 50.7 |
| 6日後 | 141362 | 0.850 | -0.018 | 68440 | 67035 | 50.5 |
| 10日後 | 141039 | 0.967 | -0.367 | 68714 | 68142 | 50.2 |
| 20日後 | 139992 | 0.586 | -2.038 | 64962 | 72340 | 47.3 |
| 30日後 | 137159 | 0.303 | -3.604 | 61089 | 73978 | 45.2 |
| 40日後 | 135483 | -0.129 | -5.598 | 58623 | 75180 | 43.8 |

この期間の当日終値、1日後、2日後の全取引平均値は、それぞれ－0.051％、－0.106％、－0.214％です。

一方、前日5％ダウンパターン出現の場合、当日終値、1日後、2日後の利益率は、それぞれ＋0.071％、－0.095％、－0.024％となりました。

当日終値の利益率はプラス、1日後と2日後の利益率はマイナスです。ただし、全取引平均値と比較すると、そのすべてで利益率がより高くなっています。

1日後と2日後の利益率はマイナスとなっていることから、この大暴落に出現した前日5％ダウンパターンは「売りサイン」だったといえます。

### まとめ

6期間中5期間で買いサイン、1期間で売りサインでした。唯一売りサインとなった金融危機期間（2007～2009年）も、全取引平均値と比較すると利益率はより高く、他期間と傾向が同じといえます。

## 34. 2連続ストップ安後停滞

デイトレーダーが利益を得るためには、値動きの激しい銘柄を狙う必要があります。そのため、前日にストップ安やストップ高になった銘柄は、候補に上がりやすくなります。

2日連続でストップ安となった銘柄が翌営業日には寄り付き、その日の株価が小動きだった場合、そこから上昇に転じるでしょうか、それともさらに下落するでしょうか。

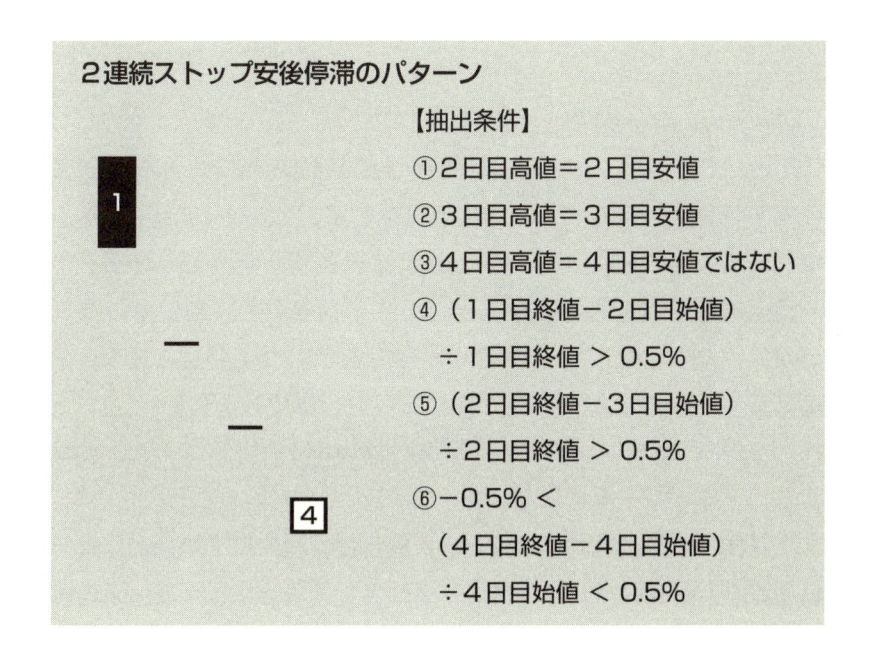

**2連続ストップ安後停滞のパターン**

【抽出条件】

①2日目高値＝2日目安値

②3日目高値＝3日目安値

③4日目高値＝4日目安値ではない

④（1日目終値－2日目始値）

÷1日目終値 ＞ 0.5%

⑤（2日目終値－3日目始値）

÷2日目終値 ＞ 0.5%

⑥－0.5% ＜

（4日目終値－4日目始値）

÷4日目始値 ＜ 0.5%

統計分析結果から確認してみましょう。

**全期間（1983～2009年）**

| 売却日 | 取引回数 | 利益平均1(%) | 利益平均2(%) | 勝ち取引回数 | 負け取引回数 | 勝率(%) |
|---|---|---|---|---|---|---|
| 当日終値 | 3004 | -0.017 | -0.039 | 638 | 732 | 46.6 |
| 1日後 | 3003 | -0.023 | -0.075 | 1008 | 1091 | 48.0 |
| 2日後 | 3003 | -0.006 | -0.109 | 1182 | 1267 | 48.3 |
| 3日後 | 3003 | 0.101 | -0.040 | 1291 | 1330 | 49.3 |
| 4日後 | 3001 | 0.178 | -0.009 | 1334 | 1380 | 49.2 |
| 5日後 | 3001 | 0.352 | 0.132 | 1359 | 1411 | 49.1 |
| 6日後 | 3001 | 0.310 | 0.063 | 1365 | 1421 | 49.0 |
| 10日後 | 2995 | 0.435 | 0.081 | 1368 | 1470 | 48.2 |
| 20日後 | 2986 | 0.713 | 0.004 | 1384 | 1524 | 47.6 |
| 30日後 | 2976 | 1.213 | 0.158 | 1417 | 1497 | 48.6 |
| 40日後 | 2970 | 1.209 | -0.426 | 1409 | 1509 | 48.3 |

このパターンがみられた翌営業日の寄り付きで買い、当日終値で売り手仕舞った場合（当日終値の行を参照）、1983～2009年の利益平均は0.039％（利益平均２）の「マイナス」となっています。これは全取引平均値の－0.054％とほとんど同じです。利益率の絶対値が低いため、売り買いどちらから相場に入っても利益を得ることは難しいといえます。

したがって、２連続ストップ安後停滞のパターンがみられた翌営業日にデイトレードをするなら「様子見」と考えられます。

１日後～２日後に売り手仕舞った場合は、全取引平均値よりも低い利益率、３日後～40日後に売り手仕舞った場合は、全取引平均値よりも高い利益率となっています。例えば、2日後で比較すれば、全取引平均値の－0.033％に対して、2連続ストップ安後停滞パターンは－0.109％となっており、平均よりも0.076％さらにマイナスです。

つまり、株価は下げる可能性が高いため、空売り有利と考えられます。

全期間（1983～2009年）の当日終値、1日後、2日後の全取引平均値は、それぞれ－0.054％、－0.017％、－0.033％です。一方、2連続ストップ安後停滞パターンが出現した場合、当日終値、1日後、2日後の利益率は、それぞれ－0.039％、－0.075％、－0.109％となります。

●パターンが出現した翌営業日の日中に下落する

●1日後にはさらにマイナスとなっている

このことから、2連続ストップ安後停滞パターンが出現した翌営業日の始値付近で空売りするのがよいといえます。

6分割した期間でも同様に解析してみましょう。

### バブル期間（1983～1989年）

| 売却日 | 取引回数 | 利益平均1(%) | 利益平均2(%) | 勝ち取引回数 | 負け取引回数 | 勝率(%) |
|---|---|---|---|---|---|---|
| 当日終値 | 597 | 0.088 | 0.080 | 136 | 138 | 49.6 |
| 1日後 | 597 | 0.048 | 0.027 | 198 | 194 | 50.5 |
| 2日後 | 597 | 0.208 | 0.165 | 243 | 233 | 51.1 |
| 3日後 | 597 | 0.365 | 0.311 | 262 | 247 | 51.5 |
| 4日後 | 597 | 0.656 | 0.597 | 275 | 247 | 52.7 |
| 5日後 | 597 | 0.855 | 0.783 | 275 | 264 | 51.0 |
| 6日後 | 597 | 0.914 | 0.834 | 287 | 257 | 52.8 |
| 10日後 | 597 | 1.292 | 1.155 | 297 | 261 | 53.2 |
| 20日後 | 597 | 2.472 | 2.227 | 318 | 259 | 55.1 |
| 30日後 | 597 | 3.506 | 3.172 | 338 | 243 | 58.2 |
| 40日後 | 597 | 4.923 | 4.473 | 344 | 244 | 58.5 |

この期間の当日終値、１日後、２日後の全取引平均値は、それぞれ－0.016％、＋0.082％、＋0.167％です。

一方、２連続ストップ安後停滞パターン出現の場合、当日終値、１日後、２日後の利益率は、それぞれ＋0.080％、＋0.027％、＋0.165％となります。

当日終値、１日後、２日後の利益率は、すべてプラスです。全取引平均値と比較すると、当日終値は利益率がより高く、１日後と２日後は利益率がより低くなっています。

１日後と２日後の利益率がプラスであることから、この上昇期に出現した２連続ストップ安後停滞パターンは「買いサイン」だったといえます。

### 崩壊期間（1990～1992年）

| 売却日 | 取引回数 | 利益平均1(%) | 利益平均2(%) | 勝ち取引回数 | 負け取引回数 | 勝率(%) |
|---|---|---|---|---|---|---|
| 当日終値 | 390 | -0.046 | -0.060 | 89 | 93 | 48.9 |
| 1日後 | 390 | -0.188 | -0.244 | 135 | 145 | 48.2 |
| 2日後 | 390 | -0.294 | -0.408 | 148 | 182 | 44.8 |
| 3日後 | 390 | -0.175 | -0.307 | 166 | 189 | 46.8 |
| 4日後 | 390 | 0.058 | -0.108 | 171 | 195 | 46.7 |
| 5日後 | 390 | 0.242 | 0.035 | 167 | 206 | 44.8 |
| 6日後 | 390 | -0.125 | -0.376 | 151 | 222 | 40.5 |
| 10日後 | 390 | 0.053 | -0.399 | 162 | 206 | 44.0 |
| 20日後 | 390 | -0.033 | -1.221 | 172 | 209 | 45.1 |
| 30日後 | 390 | 1.083 | -0.277 | 180 | 201 | 47.2 |
| 40日後 | 390 | 0.606 | -1.241 | 188 | 198 | 48.7 |

この期間の当日終値、１日後、２日後の全取引平均値は、それぞれ－0.079％、－0.121％、－0.242％です。

一方、２連続ストップ安後停滞パターン出現の場合、当日終値、１日後、２日後の利益率は、それぞれ－0.060％、－0.244％、－0.408％となります。

当日終値、１日後、２日後の利益率はすべてマイナスです。全取引平均値と比較すると、当日終値は利益率がより高く、１日後と２日後は利益率がより低くなっています。

利益率がマイナスであることから、この下落期に出現した２連続ストップ安後停滞パターンは「売りサイン」だったといえます。

**もみ合い期間（1993～1999年）**

| 売却日 | 取引回数 | 利益平均1(%) | 利益平均2(%) | 勝ち取引回数 | 負け取引回数 | 勝率(%) |
|---|---|---|---|---|---|---|
| 当日終値 | 951 | -0.041 | -0.063 | 205 | 237 | 46.4 |
| 1日後 | 951 | 0.036 | -0.010 | 323 | 331 | 49.4 |
| 2日後 | 951 | 0.013 | -0.079 | 376 | 395 | 48.8 |
| 3日後 | 951 | 0.101 | -0.029 | 415 | 405 | 50.6 |
| 4日後 | 951 | 0.054 | -0.127 | 417 | 440 | 48.7 |
| 5日後 | 951 | 0.112 | -0.095 | 419 | 457 | 47.8 |
| 6日後 | 951 | 0.070 | -0.170 | 423 | 458 | 48.0 |
| 10日後 | 951 | 0.137 | -0.218 | 414 | 505 | 45.0 |
| 20日後 | 951 | 0.374 | -0.350 | 416 | 516 | 44.6 |
| 30日後 | 951 | 0.831 | -0.229 | 415 | 519 | 44.4 |
| 40日後 | 951 | 0.581 | -1.043 | 412 | 523 | 44.1 |

この期間の当日終値、１日後、２日後の全取引平均値は、それぞれ－0.094％、－0.036％、－0.071％です。

一方、２連続ストップ安後停滞パターン出現の場合、当日終値、１日後、２日後の利益率は、それぞれ－0.063％、－0.010％、－0.079％となりました。

当日終値、１日後、２日後の利益率は、すべてマイナスです。全取引平均値と比較すると、当日終値と１日後の利益率はより高く、２日後の利益率はより低くなっています。

１日後と２日後の利益率がマイナスであることから、このもみ合い期に出現した２連続ストップ安後停滞パターンも「売りサイン」だったといえます。

### 暴落期間（2000～2002年）

| 売却日 | 取引回数 | 利益平均1(%) | 利益平均2(%) | 勝ち取引回数 | 負け取引回数 | 勝率(%) |
|---|---|---|---|---|---|---|
| 当日終値 | 362 | 0.007 | -0.020 | 59 | 95 | 38.3 |
| 1日後 | 362 | -0.096 | -0.165 | 107 | 153 | 41.2 |
| 2日後 | 362 | 0.102 | -0.015 | 131 | 157 | 45.5 |
| 3日後 | 362 | 0.125 | -0.030 | 140 | 170 | 45.2 |
| 4日後 | 362 | 0.031 | -0.142 | 144 | 174 | 45.3 |
| 5日後 | 362 | 0.244 | -0.013 | 154 | 166 | 48.1 |
| 6日後 | 362 | 0.173 | -0.120 | 159 | 166 | 48.9 |
| 10日後 | 362 | 0.332 | -0.067 | 164 | 167 | 49.5 |
| 20日後 | 362 | -0.653 | -1.487 | 161 | 189 | 46.0 |
| 30日後 | 362 | -1.393 | -2.963 | 165 | 194 | 46.0 |
| 40日後 | 362 | -1.462 | -3.586 | 162 | 190 | 46.0 |

この期間の当日終値、１日後、２日後の全取引平均値は、それぞれ－0.074％、－0.067％、－0.130％です。

一方、２連続ストップ安後停滞パターン出現の場合、当日終値、１日後、２日後の利益率は、それぞれ－0.020％、－0.165％、－0.015％となりました。

当日終値、１日後、２日後の利益率はすべてマイナスです。全取引平均値と比較すると、当日終値は利益率が高く、１日後の利益率は低く、２日後の利益率は高くなっています。

１日後と２日後の利益率はマイナスであることから、この下落期に出現した２連続ストップ安後停滞パターンも「売りサイン」だったといえます。

### 暴騰期間（2003～2006年）

| 売却日 | 取引回数 | 利益平均1(%) | 利益平均2(%) | 勝ち取引回数 | 負け取引回数 | 勝率(%) |
|---|---|---|---|---|---|---|
| 当日終値 | 315 | 0.002 | -0.011 | 64 | 75 | 46.0 |
| 1日後 | 315 | 0.098 | 0.063 | 114 | 109 | 51.1 |
| 2日後 | 315 | 0.225 | 0.167 | 133 | 124 | 51.8 |
| 3日後 | 315 | 0.545 | 0.474 | 152 | 126 | 54.7 |
| 4日後 | 315 | 0.838 | 0.704 | 155 | 131 | 54.2 |
| 5日後 | 315 | 1.043 | 0.852 | 159 | 132 | 54.6 |
| 6日後 | 315 | 1.020 | 0.779 | 166 | 124 | 57.2 |
| 10日後 | 315 | 1.076 | 0.791 | 158 | 139 | 53.2 |
| 20日後 | 315 | 2.255 | 1.788 | 174 | 128 | 57.6 |
| 30日後 | 315 | 3.944 | 3.475 | 176 | 126 | 58.3 |
| 40日後 | 315 | 4.776 | 4.183 | 176 | 132 | 57.1 |

この期間の当日終値、１日後、２日後の全取引平均値は、それぞれ－0.025％、＋0.064％、＋0.132％です。

一方、２連続ストップ安後停滞パターン出現の場合、当日終値、１日後、２日後の利益率は、それぞれ－0.011％、＋0.063％、＋0.167％となりました。

当日終値の利益率はマイナス、１日後と２日後の利益率はプラスです。全取引平均値と比較すると、当日終値の利益率はより高く、１日後の利益率は同等、２日後の利益率はより高くなっています。

１日後と２日後の利益率がプラスであることから、この上昇期に出現した２連続ストップ安後停滞パターンは「買いサイン」だったといえます。

### 金融危機期間（2007～2009年）

| 売却日 | 取引回数 | 利益平均1(%) | 利益平均2(%) | 勝ち取引回数 | 負け取引回数 | 勝率(%) |
|---|---|---|---|---|---|---|
| 当日終値 | 385 | −0.120 | −0.175 | 84 | 92 | 47.7 |
| 1日後 | 384 | −0.138 | −0.249 | 130 | 157 | 45.3 |
| 2日後 | 384 | −0.433 | −0.673 | 148 | 175 | 45.8 |
| 3日後 | 384 | −0.447 | −0.807 | 153 | 192 | 44.3 |
| 4日後 | 382 | −0.573 | −1.053 | 170 | 191 | 47.1 |
| 5日後 | 382 | −0.264 | −0.753 | 183 | 184 | 49.9 |
| 6日後 | 382 | −0.122 | −0.604 | 177 | 192 | 48.0 |
| 10日後 | 376 | −0.331 | −0.938 | 171 | 190 | 47.4 |
| 20日後 | 367 | −0.604 | −1.614 | 140 | 222 | 38.7 |
| 30日後 | 357 | −1.379 | −3.291 | 140 | 213 | 39.7 |
| 40日後 | 351 | −3.298 | −7.194 | 124 | 221 | 35.9 |

この期間の当日終値、1日後、2日後の全取引平均値は、それぞれ−0.051％、−0.106％、−0.214％です。

一方、2連続ストップ安後停滞パターン出現の場合、当日終値、1日後、2日後の利益率は、それぞれ−0.175％、−0.249％、−0.673％となりました。

当日終値、1日後、2日後の利益率はすべてマイナスです。また全取引平均値と比較すると、そのすべての利益率がより低くなっています。

したがって、この下落期に出現した2連続ストップ安後停滞パターンは「売りサイン」だったといえます。

### まとめ

6期間中4期間で売りサイン、2期間で買いサインとなりました。このパターンが出現すると株価は下落する可能性のほうが高いものの、期間によっては売りサインにも買いサインにもなります。

ほかの売りサインであるローソク足パターンと比較するとマイナス幅が大きくないことから、2連続ストップ安後停滞パターンは「様子見」としておくのがよいでしょう。

## 35. 2連続ストップ高後停滞

それでは、逆にストップ高になった銘柄は翌営業日以降、どのような動きをするでしょうか。２日連続でストップ高となった銘柄が寄り付き、その日の始値と終値の差が小さかった場合を分析します。

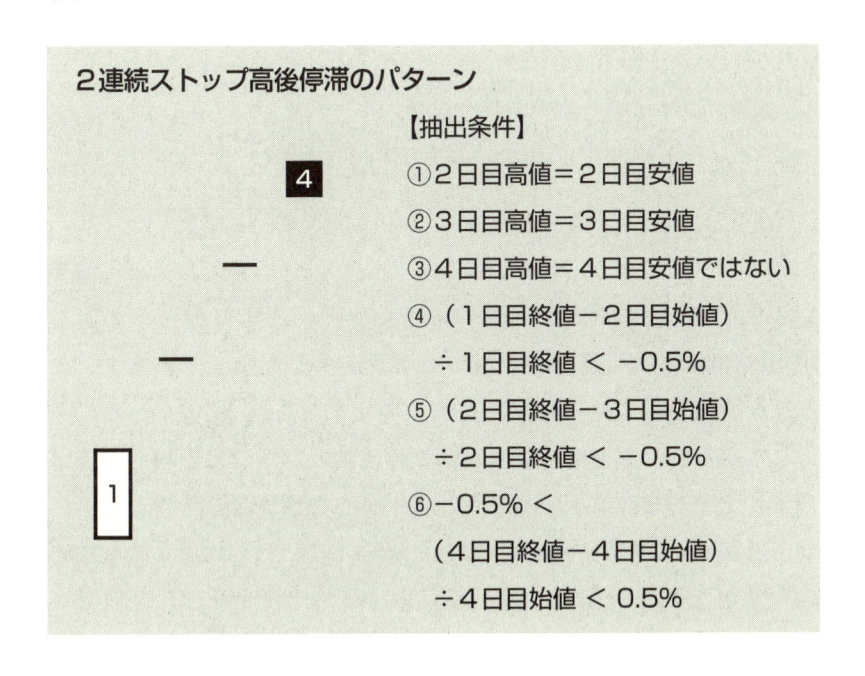

**2連続ストップ高後停滞のパターン**

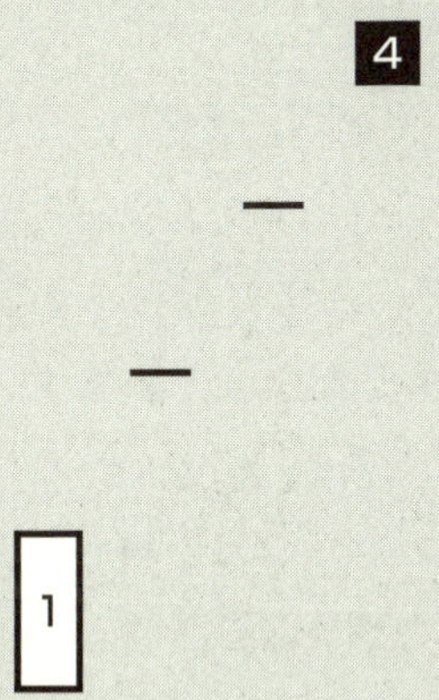


【抽出条件】

①2日目高値＝2日目安値

②3日目高値＝3日目安値

③4日目高値＝4日目安値ではない

④（1日目終値－2日目始値）÷1日目終値 ＜ －0.5%

⑤（2日目終値－3日目始値）÷2日目終値 ＜ －0.5%

⑥－0.5% ＜（4日目終値－4日目始値）÷4日目始値 ＜ 0.5%

翌営業日以降の値動きを確認しましょう。

**全期間（1983～2009年）**

| 売却日 | 取引回数 | 利益平均1(%) | 利益平均2(%) | 勝ち取引回数 | 負け取引回数 | 勝率(%) |
|---|---|---|---|---|---|---|
| 当日終値 | 2561 | -0.002 | -0.026 | 524 | 635 | 45.2 |
| 1日後 | 2561 | 0.078 | 0.018 | 845 | 930 | 47.6 |
| 2日後 | 2560 | 0.215 | 0.123 | 986 | 1107 | 47.1 |
| 3日後 | 2560 | 0.374 | 0.256 | 1058 | 1147 | 48.0 |
| 4日後 | 2558 | 0.414 | 0.277 | 1101 | 1201 | 47.8 |
| 5日後 | 2557 | 0.352 | 0.160 | 1094 | 1243 | 46.8 |
| 6日後 | 2557 | 0.412 | 0.205 | 1088 | 1287 | 45.8 |
| 10日後 | 2554 | 0.672 | 0.306 | 1140 | 1274 | 47.2 |
| 20日後 | 2546 | 1.525 | 0.904 | 1205 | 1266 | 48.8 |
| 30日後 | 2538 | 1.760 | 0.740 | 1229 | 1250 | 49.6 |
| 40日後 | 2532 | 2.395 | 1.131 | 1257 | 1224 | 50.7 |

このパターンがみられた翌営業日の寄り付きで買い、当日終値で売り手仕舞った場合（当日終値の行を参照）、1983～2009年の利益平均は0.026％（利益平均２）の「マイナス」となっています。これは全取引平均値の－0.054％と大差ありません。

したがって、２連続ストップ高後停滞のパターンが出現した翌営業日にデイトレードをするなら「様子見」と考えられます。

１日後～40日後に売り手仕舞った場合、全取引平均値よりも高めの利益となっています。例えば、２日後で比較すれば、全取引平均値の－0.033％に対して、２連続ストップ高後停滞パターンは＋0.123％となっており、平均よりも0.156％有利です。

したがって、買い有利となります。

全期間（1983～2009年）の当日終値、1日後、2日後の全取引平均値は、それぞれ－0.054％、－0.017％、－0.033％です。一方、2連続ストップ高後停滞パターン出現の場合、当日終値、1日後、2日後の利益率は、それぞれ－0.026％、＋0.018％、＋0.123％となりました。

- ●パターンが出現した翌営業日の日中に下落する
- ●1日後にはプラスとなっている

このことから、2連続ストップ高後停滞パターンが出た場合、その翌営業日の終値付近で買いとするのがよいといえます。

6分割した期間でも同様に解析してみましょう。

## バブル期間（1983～1989年）

| 売却日 | 取引回数 | 利益平均 1(%) | 利益平均 2(%) | 勝ち取引回数 | 負け取引回数 | 勝率(%) |
|---|---|---|---|---|---|---|
| 当日終値 | 486 | -0.081 | -0.091 | 92 | 133 | 40.9 |
| 1日後 | 486 | 0.063 | 0.044 | 160 | 169 | 48.6 |
| 2日後 | 486 | 0.299 | 0.267 | 192 | 207 | 48.1 |
| 3日後 | 486 | 0.557 | 0.513 | 204 | 202 | 50.2 |
| 4日後 | 486 | 0.764 | 0.716 | 213 | 220 | 49.2 |
| 5日後 | 486 | 0.812 | 0.750 | 216 | 223 | 49.2 |
| 6日後 | 486 | 0.941 | 0.871 | 216 | 233 | 48.1 |
| 10日後 | 486 | 1.804 | 1.692 | 238 | 224 | 51.5 |
| 20日後 | 486 | 3.411 | 3.205 | 270 | 199 | 57.6 |
| 30日後 | 486 | 5.617 | 5.404 | 288 | 186 | 60.8 |
| 40日後 | 486 | 6.995 | 6.769 | 291 | 180 | 61.8 |

この期間の当日終値、1日後、2日後の全取引平均値は、それぞれ－0.016％、＋0.082％、＋0.167％です。

一方、2連続ストップ高後停滞パターン出現の場合、当日終値、1日後、2日後の利益率は、それぞれ－0.091％、＋0.044％、＋0.267％となりました。

当日終値の利益率はマイナス、1日後と2日後の利益率はプラスです。全取引平均値と比較すると、当日終値と1日後の利益率はより低く、2日後の利益率はより高くなります。

1日後と2日後の利益率はプラスであることから、1日後以降に売るのであれば、この上昇期に出現した2連続ストップ高後停滞パターン出現は「買いサイン」だったといえます。

### 崩壊期間（1990～1992年）

| 売却日 | 取引回数 | 利益平均1(%) | 利益平均2(%) | 勝ち取引回数 | 負け取引回数 | 勝率(%) |
|---|---|---|---|---|---|---|
| 当日終値 | 232 | -0.171 | -0.185 | 41 | 69 | 37.3 |
| 1日後 | 232 | -0.169 | -0.192 | 66 | 94 | 41.3 |
| 2日後 | 232 | -0.085 | -0.152 | 86 | 109 | 44.1 |
| 3日後 | 232 | 0.221 | 0.132 | 92 | 115 | 44.4 |
| 4日後 | 232 | 0.075 | -0.053 | 98 | 110 | 47.1 |
| 5日後 | 232 | -0.175 | -0.347 | 94 | 117 | 44.5 |
| 6日後 | 232 | -0.002 | -0.182 | 98 | 119 | 45.2 |
| 10日後 | 232 | -0.418 | -0.784 | 102 | 125 | 44.9 |
| 20日後 | 232 | -0.159 | -0.937 | 99 | 129 | 43.4 |
| 30日後 | 232 | -0.780 | -1.907 | 97 | 130 | 42.7 |
| 40日後 | 232 | -1.032 | -2.328 | 98 | 131 | 42.8 |

この期間の当日終値、１日後、２日後の全取引平均値は、それぞれ－0.079％、－0.121％、－0.242％です。

一方、２連続ストップ高後停滞パターン出現の場合、当日終値、１日後、２日後の利益率は、それぞれ－0.185％、－0.192％、－0.152％となりました。

当日終値、１日後、２日後の利益率はすべてマイナスです。全取引平均値と比較すると、当日終値と１日後の利益率はより低く、２日後の利益率はより高くなります。

したがって、この下落期に出現した２連続ストップ高後停滞パターンは「売りサイン」だったといえます。

## もみ合い期間（1993～1999年）

| 売却日 | 取引回数 | 利益平均1(%) | 利益平均2(%) | 勝ち取引回数 | 負け取引回数 | 勝率(%) |
|---|---|---|---|---|---|---|
| 当日終値 | 669 | 0.034 | 0.018 | 151 | 151 | 50.0 |
| 1日後 | 669 | 0.231 | 0.186 | 240 | 223 | 51.8 |
| 2日後 | 669 | 0.498 | 0.427 | 277 | 265 | 51.1 |
| 3日後 | 669 | 0.637 | 0.548 | 293 | 284 | 50.8 |
| 4日後 | 669 | 0.628 | 0.528 | 303 | 308 | 49.6 |
| 5日後 | 669 | 0.731 | 0.588 | 298 | 318 | 48.4 |
| 6日後 | 669 | 0.898 | 0.729 | 299 | 327 | 47.8 |
| 10日後 | 669 | 1.061 | 0.696 | 298 | 330 | 47.5 |
| 20日後 | 669 | 1.641 | 1.045 | 322 | 331 | 49.3 |
| 30日後 | 669 | 2.324 | 1.332 | 321 | 336 | 48.9 |
| 40日後 | 669 | 2.581 | 1.032 | 317 | 342 | 48.1 |

この期間の当日終値、１日後、２日後の全取引平均値は、それぞれ－0.094％、－0.036％、－0.071％です。

一方、２連続ストップ高後停滞パターン出現の場合、当日終値、１日後、２日後の利益率は、それぞれ＋0.018％、＋0.186％、＋0.427％となりました。

当日終値、１日後、２日後の利益率はすべてプラスです。また全取引平均値と比較すると、そのすべてで利益率がより高くなっています。

したがって、このもみ合い期に出現した２連続ストップ高後停滞パターンは「買いサイン」だったといえます。

**暴落期間（2000～2002年）**

| 売却日 | 取引回数 | 利益平均1(%) | 利益平均2(%) | 勝ち取引回数 | 負け取引回数 | 勝率(%) |
|---|---|---|---|---|---|---|
| 当日終値 | 310 | -0.014 | -0.047 | 48 | 68 | 41.4 |
| 1日後 | 310 | -0.015 | -0.102 | 95 | 110 | 46.3 |
| 2日後 | 310 | -0.422 | -0.551 | 98 | 143 | 40.7 |
| 3日後 | 310 | -0.810 | -0.978 | 103 | 151 | 40.6 |
| 4日後 | 310 | -0.725 | -0.905 | 109 | 157 | 41.0 |
| 5日後 | 310 | -0.826 | -1.054 | 106 | 169 | 38.5 |
| 6日後 | 310 | -1.036 | -1.265 | 96 | 180 | 34.8 |
| 10日後 | 310 | -0.998 | -1.373 | 113 | 168 | 40.2 |
| 20日後 | 310 | -1.201 | -2.115 | 118 | 177 | 40.0 |
| 30日後 | 310 | -1.537 | -3.001 | 127 | 169 | 42.9 |
| 40日後 | 310 | -1.219 | -2.753 | 138 | 160 | 46.3 |

この期間の当日終値、1日後、2日後の全取引平均値は、それぞれ－0.074％、－0.067％、－0.130％です。

一方、2連続ストップ高後停滞パターン出現の場合、当日終値、1日後、2日後の利益率は、それぞれ－0.047％、－0.102％、－0.551％となりました。

当日終値、1日後、2日後の利益率はすべてマイナスです。全取引平均値と比較すると、当日終値の利益率はより高く、1日後と2日後の利益率はより低くなっています。

1日後と2日後の利益率がマイナスであるため、この下落期に出現した2連続ストップ高後停滞パターンは「売りサイン」だったといえます。

**暴騰期間（2003～2006年）**

| 売却日 | 取引回数 | 利益平均1(%) | 利益平均2(%) | 勝ち取引回数 | 負け取引回数 | 勝率(%) |
|---|---|---|---|---|---|---|
| 当日終値 | 417 | -0.226 | -0.259 | 84 | 107 | 44.0 |
| 1日後 | 417 | -0.193 | -0.270 | 135 | 160 | 45.8 |
| 2日後 | 417 | 0.022 | -0.076 | 164 | 175 | 48.4 |
| 3日後 | 417 | 0.345 | 0.243 | 184 | 182 | 50.3 |
| 4日後 | 417 | 0.280 | 0.165 | 197 | 180 | 52.3 |
| 5日後 | 417 | 0.343 | 0.197 | 197 | 183 | 51.8 |
| 6日後 | 417 | 0.724 | 0.579 | 204 | 184 | 52.6 |
| 10日後 | 417 | 1.173 | 0.952 | 208 | 186 | 52.8 |
| 20日後 | 417 | 2.458 | 2.168 | 223 | 182 | 55.1 |
| 30日後 | 417 | 2.821 | 2.310 | 228 | 179 | 56.0 |
| 40日後 | 417 | 4.470 | 3.796 | 245 | 163 | 60.0 |

この期間の当日終値、1日後、2日後の全取引平均値は、それぞれ－0.025％、＋0.064％、＋0.132％です。

一方、2連続ストップ高後停滞パターン出現の場合、当日終値、1日後、2日後の利益率は、それぞれ－0.259％、－0.270％、－0.076％となりました。

当日終値、1日後、2日後の利益率がすべてマイナスです。全取引平均値と比較すると、そのすべてで利益率がより低くなっています。

したがって、この上昇期に出現した2連続ストップ高後停滞パターンも「売りサイン」だったといえます。

### 金融危機期間（2007～2009年）

| 売却日 | 取引回数 | 利益平均1(%) | 利益平均2(%) | 勝ち取引回数 | 負け取引回数 | 勝率(%) |
|---|---|---|---|---|---|---|
| 当日終値 | 445 | 0.328 | 0.284 | 107 | 107 | 50.0 |
| 1日後 | 445 | 0.304 | 0.193 | 148 | 174 | 46.0 |
| 2日後 | 444 | 0.493 | 0.323 | 169 | 207 | 44.9 |
| 3日後 | 444 | 0.724 | 0.487 | 182 | 212 | 46.2 |
| 4日後 | 442 | 0.821 | 0.536 | 181 | 225 | 44.6 |
| 5日後 | 441 | 0.425 | -0.011 | 183 | 231 | 44.2 |
| 6日後 | 441 | 0.065 | -0.402 | 175 | 242 | 42.0 |
| 10日後 | 438 | 0.136 | -0.646 | 181 | 239 | 43.1 |
| 20日後 | 430 | 1.201 | 0.043 | 172 | 247 | 41.1 |
| 30日後 | 422 | -0.756 | -2.872 | 168 | 248 | 40.4 |
| 40日後 | 416 | -0.701 | -3.096 | 168 | 246 | 40.6 |

この期間の当日終値、１日後、２日後の全取引平均値は、それぞれ－0.051％、－0.106％、－0.214％です。

一方、２連続ストップ高後停滞パターン出現の場合、当日終値、１日後、２日後の利益率は、それぞれ＋0.284％、＋0.193％、＋0.323％となりました。

当日終値、１日後、２日後の利益率はすべてプラスです。全取引平均値と比較すると、そのすべての利益率がより高くなっています。

したがって、この下落期に出現した２連続ストップ高後停滞パターンは「買いサイン」だったといえます。

**まとめ**

６期間中３期間で買いサイン、３期間で売りサインでした。局面に関係なく、時系列で並べると、買い→売り→買い→売り→売り→買いとなっており、規則性もありません。したがって、２連続ストップ高後停滞パターン出現後は「様子見」と判断されます。

ストップ高で急進した銘柄が天井を打ったように見えるパターンですが、統計分析の結果、実際にはその後の値動きが思いのほか小さいと分かります。

## 36．３連続ストップ安後停滞

今度は、３日連続ストップ安となった翌営業日に寄り付き、その日の株価が小動きだった場合を分析してみましょう。

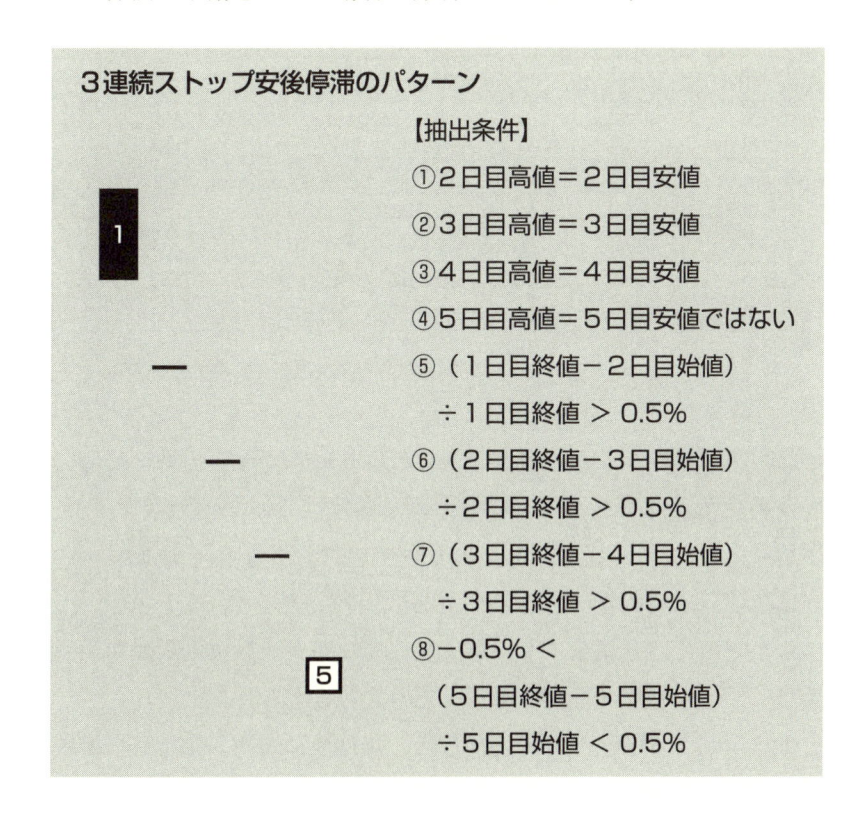

**３連続ストップ安後停滞のパターン**

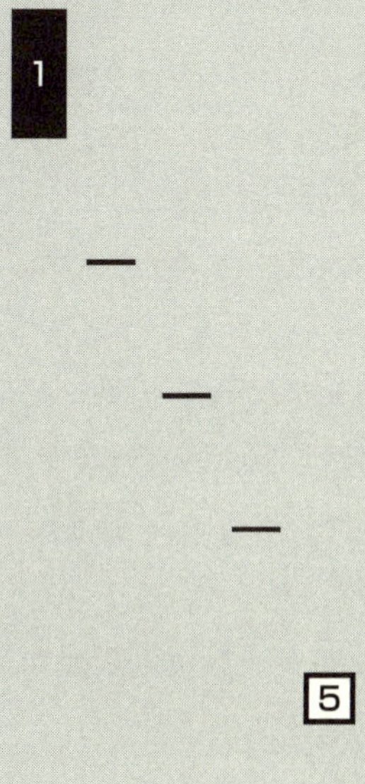


【抽出条件】

①２日目高値＝２日目安値

②３日目高値＝３日目安値

③４日目高値＝４日目安値

④５日目高値＝５日目安値ではない

⑤（１日目終値－２日目始値）÷１日目終値 ＞ 0.5%

⑥（２日目終値－３日目始値）÷２日目終値 ＞ 0.5%

⑦（３日目終値－４日目始値）÷３日目終値 ＞ 0.5%

⑧－0.5% ＜（５日目終値－５日目始値）÷５日目始値 ＜ 0.5%

もし、自分の保有している銘柄が３日連続でストップ安となったら、正常でいられるでしょうか。こうしたパターンのときの統計分析の結果を知っていれば、より冷静に対応できるでしょう。

**全期間（1983～2009年）**

| 売却日 | 取引回数 | 利益平均1(%) | 利益平均2(%) | 勝ち取引回数 | 負け取引回数 | 勝率(%) |
|---|---|---|---|---|---|---|
| 当日終値 | 239 | −0.359 | −0.424 | 45 | 55 | 45.0 |
| 1日後 | 239 | −0.338 | −0.449 | 72 | 88 | 45.0 |
| 2日後 | 239 | 0.059 | −0.151 | 94 | 89 | 51.4 |
| 3日後 | 239 | 0.533 | 0.240 | 102 | 102 | 50.0 |
| 4日後 | 239 | 0.179 | −0.340 | 107 | 105 | 50.5 |
| 5日後 | 239 | 0.270 | −0.319 | 116 | 104 | 52.7 |
| 6日後 | 239 | 0.477 | −0.085 | 114 | 110 | 50.9 |
| 10日後 | 239 | 1.133 | 0.596 | 111 | 115 | 49.1 |
| 20日後 | 239 | 0.962 | 0.095 | 110 | 122 | 47.4 |
| 30日後 | 239 | 2.081 | 0.467 | 119 | 116 | 50.6 |
| 40日後 | 239 | 1.385 | −1.274 | 112 | 118 | 48.7 |

このパターンがみられた翌営業日の寄り付きで買い、当日終値で売り手仕舞った場合（当日終値の行を参照）、1983～2009年の利益平均は0.424％（利益平均２）の「マイナス」となっています。これは全取引平均値の－0.054％よりも低い利益率です。

したがって、３連続ストップ安後停滞のパターンがみられた翌営業日にデイトレードをするなら「売り」と考えられます。

１日後～２日後、４日後～５日後、40日後に売り手仕舞った場合は、全取引平均値よりも低い利益率、３日後、６日後～30日後に売り手仕舞った場合は、全取引平均値よりも高い利益率です。例えば、２日後で比較すると、全取引平均値の－0.033％に対し、３連続ストップ安後停滞は－0.151％となっており、平均よりも0.118％さらにマイナスとなっています。

１日後～２日後という短期間では、株価は下げる可能性が高いため、空売り有利と考えられます。ただし、当日終値での下落幅が0.424％なので、２日後に買い戻すよりも、当日終値で買い戻したほうが利益幅は大きくなりました。つまり、３連続ストップ安後停滞パターンが出現したらデイトレで売りが得策です。

ストップ安が続いた後に、いったん寄り付いたからといって、反発狙いで買いを仕掛ける逆張りは、統計分析結果をみると間違っているといえます。

全期間（1983～2009年）の当日終値、１日後、２日後の全取引平均値は、それぞれ－0.054％、－0.017％、－0.033％です。一方、３連続ストップ安後停滞のパターン出現の場合、当日終値、１日後、２日後の利益率は、それぞれ－0.424％、－0.449％、－0.151％となります。

●パターンが出現した翌営業日の日中に下落する
●１日後にはさらにマイナスとなっている

このことから、３連続ストップ安後停滞パターンが出た場合、翌営業日の始値付近で空売りをするのがよいと考えられます。

６分割した期間でも同様に解析してみましょう。

### バブル期間（1983～1989年）

| 売却日 | 取引回数 | 利益平均1(%) | 利益平均2(%) | 勝ち取引回数 | 負け取引回数 | 勝率(%) |
|---|---|---|---|---|---|---|
| 当日終値 | 43 | -0.231 | -0.241 | 7 | 10 | 41.2 |
| 1日後 | 43 | -0.190 | -0.205 | 13 | 14 | 48.1 |
| 2日後 | 43 | 0.382 | 0.368 | 17 | 12 | 58.6 |
| 3日後 | 43 | 0.021 | -0.017 | 21 | 17 | 55.3 |
| 4日後 | 43 | 0.366 | 0.306 | 20 | 18 | 52.6 |
| 5日後 | 43 | 1.813 | 1.731 | 24 | 14 | 63.2 |
| 6日後 | 43 | 2.113 | 2.052 | 24 | 14 | 63.2 |
| 10日後 | 43 | 3.011 | 2.907 | 22 | 20 | 52.4 |
| 20日後 | 43 | 5.140 | 4.906 | 27 | 15 | 64.3 |
| 30日後 | 43 | 6.591 | 6.279 | 26 | 16 | 61.9 |
| 40日後 | 43 | 6.032 | 5.667 | 28 | 14 | 66.7 |

この期間の当日終値、1日後、2日後の全取引平均値は、それぞれ－0.016％、＋0.082％、＋0.167％です。

一方、3連続ストップ安後停滞パターン出現の場合、当日終値、1日後、2日後の利益率は、それぞれ－0.241％、－0.205％、＋0.368％となりました。

当日終値と1日後の利益率はマイナス、2日後の利益率はプラスです。全取引平均値と比較すると、当日終値と1日後の利益率はより低く、2日後の利益率はより高くなっています。

利益率にプラスとマイナスが混在していることから、この上昇期に出現した3連続ストップ安後停滞パターンは「様子見」だったといえます。

**崩壊期間（1990～1992年）**

| 売却日 | 取引回数 | 利益平均1(%) | 利益平均2(%) | 勝ち取引回数 | 負け取引回数 | 勝率(%) |
|---|---|---|---|---|---|---|
| 当日終値 | 39 | 0.096 | 0.091 | 7 | 5 | 58.3 |
| 1日後 | 39 | 0.189 | 0.172 | 16 | 9 | 64.0 |
| 2日後 | 39 | 0.759 | 0.740 | 18 | 12 | 60.0 |
| 3日後 | 39 | 0.733 | 0.686 | 16 | 16 | 50.0 |
| 4日後 | 39 | 0.832 | 0.748 | 19 | 19 | 50.0 |
| 5日後 | 39 | 0.715 | 0.629 | 19 | 19 | 50.0 |
| 6日後 | 39 | 0.530 | 0.369 | 16 | 21 | 43.2 |
| 10日後 | 39 | 1.664 | 1.390 | 19 | 19 | 50.0 |
| 20日後 | 39 | 1.425 | 0.828 | 17 | 20 | 45.9 |
| 30日後 | 39 | 3.471 | 3.092 | 20 | 18 | 52.6 |
| 40日後 | 39 | 2.736 | 2.036 | 19 | 17 | 52.8 |

この期間の当日終値、1日後、2日後の全取引平均値は、それぞれ－0.079％、－0.121％、－0.242％です。

一方、3連続ストップ安後停滞パターン出現の場合、当日終値、1日後、2日後の利益率は、それぞれ＋0.091％、＋0.172％、＋0.740％となりました。

当日終値、1日後、2日後の利益率は、すべてプラスです。また全取引平均値と比較すると、そのすべての利益率がより高くなっています。

利益率がプラスであることから、この下落期に出現した3連続ストップ安後停滞パターンは「買いサイン」だったといえます。

### もみ合い期間（1993～1999年）

| 売却日 | 取引回数 | 利益平均1(%) | 利益平均2(%) | 勝ち取引回数 | 負け取引回数 | 勝率(%) |
|---|---|---|---|---|---|---|
| 当日終値 | 79 | -0.129 | -0.158 | 18 | 15 | 54.5 |
| 1日後 | 79 | 0.009 | -0.037 | 27 | 23 | 54.0 |
| 2日後 | 79 | 0.487 | 0.382 | 35 | 25 | 58.3 |
| 3日後 | 79 | 0.696 | 0.506 | 37 | 31 | 54.4 |
| 4日後 | 79 | 0.643 | 0.323 | 32 | 34 | 48.5 |
| 5日後 | 79 | 0.769 | 0.444 | 36 | 36 | 50.0 |
| 6日後 | 79 | 0.462 | 0.006 | 38 | 37 | 50.7 |
| 10日後 | 79 | 0.573 | 0.076 | 34 | 40 | 45.9 |
| 20日後 | 79 | -1.463 | -2.653 | 30 | 48 | 38.5 |
| 30日後 | 79 | 1.271 | -0.816 | 33 | 45 | 42.3 |
| 40日後 | 79 | 1.088 | -2.458 | 35 | 42 | 45.5 |

この期間の当日終値、１日後、２日後の全取引平均値は、それぞれ－0.094％、－0.036％、－0.071％です。

一方、３連続ストップ安後停滞パターン出現の場合、当日終値、１日後、２日後の利益率は、それぞれ－0.158％、－0.037％、＋0.382％となりました。

当日終値と１日後の利益率はマイナス、２日後の利益率はプラスです。全取引平均値と比較すると、当日終値の利益率はより低く、１日後の利益率は同等、２日後の利益率はより高くなっています。

１日後の利益率がほぼゼロ、２日後の利益率がプラスであることから、このもみ合い期に出現した３連続ストップ安後停滞パターンも「買いサイン」だったといえます。

### 暴落期間（2000～2002年）

| 売却日 | 取引回数 | 利益平均1(%) | 利益平均2(%) | 勝ち取引回数 | 負け取引回数 | 勝率(%) |
|---|---|---|---|---|---|---|
| 当日終値 | 29 | -0.296 | -0.426 | 6 | 7 | 46.2 |
| 1日後 | 29 | -0.515 | -0.761 | 6 | 13 | 31.6 |
| 2日後 | 29 | 0.545 | 0.246 | 9 | 13 | 40.9 |
| 3日後 | 29 | 1.867 | 1.698 | 8 | 14 | 36.4 |
| 4日後 | 29 | 0.947 | 0.675 | 13 | 13 | 50.0 |
| 5日後 | 29 | 0.629 | 0.072 | 14 | 11 | 56.0 |
| 6日後 | 29 | -0.300 | -1.177 | 15 | 12 | 55.6 |
| 10日後 | 29 | 1.111 | 0.682 | 12 | 13 | 48.0 |
| 20日後 | 29 | -0.958 | -2.837 | 15 | 12 | 55.6 |
| 30日後 | 29 | -1.919 | -4.816 | 16 | 13 | 55.2 |
| 40日後 | 29 | -3.714 | -8.295 | 10 | 17 | 37.0 |

この期間の当日終値、1日後、2日後の全取引平均値は、それぞれ－0.074％、－0.067％、－0.130％です。

一方、3連続ストップ安後停滞パターン出現の場合、当日終値、1日後、2日後の利益率は、それぞれ－0.426％、－0.761％、＋0.246％となりました。

当日終値と1日後の利益率はマイナス、2日後の利益率はプラスです。全取引平均値と比較すると、当日終値と1日後の利益率はより低く、2日後の利益率はより高くなっています。

利益率にプラスとマイナスが混在していることから、この下落期に出現した3連続ストップ安後停滞パターンは「様子見」だったといえます。

### 暴騰期間（2003～2006年）

| 売却日 | 取引回数 | 利益平均1(%) | 利益平均2(%) | 勝ち取引回数 | 負け取引回数 | 勝率(%) |
|---|---|---|---|---|---|---|
| 当日終値 | 9 | 0.250 | 0.244 | 3 | 3 | 50.0 |
| 1日後 | 9 | −1.389 | −1.499 | 2 | 6 | 25.0 |
| 2日後 | 9 | −1.623 | −1.756 | 2 | 7 | 22.2 |
| 3日後 | 9 | −2.255 | −2.453 | 2 | 7 | 22.2 |
| 4日後 | 9 | −2.121 | −2.345 | 4 | 5 | 44.4 |
| 5日後 | 9 | −2.651 | −2.919 | 4 | 5 | 44.4 |
| 6日後 | 9 | −1.653 | −1.913 | 2 | 7 | 22.2 |
| 10日後 | 9 | −3.458 | −3.953 | 4 | 5 | 44.4 |
| 20日後 | 9 | −5.643 | −6.432 | 2 | 7 | 22.2 |
| 30日後 | 9 | −5.250 | −6.319 | 2 | 6 | 25.0 |
| 40日後 | 9 | −5.404 | −7.070 | 2 | 7 | 22.2 |

この期間の当日終値、1日後、2日後の全取引平均値は、それぞれ−0.025％、＋0.064％、＋0.132％です。

一方、3連続ストップ安後停滞パターン出現の場合、当日終値、1日後、2日後の利益率は、それぞれ＋0.244％、−1.499％、−1.756％となりました。

当日終値の利益率はプラス、1日後と2日後の利益率はマイナスです。全取引平均値と比較すると、当日終値の利益率はより高く、1日後と2日後の利益率はより低くなっています。

1日後と2日後の利益率がマイナスであることから、この上昇期に出現した3連続ストップ安後停滞パターンは「売りサイン」だったといえます。

### 金融危機期間（2007～2009年）

| 売却日 | 取引回数 | 利益平均1(%) | 利益平均2(%) | 勝ち取引回数 | 負け取引回数 | 勝率(%) |
|---|---|---|---|---|---|---|
| 当日終値 | 38 | −1.566 | −1.800 | 4 | 13 | 23.5 |
| 1日後 | 38 | −1.331 | −1.681 | 8 | 21 | 27.6 |
| 2日後 | 38 | −1.679 | −2.465 | 12 | 19 | 38.7 |
| 3日後 | 38 | 0.589 | −0.529 | 17 | 16 | 51.5 |
| 4日後 | 38 | −0.875 | −2.801 | 19 | 14 | 57.6 |
| 5日後 | 38 | −1.677 | −3.724 | 19 | 17 | 52.8 |
| 6日後 | 38 | 0.504 | −0.829 | 19 | 17 | 52.8 |
| 10日後 | 38 | 1.075 | −0.329 | 19 | 17 | 52.8 |
| 20日後 | 38 | 3.914 | 3.439 | 18 | 19 | 48.6 |
| 30日後 | 38 | 1.234 | −1.371 | 20 | 18 | 52.6 |
| 40日後 | 38 | 0.567 | −3.763 | 16 | 21 | 43.2 |

この期間の当日終値、1日後、2日後の全取引平均値は、それぞれ−0.051％、−0.106％、−0.214％です。

一方、3連続ストップ安後停滞パターン出現の場合、当日終値、1日後、2日後の利益率は、それぞれ−1.800％、−1.681％、−2.465％となりました。

当日終値、1日後、2日後の利益率は、すべてマイナスです。全取引平均値と比較すると、そのすべての利益率がより低くなっています。

したがって、この下落期に出現した3連続ストップ安後停滞パターンも「売りサイン」だったといえます。

## まとめ

６期間中２期間で売りサイン、２期間で買いサイン、２期間で様子見となりました。時系列で並べると様子見→買い→様子見→様子見→売り→売りとなっており、相場局面によって異なるわけでも規則性があるわけでもありません。

2003年以降はずっと売りサインであるため、その傾向が続く可能性が高いと考えられます。しかし、このパターンが出現したから売りとするには、分析期間によるバラつきが大きく、様子見としておくのが得策でしょう。

# 37．3連続ストップ高後停滞

それでは逆に3日連続でストップ高となった翌営業日に寄り付き、その日の株価が小動きであったパターンについて分析してみましょう。

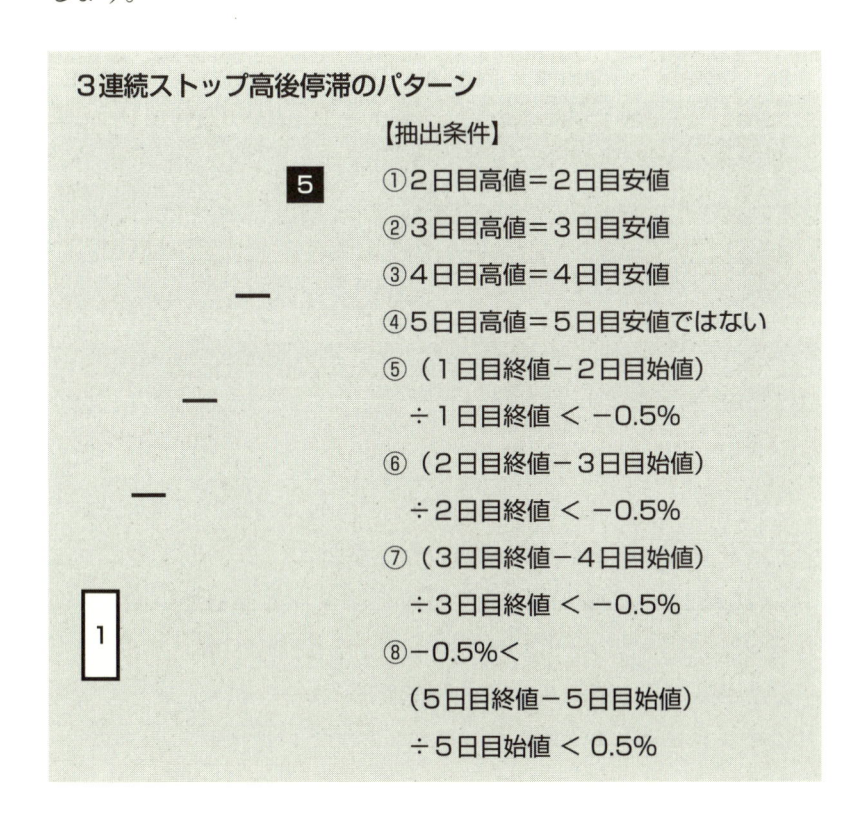

**3連続ストップ高後停滞のパターン**

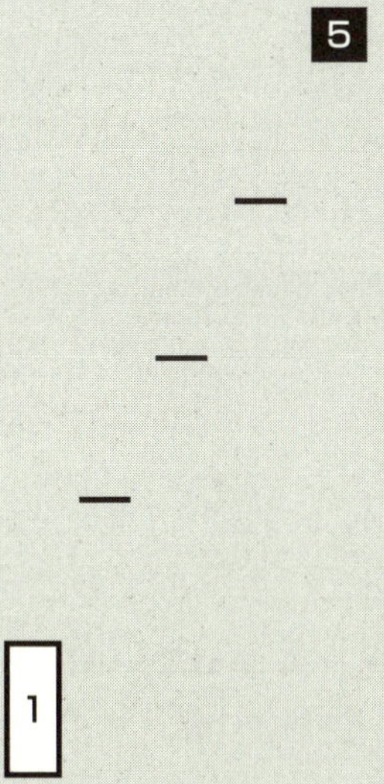


【抽出条件】

①2日目高値＝2日目安値

②3日目高値＝3日目安値

③4日目高値＝4日目安値

④5日目高値＝5日目安値ではない

⑤（1日目終値－2日目始値）
÷1日目終値 ＜ －0.5%

⑥（2日目終値－3日目始値）
÷2日目終値 ＜ －0.5%

⑦（3日目終値－4日目始値）
÷3日目終値 ＜ －0.5%

⑧－0.5%＜
（5日目終値－5日目始値）
÷5日目始値 ＜ 0.5%

もし、保有している銘柄が３日連続でストップ高となったら、当然うれしいはずです。ただ、どのタイミングで利益を確定するか悩むでしょう。小幅のローソク足は、さらに上昇のための小休止を示唆しているかもしれませんし、天井を売ったことを示唆しているかもしれません。

### 全期間（1983～2009年）

| 売却日 | 取引回数 | 利益平均1(%) | 利益平均2(%) | 勝ち取引回数 | 負け取引回数 | 勝率(%) |
|---|---|---|---|---|---|---|
| 当日終値 | 261 | -0.570 | -0.651 | 35 | 70 | 33.3 |
| 1日後 | 261 | -0.427 | -0.607 | 85 | 100 | 45.9 |
| 2日後 | 261 | -0.244 | -0.461 | 98 | 113 | 46.4 |
| 3日後 | 261 | -0.010 | -0.259 | 101 | 121 | 45.5 |
| 4日後 | 260 | 0.197 | -0.102 | 108 | 127 | 46.0 |
| 5日後 | 260 | 0.181 | -0.238 | 99 | 140 | 41.4 |
| 6日後 | 260 | 0.406 | 0.008 | 102 | 144 | 41.5 |
| 10日後 | 258 | 0.804 | 0.173 | 102 | 143 | 41.6 |
| 20日後 | 256 | 2.144 | 0.935 | 110 | 132 | 45.5 |
| 30日後 | 254 | 1.625 | 0.211 | 107 | 146 | 42.3 |
| 40日後 | 252 | 2.383 | 0.871 | 111 | 138 | 44.6 |

このパターンがみられた翌営業日の寄り付きで買い、当日終値で売り手仕舞った場合（当日終値の行を参照）、1983～2009年の利益平均は0.651％（利益平均２）の「マイナス」となっています。これは全取引平均値の－0.054％よりも大きな損失幅です。

したがって、３連続ストップ高後停滞パターンがみられた翌営業日にデイトレードをするなら「売り」と考えられます。

空売りをすれば、１日で0.651％の利益率が期待できます。１日で0.651％の利益は、利益を積み重ねると年間240日で374.6％アップに相当します（計算：1.00651の240乗＝4.746）。

１日後～５日後に売り手仕舞った場合は、全取引平均値よりも低い利益率、６日後～40日後に売り手仕舞った場合は、全取引平均値よりも高い利益率となっています。例えば、２日後で比較すれば、全取引平均値の－0.033％に対して、３連続ストップ高後停滞は－0.461％となっており、平均よりも0.428％さらにマイナスです。

逆をいえば「空売り」が有利です。ただし、当日終値での下落幅のほうが大きいので、３連続ストップ高後停滞パターンが出現したらデイトレで売りが得策と考えられます。

全期間（1983～2009年）の当日終値、１日後、２日後の全取引平均値は、それぞれ－0.054％、－0.017％、－0.033％です。一方、３連続ストップ高後停滞パターン出現の場合、当日終値、１日後、２日後の利益率は、それぞれ－0.651％、－0.607％、－0.461％となります。

●パターンが出現した翌営業日の日中に大きく下落する
●１日後にはマイナス幅が若干小さくなっている

このことから、３連続ストップ高後停滞パターンが出た場合、翌営業日の始値付近で空売りをして、当日中に買い戻すのがよいといえます。

６分割した期間でも同様に解析してみましょう。

## バブル期間（1983～1989年）

| 売却日 | 取引回数 | 利益平均1(%) | 利益平均2(%) | 勝ち取引回数 | 負け取引回数 | 勝率(%) |
|---|---|---|---|---|---|---|
| 当日終値 | 47 | -0.184 | -0.194 | 7 | 15 | 31.8 |
| 1日後 | 47 | -0.120 | -0.141 | 16 | 16 | 50.0 |
| 2日後 | 47 | 0.476 | 0.452 | 21 | 16 | 56.8 |
| 3日後 | 47 | 0.568 | 0.522 | 21 | 17 | 55.3 |
| 4日後 | 47 | 0.756 | 0.698 | 23 | 20 | 53.5 |
| 5日後 | 47 | 0.715 | 0.614 | 20 | 25 | 44.4 |
| 6日後 | 47 | 0.669 | 0.563 | 19 | 27 | 41.3 |
| 10日後 | 47 | 1.219 | 1.004 | 19 | 26 | 42.2 |
| 20日後 | 47 | 1.815 | 1.409 | 25 | 22 | 53.2 |
| 30日後 | 47 | 3.871 | 3.507 | 25 | 22 | 53.2 |
| 40日後 | 47 | 5.876 | 5.517 | 25 | 22 | 53.2 |

この期間の当日終値、1日後、2日後の全取引平均値は、それぞれ－0.016%、＋0.082%、＋0.167%です。

一方、3連続ストップ高後停滞パターン出現の場合、当日終値、1日後、2日後の利益率は、それぞれ－0.194%、－0.141%、＋0.452%となります。

当日終値と1日後の利益率はマイナス、2日後の利益率はプラスです。全取引平均値と比較すると、当日終値と1日後の利益率はより低く、2日後の利益率はより高くなります。

1日後と2日後の利益率がマイナスとプラスと異なるため、この上昇期に出現した3連続ストップ高後停滞パターンは「様子見」だったといえます。

## 崩壊期間（1990～1992年）

| 売却日 | 取引回数 | 利益平均1(%) | 利益平均2(%) | 勝ち取引回数 | 負け取引回数 | 勝率(%) |
|---|---|---|---|---|---|---|
| 当日終値 | 24 | -0.242 | -0.248 | 2 | 7 | 22.2 |
| 1日後 | 24 | -0.201 | -0.214 | 6 | 10 | 37.5 |
| 2日後 | 24 | -0.490 | -0.545 | 8 | 11 | 42.1 |
| 3日後 | 24 | -0.469 | -0.550 | 8 | 13 | 38.1 |
| 4日後 | 24 | -1.169 | -1.389 | 10 | 12 | 45.5 |
| 5日後 | 24 | -1.360 | -1.611 | 9 | 14 | 39.1 |
| 6日後 | 24 | -0.944 | -1.220 | 11 | 12 | 47.8 |
| 10日後 | 24 | -2.851 | -3.410 | 7 | 17 | 29.2 |
| 20日後 | 24 | -5.356 | -7.263 | 6 | 17 | 26.1 |
| 30日後 | 24 | -4.713 | -7.000 | 6 | 18 | 25.0 |
| 40日後 | 24 | -3.132 | -4.647 | 9 | 15 | 37.5 |

この期間の当日終値、１日後、２日後の全取引平均値は、それぞれ－0.079％、－0.121％、－0.242％です。

一方、３連続ストップ高後停滞パターン出現の場合、当日終値、１日後、２日後の利益率は、それぞれ－0.248％、－0.214％、－0.545％となります。

当日終値、１日後、２日後の利益率はすべてマイナスです。全取引平均値と比較すると、そのすべてで利益率がより低くなっています。

したがって、この下落期に出現した３連続ストップ高後停滞パターンは「売りサイン」であったといえます。

### もみ合い期間（1993～1999年）

| 売却日 | 取引回数 | 利益平均1(%) | 利益平均2(%) | 勝ち取引回数 | 負け取引回数 | 勝率(%) |
|---|---|---|---|---|---|---|
| 当日終値 | 65 | −0.481 | −0.530 | 8 | 16 | 33.3 |
| 1日後 | 65 | −0.090 | −0.138 | 22 | 25 | 46.8 |
| 2日後 | 65 | 0.096 | 0.018 | 26 | 31 | 45.6 |
| 3日後 | 65 | 0.097 | −0.006 | 25 | 31 | 44.6 |
| 4日後 | 65 | 0.309 | 0.231 | 26 | 35 | 42.6 |
| 5日後 | 65 | 0.842 | 0.678 | 23 | 35 | 39.7 |
| 6日後 | 65 | 1.699 | 1.495 | 27 | 34 | 44.3 |
| 10日後 | 65 | 1.457 | 1.134 | 26 | 36 | 41.9 |
| 20日後 | 65 | 3.268 | 2.432 | 31 | 33 | 48.4 |
| 30日後 | 65 | 4.749 | 3.687 | 30 | 34 | 46.9 |
| 40日後 | 65 | 5.413 | 4.502 | 33 | 32 | 50.8 |

この期間の当日終値、1日後、2日後の全取引平均値は、それぞれ−0.094％、−0.036％、−0.071％です。

一方、3連続ストップ高後停滞パターン出現の場合、当日終値、1日後、2日後の利益率は、それぞれ−0.530％、−0.138％、+0.018％となります。

当日終値と1日後の利益率はマイナス、2日後の利益率はプラスです。全取引平均値と比較すると、当日終値と1日後の利益率はより低く、2日後の利益率はより高くなっています。

1日後の利益率がマイナス、2日後の利益率がほぼゼロであるため、このもみ合い期に出現した3連続ストップ高後停滞パターンも「売りサイン」だったといえます。

### 暴落期間（2000～2002年）

| 売却日 | 取引回数 | 利益平均 1(%) | 利益平均 2(%) | 勝ち取引回数 | 負け取引回数 | 勝率(%) |
|---|---|---|---|---|---|---|
| 当日終値 | 32 | -0.427 | -0.484 | 3 | 7 | 30.0 |
| 1日後 | 32 | -0.216 | -0.328 | 10 | 13 | 43.5 |
| 2日後 | 32 | -1.809 | -2.003 | 9 | 19 | 32.1 |
| 3日後 | 32 | -2.556 | -2.922 | 9 | 19 | 32.1 |
| 4日後 | 32 | -2.081 | -2.417 | 10 | 18 | 35.7 |
| 5日後 | 32 | -2.857 | -3.426 | 11 | 19 | 36.7 |
| 6日後 | 32 | -2.253 | -2.560 | 10 | 22 | 31.3 |
| 10日後 | 32 | -1.131 | -1.490 | 11 | 18 | 37.9 |
| 20日後 | 32 | 0.158 | -1.023 | 14 | 16 | 46.7 |
| 30日後 | 32 | -1.418 | -2.856 | 13 | 19 | 40.6 |
| 40日後 | 32 | -2.439 | -3.888 | 12 | 19 | 38.7 |

この期間の当日終値、1日後、2日後の全取引平均値は、それぞれ－0.074％、－0.067％、－0.130％です。

一方、3連続ストップ高後停滞パターン出現の場合、当日終値、1日後、2日後の利益率は、それぞれ－0.484％、－0.328％、－2.003％となります。

当日終値、1日後、2日後の利益率はすべてマイナスです。また、全取引平均値と比較すると、そのすべての利益率がより低くなっています。

1日後と2日後の利益率がマイナスであることから、この下落期に出現した3連続ストップ高後停滞パターンも「売りサイン」だったといえます。

**暴騰期間（2003～2006年）**

| 売却日 | 取引回数 | 利益平均1(%) | 利益平均2(%) | 勝ち取引回数 | 負け取引回数 | 勝率(%) |
|---|---|---|---|---|---|---|
| 当日終値 | 33 | −0.705 | −0.811 | 6 | 7 | 46.2 |
| 1日後 | 33 | −0.621 | −0.974 | 12 | 8 | 60.0 |
| 2日後 | 33 | −0.142 | −0.403 | 11 | 10 | 52.4 |
| 3日後 | 33 | −0.267 | −0.589 | 11 | 13 | 45.8 |
| 4日後 | 33 | −0.687 | −0.933 | 11 | 16 | 40.7 |
| 5日後 | 33 | −0.380 | −0.549 | 11 | 16 | 40.7 |
| 6日後 | 33 | −0.068 | −0.223 | 11 | 19 | 36.7 |
| 10日後 | 33 | 0.092 | −0.145 | 16 | 16 | 50.0 |
| 20日後 | 33 | 2.497 | 2.163 | 14 | 15 | 48.3 |
| 30日後 | 33 | 1.956 | 1.499 | 14 | 19 | 42.4 |
| 40日後 | 33 | 3.427 | 2.064 | 14 | 18 | 43.8 |

この期間の当日終値、１日後、２日後の全取引平均値は、それぞれ−0.025％、＋0.064％、＋0.132％です。

一方、３連続ストップ高後停滞パターン出現の場合、当日終値、１日後、２日後の利益率は、それぞれ−0.811％、−0.974％、−0.403％となります。

当日終値、１日後、２日後の利益率は、すべてマイナスです。また、全取引平均値と比較すると、そのすべてで利益率がより低くなっています。

したがって、この上昇期に出現した３連続ストップ高後停滞パターンも「売りサイン」だったといえます。

### 金融危機期間（2007～2009年）

| 売却日 | 取引回数 | 利益平均1(%) | 利益平均2(%) | 勝ち取引回数 | 負け取引回数 | 勝率(%) |
|---|---|---|---|---|---|---|
| 当日終値 | 59 | −1.120 | −1.326 | 9 | 18 | 33.3 |
| 1日後 | 59 | −1.117 | −1.577 | 19 | 27 | 41.3 |
| 2日後 | 59 | −0.272 | −0.852 | 23 | 25 | 47.9 |
| 3日後 | 59 | 1.167 | 0.627 | 27 | 27 | 50.0 |
| 4日後 | 58 | 1.921 | 1.132 | 27 | 26 | 50.9 |
| 5日後 | 58 | 1.601 | 0.502 | 24 | 31 | 43.6 |
| 6日後 | 58 | 1.003 | −0.097 | 23 | 30 | 43.4 |
| 10日後 | 56 | 2.760 | 0.991 | 22 | 30 | 42.3 |
| 20日後 | 54 | 5.086 | 2.466 | 19 | 29 | 39.6 |
| 30日後 | 52 | −0.103 | −3.125 | 18 | 34 | 34.6 |
| 40日後 | 50 | 0.026 | −3.520 | 17 | 32 | 34.7 |

この期間の当日終値、１日後、２日後の全取引平均値は、それぞれ−0.051％、−0.106％、−0.214％です。

一方、３連続ストップ高後停滞パターン出現の場合、当日終値、１日後、２日後の利益率は、それぞれ−1.326％、−1.577％、−0.852％となります。

当日終値、１日後、２日後の利益率は、すべてマイナスです。また全取引平均値と比較すると、そのすべてで利益率がより低くなっています。

したがって、この下落期に出現した３連続ストップ高後停滞パターンも「売りサイン」だったといえます。

## まとめ

６期間中５期間で売りサインであり、１期間で様子見でした。様子見だった期間も、当日終値と１日後の利益率はマイナスであり、傾向に大きな変化はありません。特に当日終値の利益率は全期間でマイナスとなっており、空売りのデイトレードが有利となっています。

# さいごに

最後までお付き合いいただき、ありがとうございました。本書の分析結果が、少しでも皆様の投資戦略のお役に立ちますことを願ってやみません。

筆者は、こうした統計分析を重ねたおかげで今も「平均を上回る運用成績」を維持できているのだと考えています。

日経平均が上昇した年には、平均プラスアルファの利益を積むことができましたし、日経平均が下落した2008年はさすがにマイナス成績でしたが、平均ほど落ち込むことなく済みました。翌2009年は順調で、前年のマイナスをすべて取り戻すだけでなく、“お釣り”が出るほどのプラス成績で終えることができました。

今回の統計分析の特長は、データ量の多さです。また単に27年間の日足データを統計分析しただけでなく、その27年間を相場局面で6分割し、上昇トレンド期、下降トレンド期、もみ合い期で解析して、そのローソク足パターンがトレンドに影響されやすいのか、あるいは影響されにくいのかを確認しました。

分析の結果から明らかになったのは、一般のローソク足紹介書に書かれている通説とは全く逆の「現実」もあることです。

通常のテクニカル解説書は、その通説に合致した（こじつけた）チャートを選んで、数枚載せているだけです。それだけでは大切な資金を運用するには心もとないといえます。

解説書に書いてあるアイデアは、ただ鵜《う》呑《の》みにするのでなく、自分で検証し、自分なりに応用する必要があるのです。「百聞は一見にしかず」といいます。実際、27年間の個別株の日足データを統計分析して、数字という具体的なデータでパターンごとの利益率を出そうと考えたのが、本書執筆のきっかけです。

本書の執筆を終えて感じたのは「ローソク足パターンが強い影響を与えているのは、その翌営業日から３日後くらいまで」ということです。したがって、ローソク足パターンはデイトレードやスイングトレードでの売りや買いのタイミングをつかむには、もってこいの指標といえます。

株式トレードでは、小さい利益幅が非常に重要になってきています。毎日0.2％の利益を得られると、１年（240営業日）では1.62倍（1.002の240乗）となります。この小さい利益幅をきっちり得ていけば、前年よりも今年、今年よりも来年、と確実に資産は増えていくはずです。

一方、逆をいうと、どのようなローソク足パターンが出現したとしても、２週間後や１カ月後の株価に影響を与えるほどのインパクトはないようです。したがって、ローソク足パターンを中期・長期投資に使うことはできないと筆者は考えています。

今後は、移動平均線のゴールデンクロスとデッドクロスの効果、ブレイクアウトの効果など、各種テクニカル分析の“通説”についての統計分析をしてみたいと考えています。こちらはローソク足の統計分析と比較して、トレンドをつかみやすく、中長期投資の予想ができそうです。

なお、本書の発刊に合わせて、ローソク足パターンの１年ごとのデータブックを電子書籍でリリースしたいと考えています。本書を気に入っていただければ、こちらのご利用もご検討いただければ幸いです。

期間を狭めることで、より詳細な分析が可能となり、トレンド変化のサインを発見できるかもしれません。詳細については、筆者が主宰する確率理論研究所のサイト、またはパンローリング社サイトの本書紹介ページをご覧ください。

伊本 晃暉

# 付録．インタビュー

【編集部注】本稿は著者の伊本氏が「第１回スーパーカブロボ・コンテスト大会」（カブロボ運営事務局主催）で優勝したときのインタビューを本書用に補足修正したものです。統計分析の成果をどのように売買に利用しているか参考にしてください。

――伊本さんが優勝者したカブロボ大会について教えてください。

実際の株価を使ったシミュレーション売買で、5000万円をどこまで増やせるか競う大会です。

「カブロボ」というくらいですから、もちろん「自動売買」で競います。まず、主催者に「こういう条件になったら買い」「こういう条件になったら売り」というアルゴリズムを提出して、そのアルゴリズムに則って作成されたプログラムにそってシミュレーション売買をしていくわけです。

――いくつぐらいの条件を提出するのですか？

私の場合は29パターンです。

――伊本さんの成績は？

2006年8月1日～12月1日までの4カ月で5955万円に増えました。

――日経平均株価がほとんど変わらないなか（約5％上昇）、20％程度の利益を上げたわけですね！　どのような基準で売買する銘柄を選んでいるのですか？

過去データの統計分析から「買いに有利なパターン」と判断したものです。このコンテストでは、信用買いや空売りはせず、現物の買いしかしていません。

現在上場している全銘柄の始値、高値、安値、終値と出来高を24年分（1983～2006年）集めました。そして、統計分析で有利なパターンを見つけ出し、利益率の高い銘柄から順に買っていくわけです。

――もう少し詳しく教えてください。

まず、株価のパターンを見つけ出し、全銘柄のデータで統計分析をして、売買に有利なパターンであるかを判断します。

例えば「ある期間内の最高値から10％以上も下落したパターン」「移動平均線から10％以上も下方に乖離したパターン」「前々日が２％下げて前日に３％上げたパターン」など、いろいろなパターンを仮定しては、統計分析をします。こうしたパターンの過去24年間の出現回数と利益率を求め、利益率の高いパターンに合致した銘柄から買うわけです。

――伊本さんはシミュレーションだけでなく、個人口座で実際に売買をされていますよね？　何か違いがあるのですか。

こちらは現物株の購入ではなく「信用買い」や「信用売り」で取引をしています。

――全銘柄の膨大なデータをさまざまなパターンで分析するわけですから、ものすごい数のパターンが出現するわけですよね？

そうです。そこはコンピュータが勝手に分析していますから、私にも分かりません。相当細かいことをしていますので、なかには過去に1回しか出現しなかったパターンもありました。

データの信頼性を上げるため、100回以上出現しているパターンのみ使っています。

――売買のタイミングは？

当日の前場もしくは後場の寄り付きで仕掛けて、翌営業日の寄り付きに手仕舞うのを基本としています。

——ちょうど24時間ですね。

そうです。ですから、デイトレードではありません。ワンナイトトレードです。ただし、引き続き同じ銘柄に仕掛けのサインが出た場合は、手仕舞わずに保持します。

短期売買で利益を得るには、値動きの激しい銘柄を選ぶ必要があります。売買頻度の高いトレード手法ですから、手数料もばかになりません。したがって、変化率が大きく、利益率の高いパターンの銘柄を選んでいます。これを毎日繰り返すわけです。

——なぜワンナイトトレードなのですか？

ワンナイトトレードで行う理由として次の２つが挙げられます。

①統計分析をもとにワンナイトトレードで行ったときに最も利益が出るように調整していること。
②リスク管理のため、多くの銘柄を分散購入するのと同様に、銘柄を持つ時間も細かく分散することで、１取引のリスクを小さくしていること。

——１日に何銘柄を売買しているのですか？

資金のあるかぎりです。100銘柄を超えるときもあります。

具体的には資金の約1.5倍程度です。信用取引では資金の約３倍の取引ができますから、前日の「1.5倍分の建玉」を手仕舞いしながら、「1.5倍分の建玉」を仕掛けるというパターンとなります。

**――それぞれの銘柄の売買株数はどのように決めているのですか？**

その銘柄の平均的な出来高の1000分の1です。流動性の悪い銘柄だと自分の売買で動いたりする場合がありますから。

さらに、1銘柄に運用資金の10分の1超を使わないという条件も加えてあります。そうすることで、たとえ、その株が倒産で紙くずになっても資金の10分の1で損失を食い止めることができるわけです。

**――この会社は危なそうだから買わないということではないんですね。**

はい。管理ポストに入っている銘柄でも除外していません。

実際、買った翌日に上場廃止になったこともありました。107円が57円になって、最終的に5円で寄り付いて、そこで売りましたから……。十数連続でストップ安というのもありましたね。ただ、資金的にはそれほど痛手でもありませんでした。

**――完全に自分の売買システムを信じるということですか？**

そうです。自分の売買戦略を確立すること、その戦略を信じて行動するときはブレないことが大事と感じています。

【著者紹介】

## 伊本晃暉（いもと・こうき）

大阪大学大学院物質生命工学修了。確率理論研究所所長。A型。トレンドとローソク足(日足)を参考に株式を自動売買するアルゴリズムで、第1回スーパーカブロボ・コンテスト大会（カブロボ運営事務局主催）に優勝。著書に『toto 最新攻略バラ買い理論』『toto 最新攻略 新バラ買い理論』（ともに情報センター出版局)、DVD に『FX ローソク足パターンの傾向分析 酒田五法の真実』（パンローリング）がある。

確率理論研究所

http://www.01senmonten.com/com/home/kakuritsu/

## 【DVD】
## FX ローソク足パターンの傾向分析 酒田五法の真実

本書で紹介した分析手法を FX に応用。US ドル／円、ユーロ／円、イギリスポンド／円、スイスフラン／円、オーストラリアドル／円、ニュージーランドドル／円の 10 年分の分足データ（2148 万 6257 本！）からローソク足パターンの優位性を統計解析する。

2010年 10 月 2 日 初版第 1 刷発行
2012年 5 月 1 日 　　第 2 刷発行
2016年 4 月 1 日 　　第 3 刷発行

現代の錬金術師シリーズ ⑯

**ローソク足《あし》パターンの傾《けい》向《こう》分《ぶん》析《せき》**

**――システムトレード大会優勝者がチャートの通説を統計解析**

著　者　伊本晃暉
発行者　後藤康徳
発行所　パンローリング株式会社
〒160-0023　東京都新宿区西新宿7-9-18-6F
TEL 03-5386-7391　FAX 03-5386-7393
http://www.panrolling.com/
E-mail　info@panrolling.com
装　丁　竹内吾郎
印刷·製本　株式会社シナノ

ISBN978-4-7759-9103-9


【免責事項】
本書で紹介している方法や技術、指標が利益を生む、あるいは損失につながることはないと仮定してはなりません。過去の結果は必ずしも将来の結果を示すものではなく、本書の実例は教育的な目的のみで用いられるものです。

## システム売買入門書

ウィザードブックシリーズ54

### 究極のトレーディングガイド

著者：ジョン・R・ヒル、ジョージ・プルート、ランディ・ヒル

定価 本体 4,800円+税　ISBN:9784775970157

在最も注目されているアナリストとそのパートナーが、トレーダーにとって本当に役に立つコンピューター・トレーディングシステムの開発ノウハウをあますところなく公開！

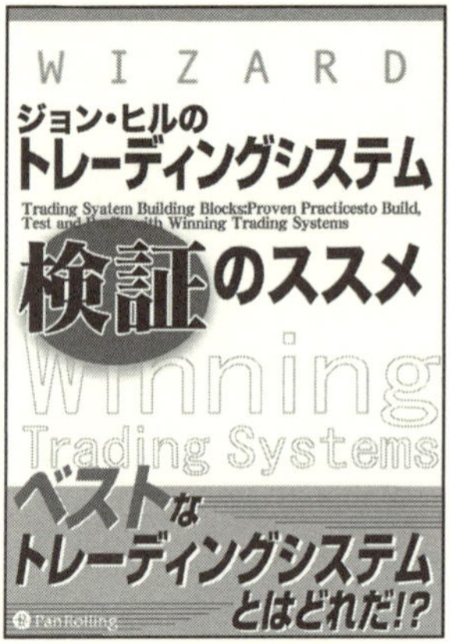


### DVD ジョン・ヒルのトレーディングシステム検証のススメ

講師：ジョン・R・ヒル

定価 本体 7,800円+税　ISBN:9784775960448

『究極のトレーディングガイド』の著者、ジョン・ヒルが、確実な利益が期待できるトレーディングシステムの活用方法について語ります。彼の巧妙な語り口からは、多くの貴重なエピソードも聞かれるでしょう。

ウィザードブックシリーズ36

### ワイルダーのテクニカル分析入門

著者：J・ウエルズ・ワイルダー・ジュニア

定価 本体 9,800円+税　ISBN:9784939103636

RSI、ADX開発者自身による伝説の書！ワイルダーの古典をついに完全邦訳。RSI、DMI、ADX、パラボリックの詳細な計算式を紹介。

### DVD ネルソン・フリーバーグのシステム売買 検証と構築

講師：ネルソン・フリーバーグ

定価 本体 7,800円+税　ISBN:9784775960516

講師により開発され、幾年間もかけてテストされた最も効果的な投資システムを用い売買シグナルと有利な価格パターンの全てをあなたに伝授します。

## システム売買マニア向け専門書

ウィザードブックシリーズ11
### 売買システム入門
著者：トゥーシャー・シャンデ

定価 本体 7,800円+税　ISBN:9784939103315

日本初！これが「勝つトレーディング・システム」の全解説だ！簡潔かつ完璧な本書を読めば、基本概念から実際の運用までシステムデザインを作り上げる過程の複雑さがよく分かる。

ウィザードブックシリーズ113
### 勝利の売買システム
著者：ジョージ・プルート、ジョン・R・ヒル

定価 本体 7,800円+税　ISBN:9784775970799

ロングセラー『究極のトレーディングガイド』の著者たちが贈る世界ナンバーワン売買ソフト徹底活用術。ラリーウィリアムズを含む売買システム開発の大家16人へのインタビューも掲載。

ウィザードブックシリーズ8
### トレーディングシステム徹底比較
著者：ラーズ・ケストナー

定価 本体 19,800円+税　ISBN:9784939103278

自ら投資戦略を考えてトレードしている者には絶対に見逃せないのが本書である。損をしていた投資家が上のステージに行くには必須本である。

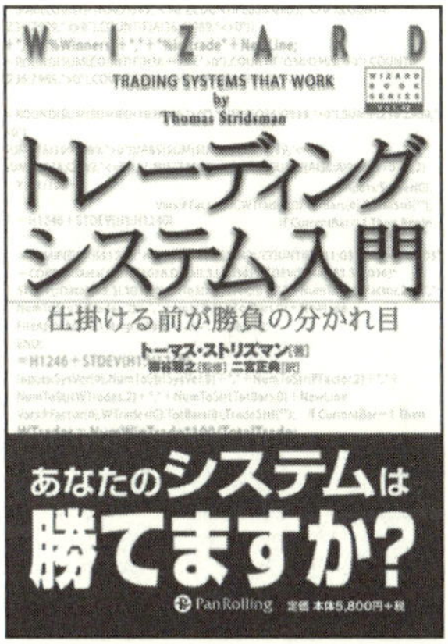


ウィザードブックシリーズ42
### トレーディングシステム入門
著者：トーマス・ストリズマン

定価 本体 5,800円+税　ISBN:9784775970034

あなたのトレーディングの運命を任せるに足るシステムと考え抜かれた戦略的トレーディングシステムの設計方法について、すべてを網羅した画期的書籍!

## 読みやすいが内容の非常に濃い専門書

ウィザードブックシリーズ134
# 新版 魔術師たちの心理学
著者：バン・K・タープ

定価 本体 2,800円+税　ISBN:9784775971000

儲かる手法（聖杯）はあなたの中にあった!!あなただけの戦術・戦略の編み出し方がわかるプロの教科書！「勝つための考え方」「期待値でトレードする方法」「ポジションサイジング」の奥義が明らかになる！

ウィザードブックシリーズ90
# マーケットの魔術師 システムトレーダー編
著者：アート・コリンズ

定価 本体 2,800円+税　ISBN:9784775970522

本書に登場した14人の傑出したトレーダーたちのインタビューによって、読者のトレードが正しい方向に進む手助けになるだろう！

ウィザードブックシリーズ103
# アペル流テクニカル売買のコツ
著者：ジェラルド・アペル

定価 本体 5,800円+税　ISBN:9784775970690

『マーケットのテクニカル秘録』169ページで紹介のMACDの本。トレンド、モメンタム、出来高シグナルなどを用いて相場の動向を予測する手法を明らかにした。

ウィザードブックシリーズ51・52
# バーンスタインのデイトレード入門・実践
著者：ジェイク・バーンスタイン

**入門** 定価 本体 7,800円+税　ISBN:9784775970126

**実践** 定価 本体 7,800円+税　ISBN:9784775970133

ストキャスティックスの新たな売買法を提示。RSI、日中のモメンタム、ギャップなど重要なデイトレーディングのツールについて実用的な使用法を紹介。

## 関連書籍

### iCustom（アイカスタム）で変幻自在のメタトレーダー

著者：ウエストビレッジインベストメント株式会社

定価 本体2,800円+税　ISBN:9784775991077

自分のロジックの通りにメタトレーダーが動いてくれる。自分自身はパソコンの前にいなくても自動で売買してくれる。そんなことを夢見てEA（自動売買システム）作りに励んでみたものの、難解なプログラム文に阻まれて挫折した人に読んでほしい。

### たすFX 脱・受け売りのトレード戦略

著者：島崎トーソン

定価 本体2,000円+税　ISBN:9784775991145

「足し算の発想」なくして、独自のトレードはできない。何らかのアイデア（＝条件）を売買サインに足していくこと、つまり"受け売りではない独自のトレード"を実現するためにどうすればよいのかを紹介。

### アルゴリズムトレーディング入門

著者：ロバート・パルド

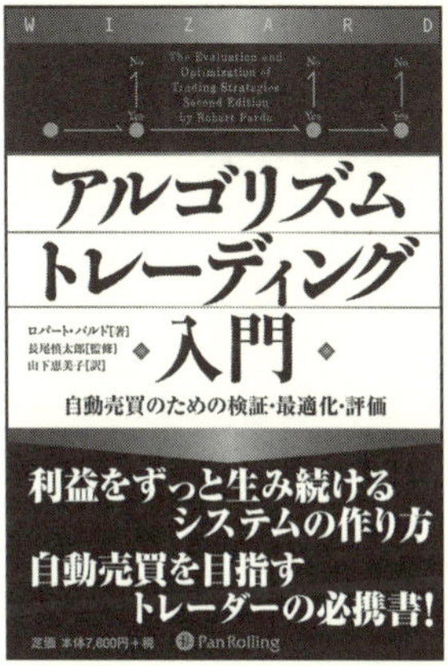


定価 本体7,800円+税　ISBN:9784775971345

利益をずっと生み続けるシステムの作り方！
自動売買を目指すトレーダーの必携書！
自動売買のバイブル！　トレーディング戦略を正しく検証・最適化するには……。

### トレードシステムはどう作ればよいのか1

著者：ジョージ・プルート

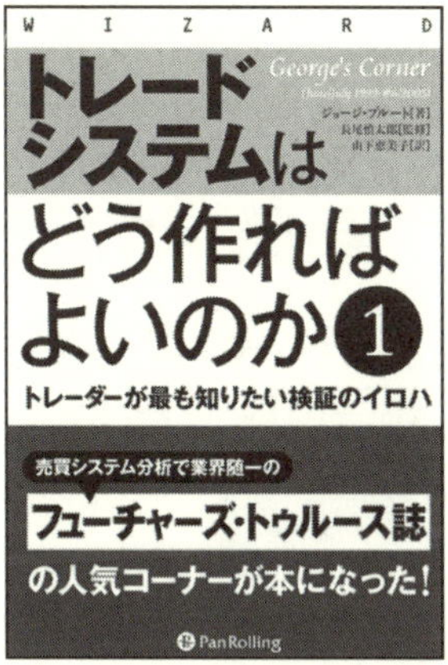


定価 本体5,800円+税　ISBN:9784775971789

トレーダーが最も知りたい検証のイロハ。
検証に向かうとき、何を重視し、何を省略し、何に注意すればいいのか。検証を省力化して競争相手に一歩先んじて、正しい近道を！

# 関　連　書

ウィザードブックシリーズ225

## 遅咲きトレーダーのスキャルピング日記

**1年間で100万ドル儲けた喜怒哀楽の軌跡**

ドン・ミラー【著】

定価 本体3,800円+税　ISBN:9784775971925

### トレード時の興奮・歓喜・落胆・逆上・仰天・失望・貪欲の心理状態をチャートで再現 100万回間違えて、100万ドルを達成した本当のプロ！

あるトレード戦略は、つもり売買ではいつも素晴らしいものに見える。しかし、実際にトレードしてみると、マーケットの混沌や人間の予測不可能な行動によって、最高のはずだった戦略でさえ効果が上がらないことも多い。トレードは、実際に自分のお金を賭けてプレッシャーにさらされると、大変難しいものになるという厳しい現実を、すべてのトレーダーは知ることになる。

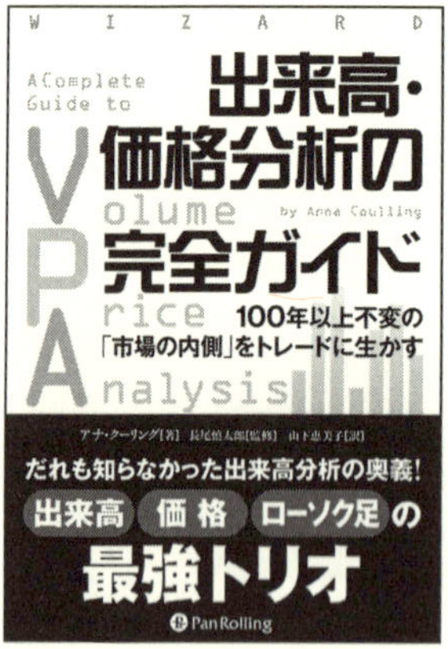


ウィザードブックシリーズ223

## 出来高・価格分析の完全ガイド

**100年以上不変の「市場の内側」をトレードに生かす**

アナ・クーリング【著】

定価 本体3,800円+税　ISBN:9784775971918

### FXトレーダーとしての成功への第一歩は出来高だった！

本書には、あなたのトレードにVPAVolume Price Analysis（出来高・価格分析）を適用するために知らなければならないことがすべて書かれている。それぞれの章は前の章を踏まえて成り立つものだ。価格と出来高の原理に始まり、そのあと簡単な例を使って2つを1つにまとめる。本書を読み込んでいくと、突然、VPAがあなたに伝えようとする本質を理解できるようになる。それは市場や時間枠を超えた普遍的なものだ。

## 関連書

ウィザードブックシリーズ 228

### FX 5分足スキャルピング

**プライスアクションの基本と原則**

ボブ・ボルマン【著】

定価 本体5,800円+税　ISBN:9784775971956

**132日間連続で1日を3分割した5分足チャート【詳細解説付き】**

本書は、トレーダーを目指す人だけでなく、「裸のチャート（値動きのみのチャート）のトレード」をよりよく理解したいプロのトレーダーにもぜひ読んでほしい。ボルマンは、何百ものチャートを詳しく解説するなかで、マーケットの動きの大部分は、ほんのいくつかのプライスアクションの原則で説明でき、その本質をトレードに生かすために必要なのは熟練ではなく、常識だと身をもって証明している。

トレードでの実践に必要な細部まで広く鋭く目配りしつつも非常に分かりやすく書かれており、すべてのページに質の高い情報があふれている。FXはもちろん、株価指数や株や商品など、真剣にトレードを学びたいトレーダーにとっては、いつでもすぐに見えるところに常備しておきたい最高の書だろう。

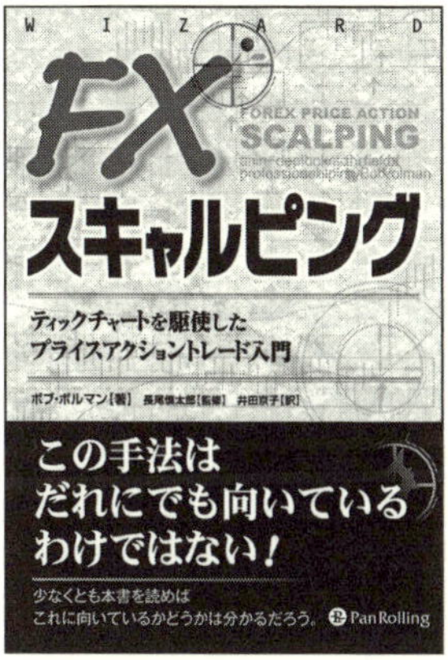


ウィザードブックシリーズ 200

### FXスキャルピング

**ティックチャートを駆使したプライスアクショントレード入門**

ボブ・ボルマン【著】

定価 本体3,800円+税　ISBN:9784775971673

**無限の可能性に満ちたティックチャートの世界！ FXの神髄であるスキャルパー入門！**

日中のトレード戦略を詳細につづった本書は、多くの70ティックチャートとともに読者を魅力あふれるスキャルピングの世界に導いてくれる。そして、あらゆる手法を駆使して、世界最大の戦場であるFX市場で戦っていくために必要な洞察をスキャルパーたちに与えてくれる。

# アル・ブルックス

1950 年生まれ。医学博士で、フルタイムの個人トレーダーとして約 20 数年の経験を持つ。ニューイングランド地方の労働者階級出身で、トリニティ大学で数学の理学士号を修得。卒業後、シカゴ大学プリッツカー医科大学院に進学、ロサンゼルスで約10年間眼科医を開業していた。その後、独立したデイトレーダーとしても活躍。

ウィザードブックシリーズ 206

## プライスアクショントレード入門

### 足1本ごとのテクニカル分析とチャートの読み方

定価 本体5,800円+税　ISBN:9784775971734

**指標を捨てて、価格変動と足の動きだけに注視せよ**

単純さこそが安定的利益の根源！ 複雑に組み合わされたテクニックに困惑する前に、シンプルで利益に直結するチャートパターンを習得しよう。 トレンドラインとトレンドチャネルライン、前の高値や前の安値の読み方、ブレイクアウトのダマシ、ローソク足の実体やヒゲの長短など、相場歴20年のトレーダーが体得した価格チャートの読み方を学べば、マーケットがリアルタイムに語りかけてくる仕掛けと手仕舞いのポイントに気づくことができるだろう。

ウィザードブックシリーズ 209

## プライスアクションとローソク足の法則

### 足１本の動きから隠れていたパターンが見えてくる

定価 本体5,800円+税　ISBN:9784775971734

**プライスアクションを極めれば、**
**隠れたパターンが見えてくる！**

トレードは多くの報酬が期待できる仕事だが、勤勉さと絶対的な規律が求められる厳しい世界である。成功を手にするためには、自分のルールに従い、感情を排除し、最高のトレードだけを待ち続ける忍耐力が必要だ。